Honey come Honey

2

Yuki Shiraishi

Honey come Honey

Inhalt

7. Kapitel Küss die Honigbiene 5

8. Kapitel Vom Glück umarmt 35

9. Kapitel Schulausflug mit Mutprobe 67

10. Kapitel So sehr lieben, dass es schmerzt 97

11. Kapitel Kann man Honig schneiden? 127

12. Kapitel Glücklicher auf Umwegen 159

Was bisher geschah

Kumagaya-kun wird als »grausamer Grizzly« gefürchtet. In Wirklichkeit ist er der Handarbeitskünstler »Honey X Baddy«, den Mitsu über alles liebt! Als sie sein wahres Ich und seine Gutmütigkeit kennenlernt, kommen sich die beiden schnell näher! Kumagaya-kuns fehlendes Gefühl für Distanz bringt Mitsus Herz immer wieder zum Klopfen ... Sie realisiert, dass sie in ihn verliebt ist. Auch Kumagaya-kun gesteht ihr, dass er sie mag. Für einen kurzen Moment freut sich Mitsu, dass ihre Gefühle erwidert werden, als sie plötzlich zweifelt: Ist die Zuneigung vielleicht doch nur freundschaftlicher Art?! Die niedergeschlagene Mitsu versucht, sich in der Gegenwart des ihr immer wieder zu nah kommenden Kumagaya-kun ganz normal zu verhalten, doch ihr Herz klopft wie verrückt ...

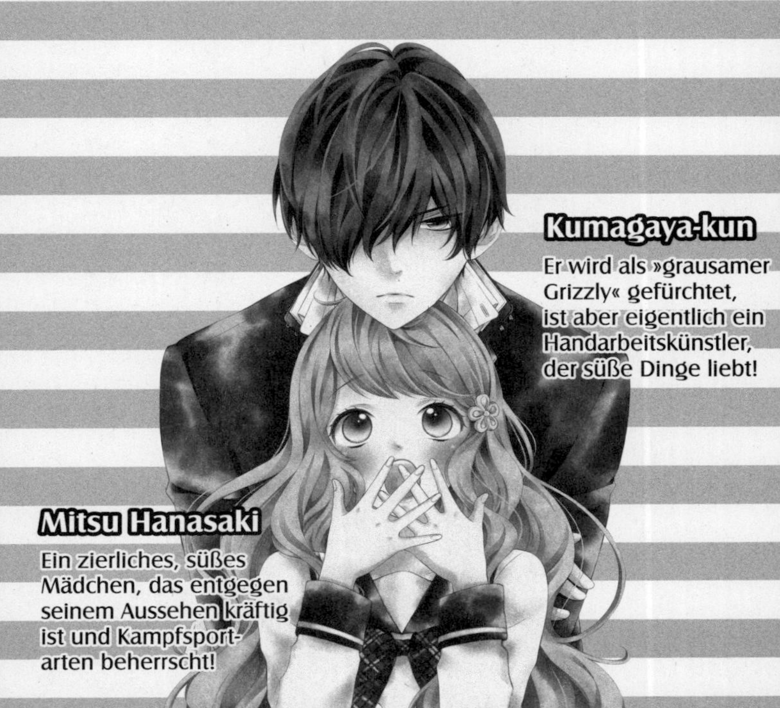

Honey come Honey

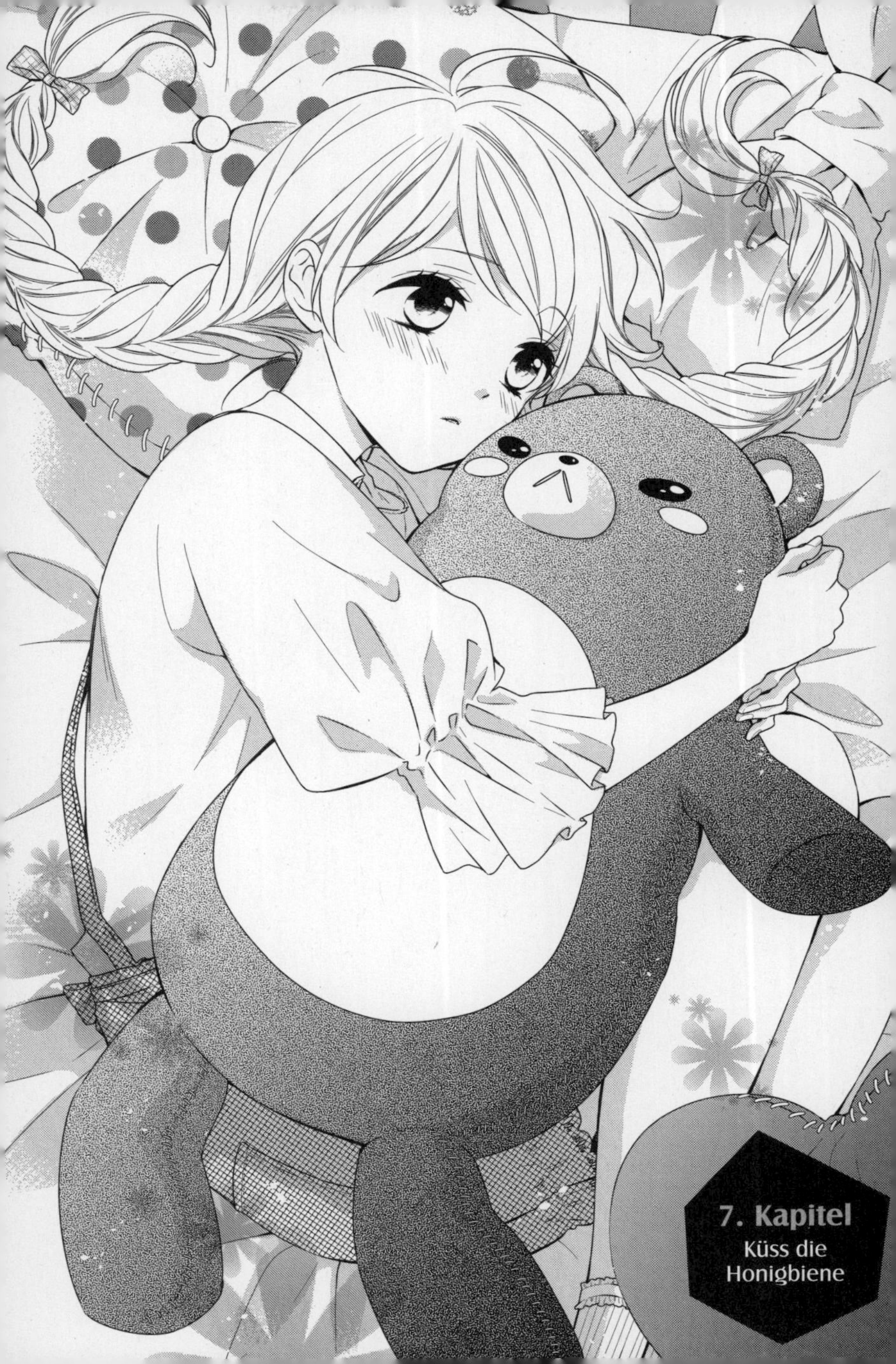
7. Kapitel
Küss die Honigbiene

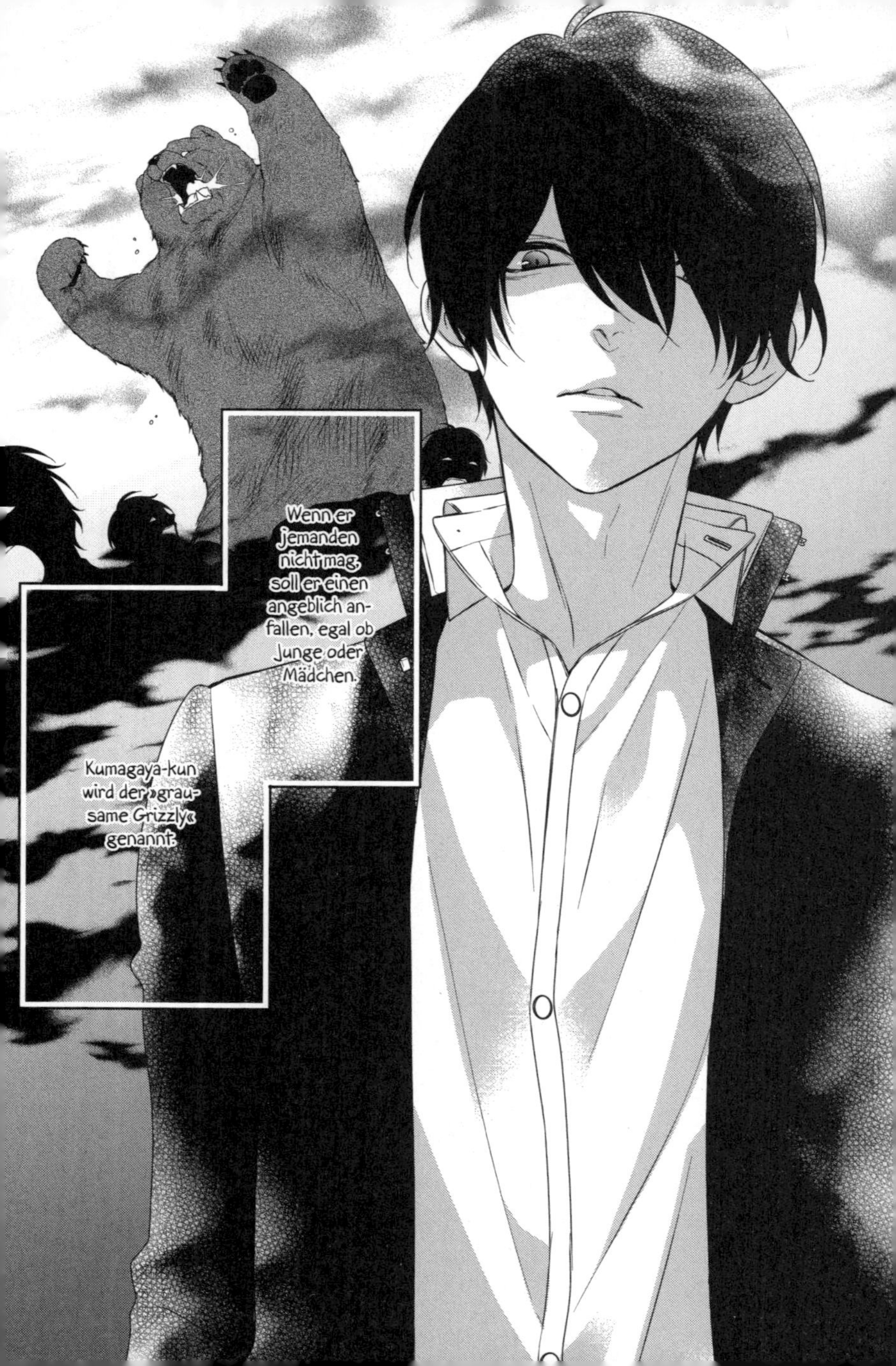
Wenn er jemanden nicht mag, soll er einen angeblich anfallen, egal ob Junge oder Mädchen.
Kumagaya-kun wird der »grausame Grizzly« genannt.

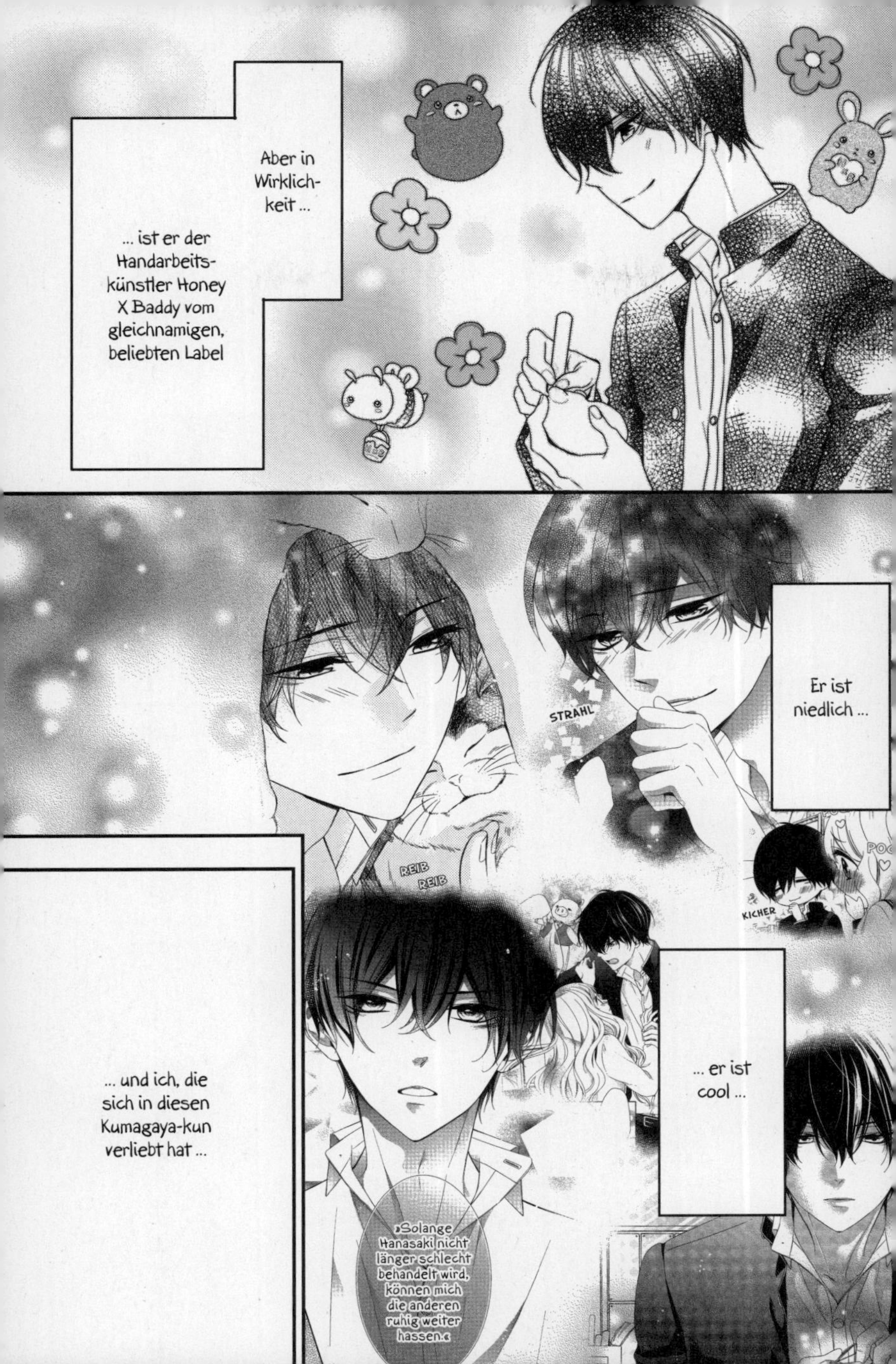
Aber in Wirklichkeit ...
... ist er der Handarbeitskünstler Honey X Baddy vom gleichnamigen, beliebten Label
Er ist niedlich ...
STRAHL
REIB REIB
KICHER
... er ist cool ...
»Solange Hanasaki nicht länger schlecht behandelt wird, können mich die anderen ruhig weiter hassen.«
... und ich, die sich in diesen Kumagaya-kun verliebt hat ...

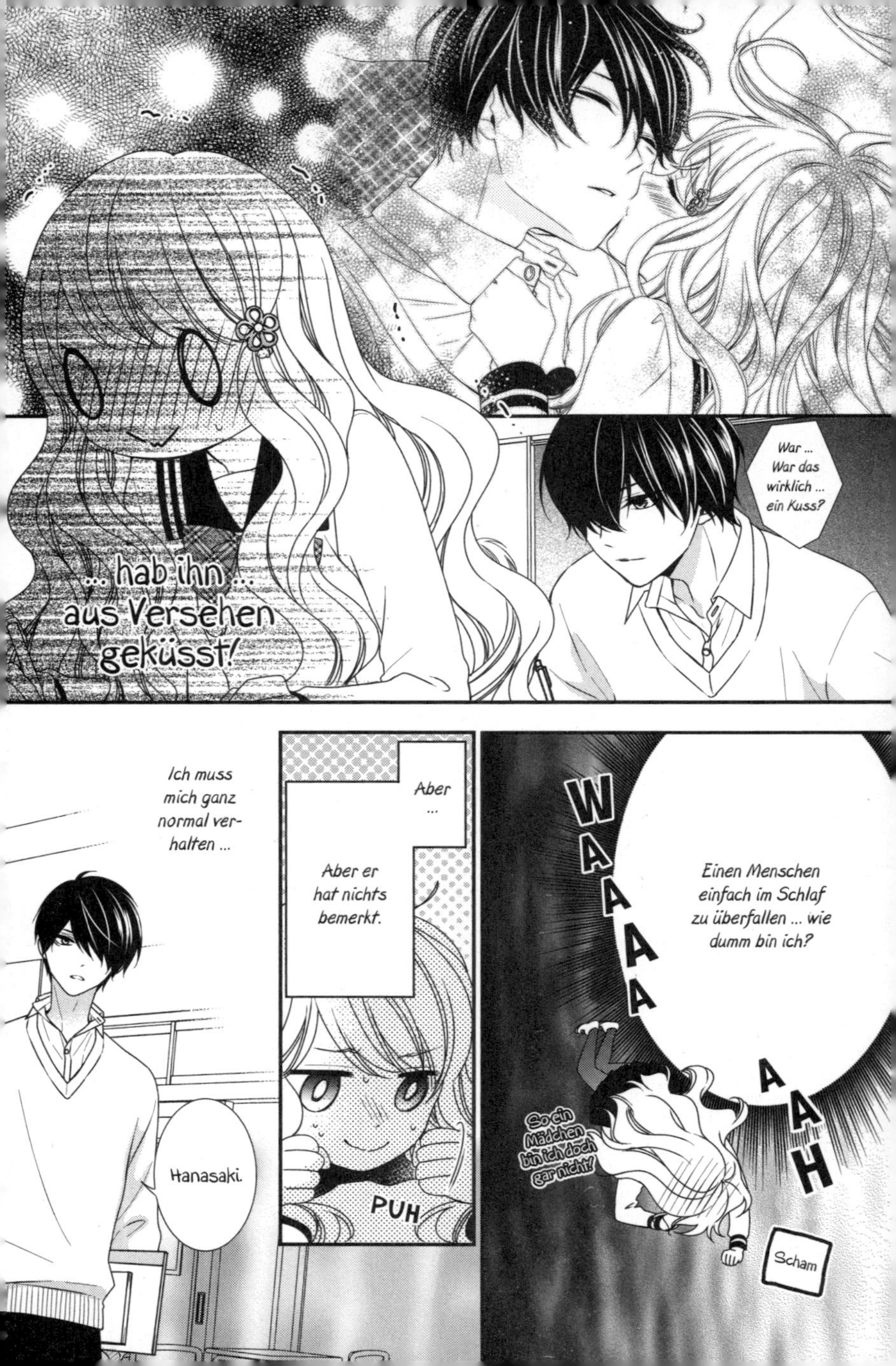

~...
~...
War ... War das wirklich ... ein Kuss?
... hab ihn ... aus Versehen geküsst!
Einen Menschen einfach im Schlaf zu überfallen ... wie dumm bin ich?
WAAAAAAAH
So ein Mädchen bin ich doch gar nicht!
Scham
Aber ...
Aber er hat nichts bemerkt.
PUH
Ich muss mich ganz normal verhalten ...
Hanasaki.

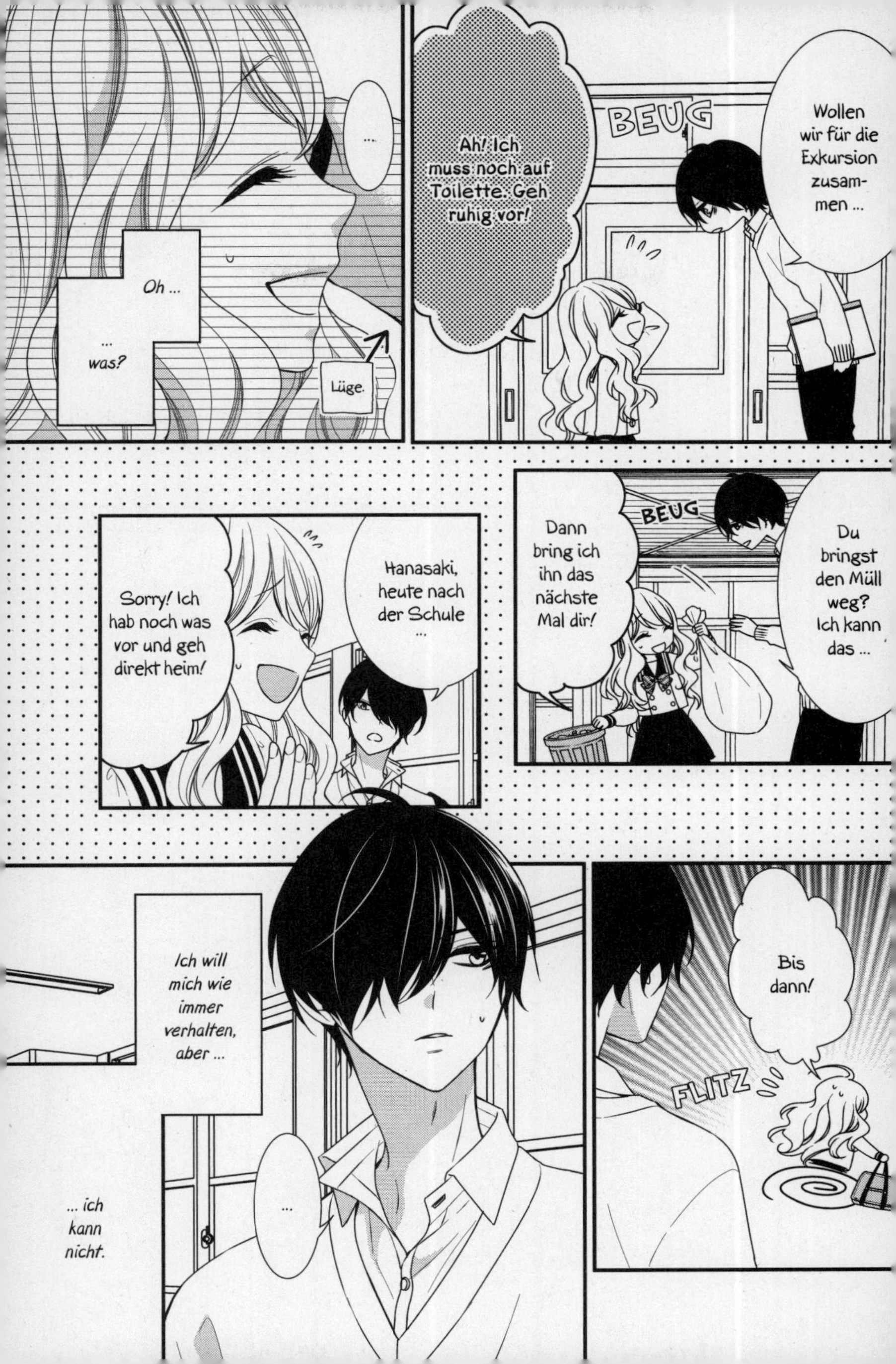
Wollen wir für die Exkursion zusammen ...
BEUG
Ah! Ich muss noch auf Toilette. Geh ruhig vor!
...
Lüge.
Oh ...
... was?
Du bringst den Müll weg? Ich kann das ...
BEUG
Dann bring ich ihn das nächste Mal dir!
Hanasaki, heute nach der Schule ...
Sorry! Ich hab noch was vor und geh direkt heim!
Bis dann!
FLITZ
...
Ich will mich wie immer verhalten, aber ...
... ich kann nicht.

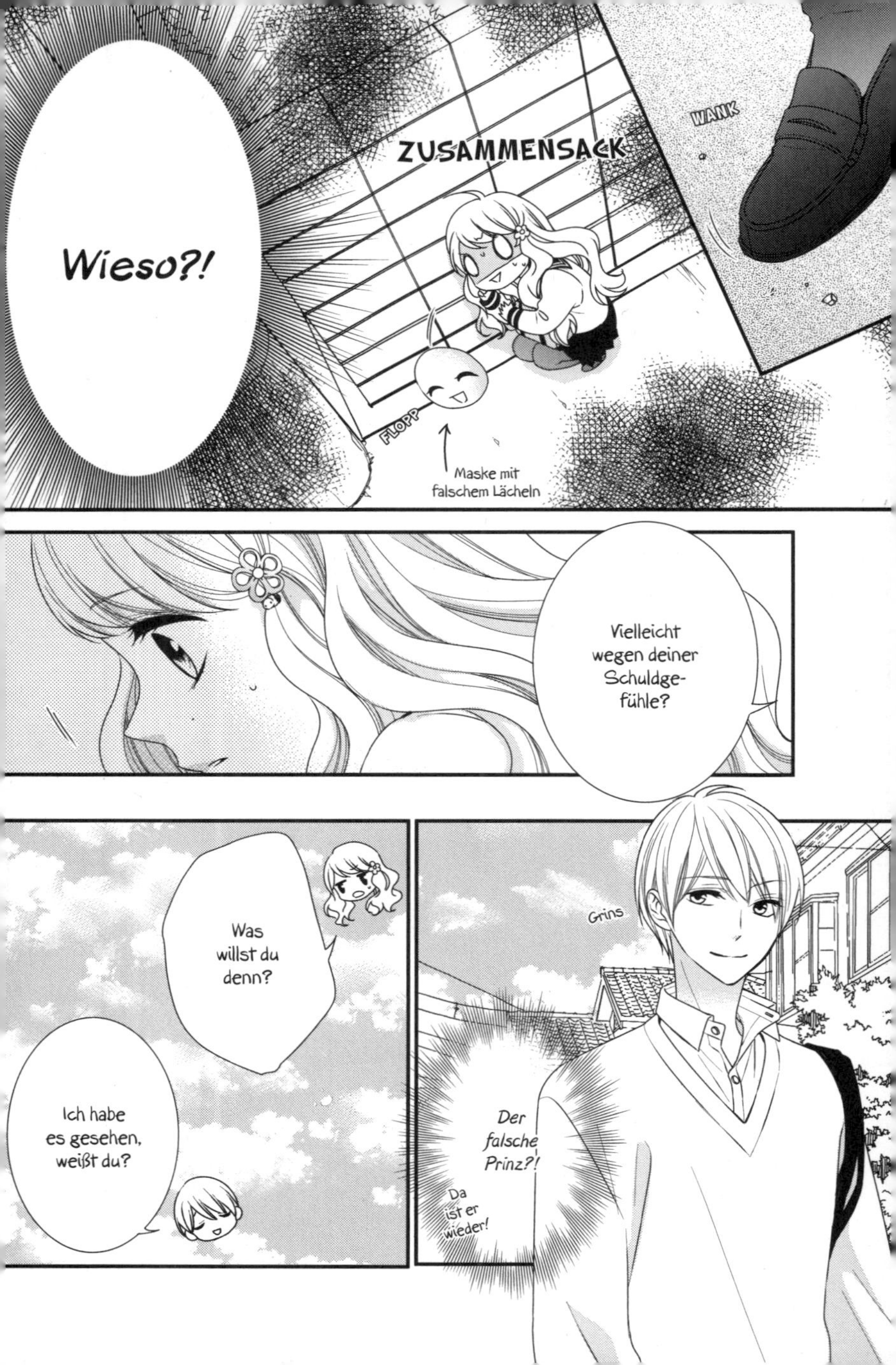
WANK
ZUSAMMENSACK
Wieso?!
FLOPP
Maske mit falschem Lächeln
Vielleicht wegen deiner Schuldgefühle?
Grins
Der falsche Prinz?!
Da ist er wieder!
Was willst du denn?
Ich habe es gesehen, weißt du?

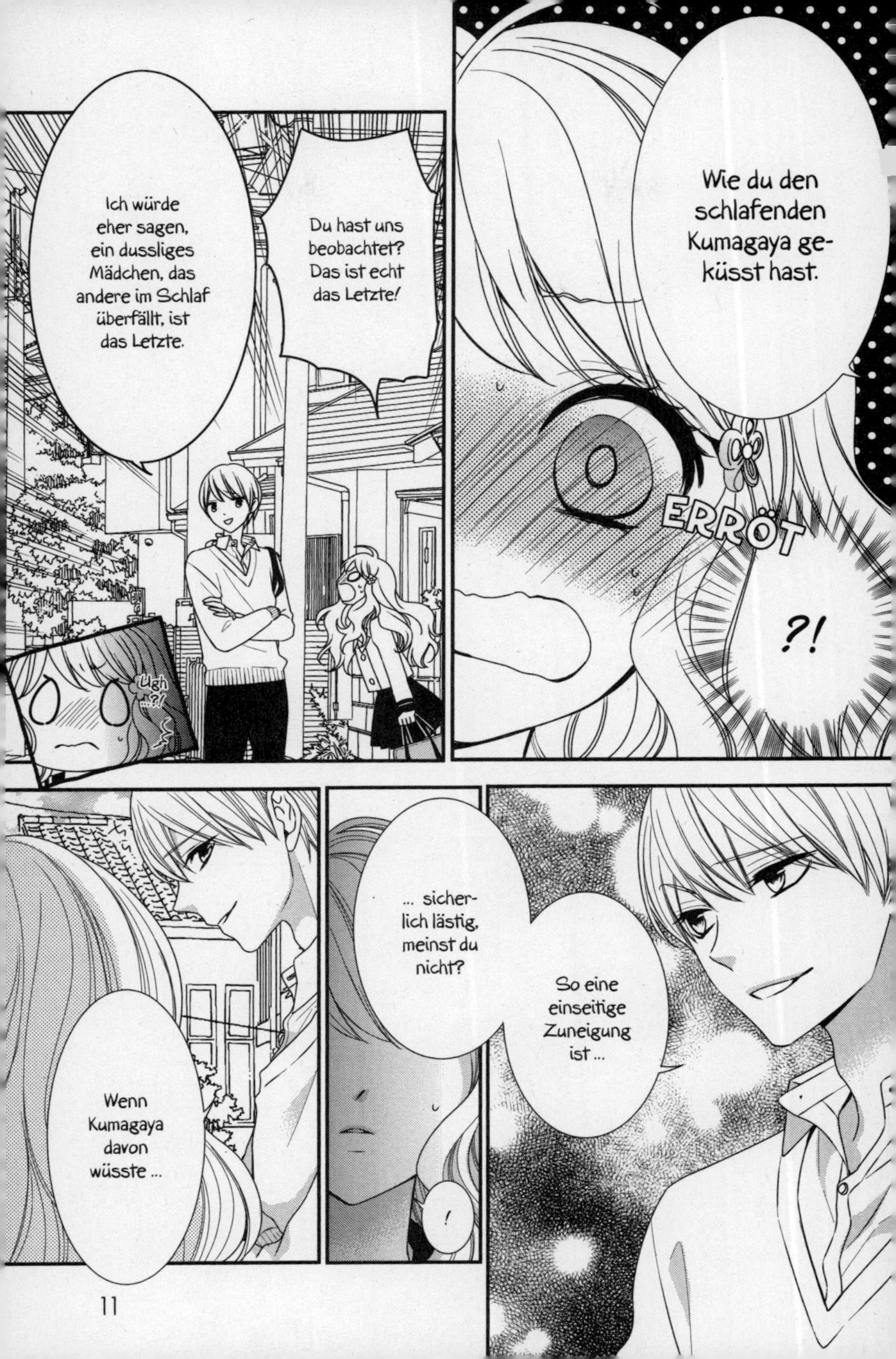

Wie du den schlafenden Kumagaya geküsst hast.
ERRÖT
?!
Du hast uns beobachtet? Das ist echt das Letzte!
Ich würde eher sagen, ein dussliges Mädchen, das andere im Schlaf überfällt, ist das Letzte.
Ugh ...?!
So eine einseitige Zuneigung ist ...
... sicherlich lästig, meinst du nicht?
!
Wenn Kumagaya davon wüsste ...

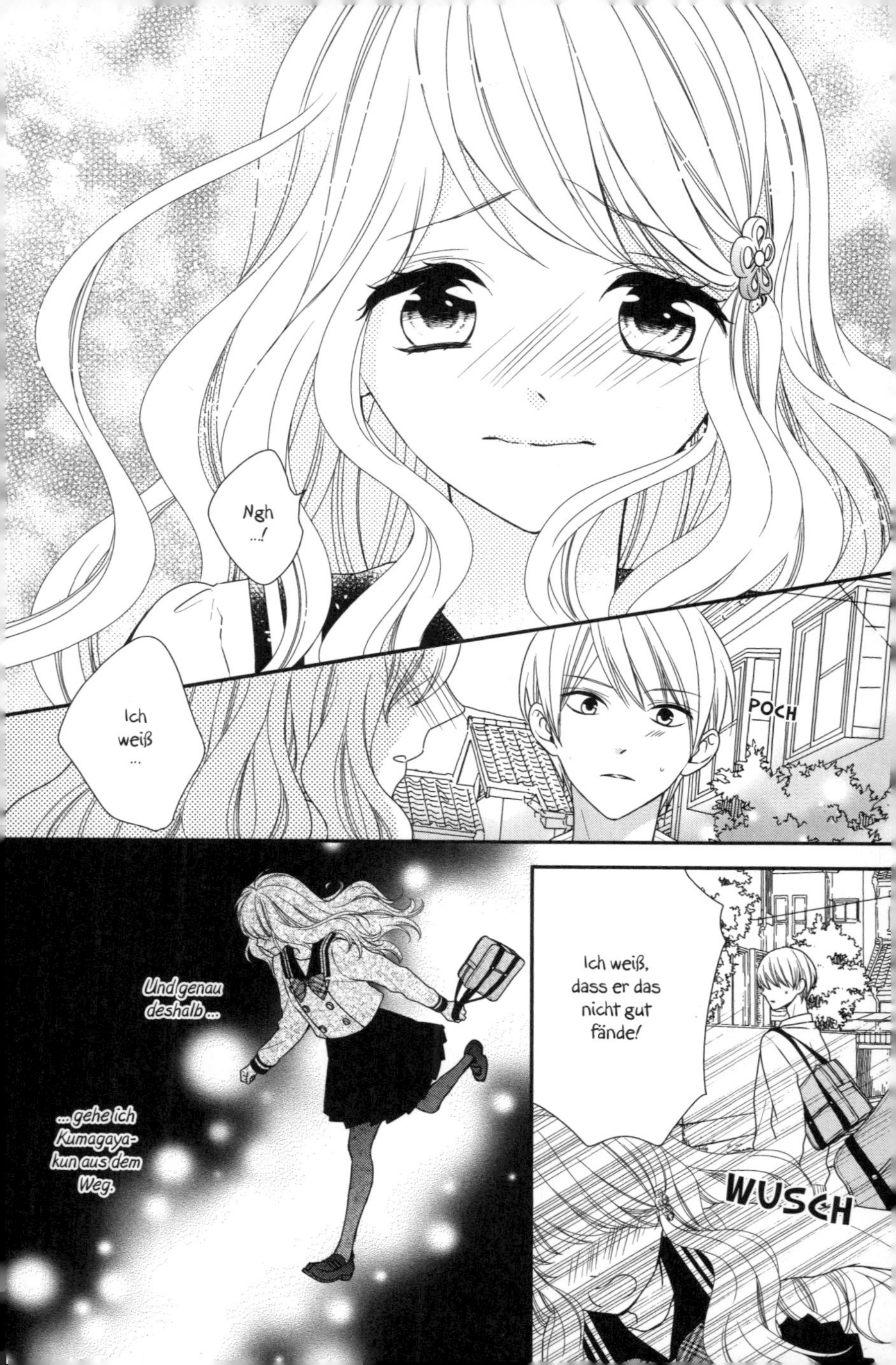
Ngh ...!
Ich weiß ...
POCH
Ich weiß, dass er das nicht gut fände!
WUSCH
Und genau deshalb ...
... gehe ich Kumagaya-kun aus dem Weg.

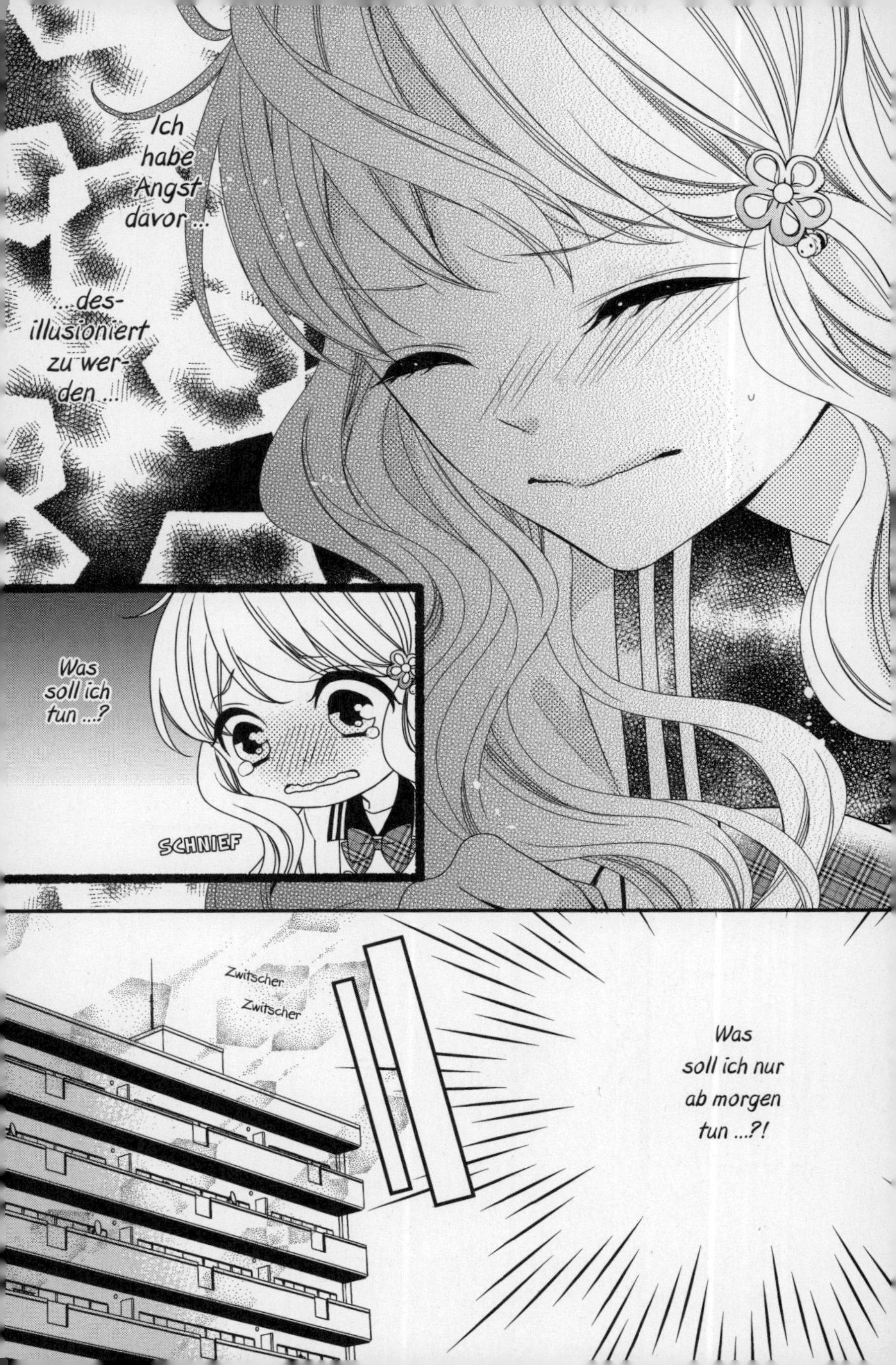
Ich habe Angst davor ...
... des-illusioniert zu wer-den ...
Was soll ich tun ...?
SCHNIEF
Zwitscher
Zwitscher
Was soll ich nur ab morgen tun ...?!

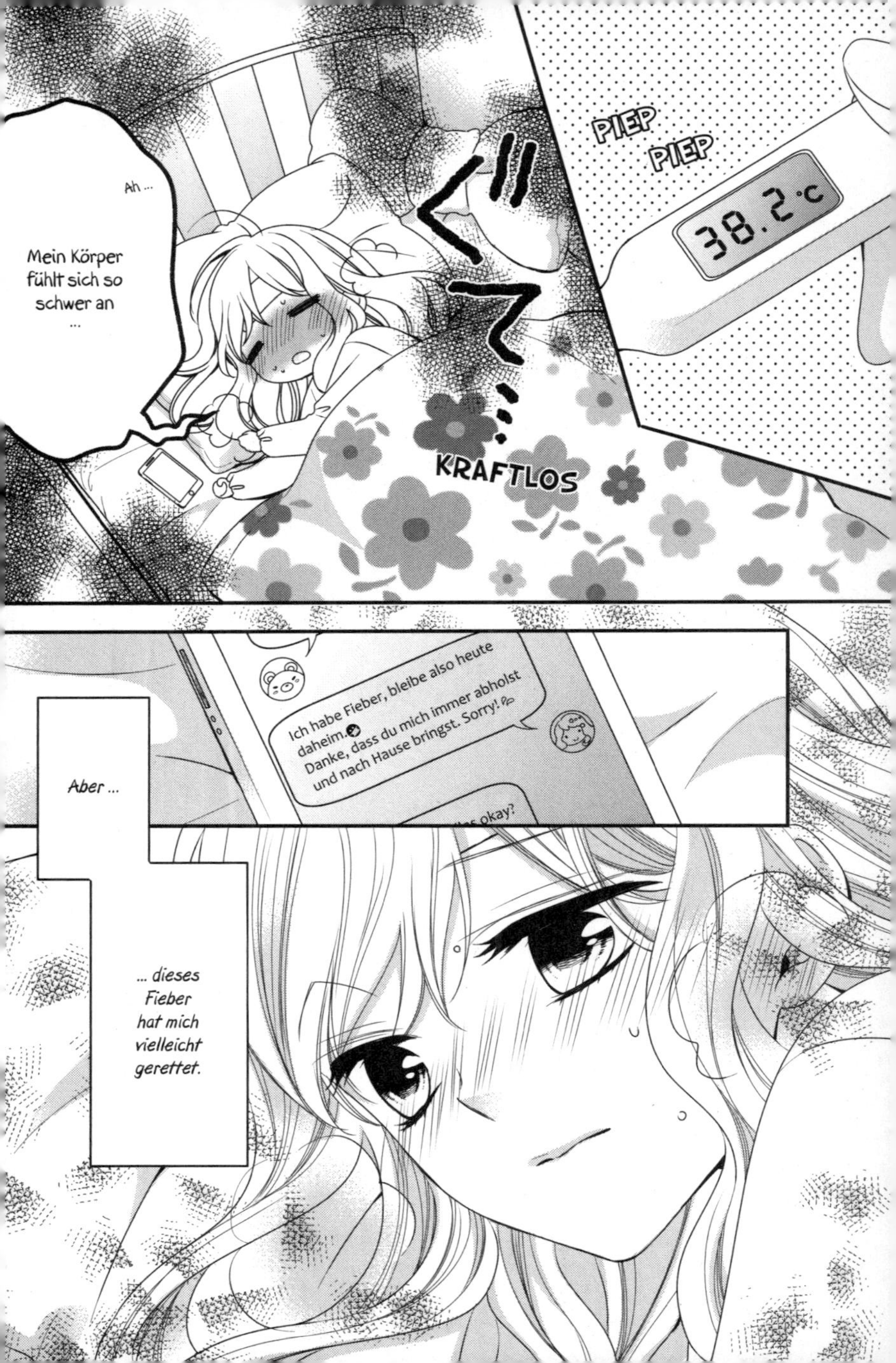
PIEP
PIEP
38.2°C
KRAFTLOS
Ah ...
Mein Körper fühlt sich so schwer an ...
Ich habe Fieber, bleibe also heute daheim.
Danke, dass du mich immer abholst und nach Hause bringst. Sorry!
Aber ...
... dieses Fieber hat mich vielleicht gerettet.

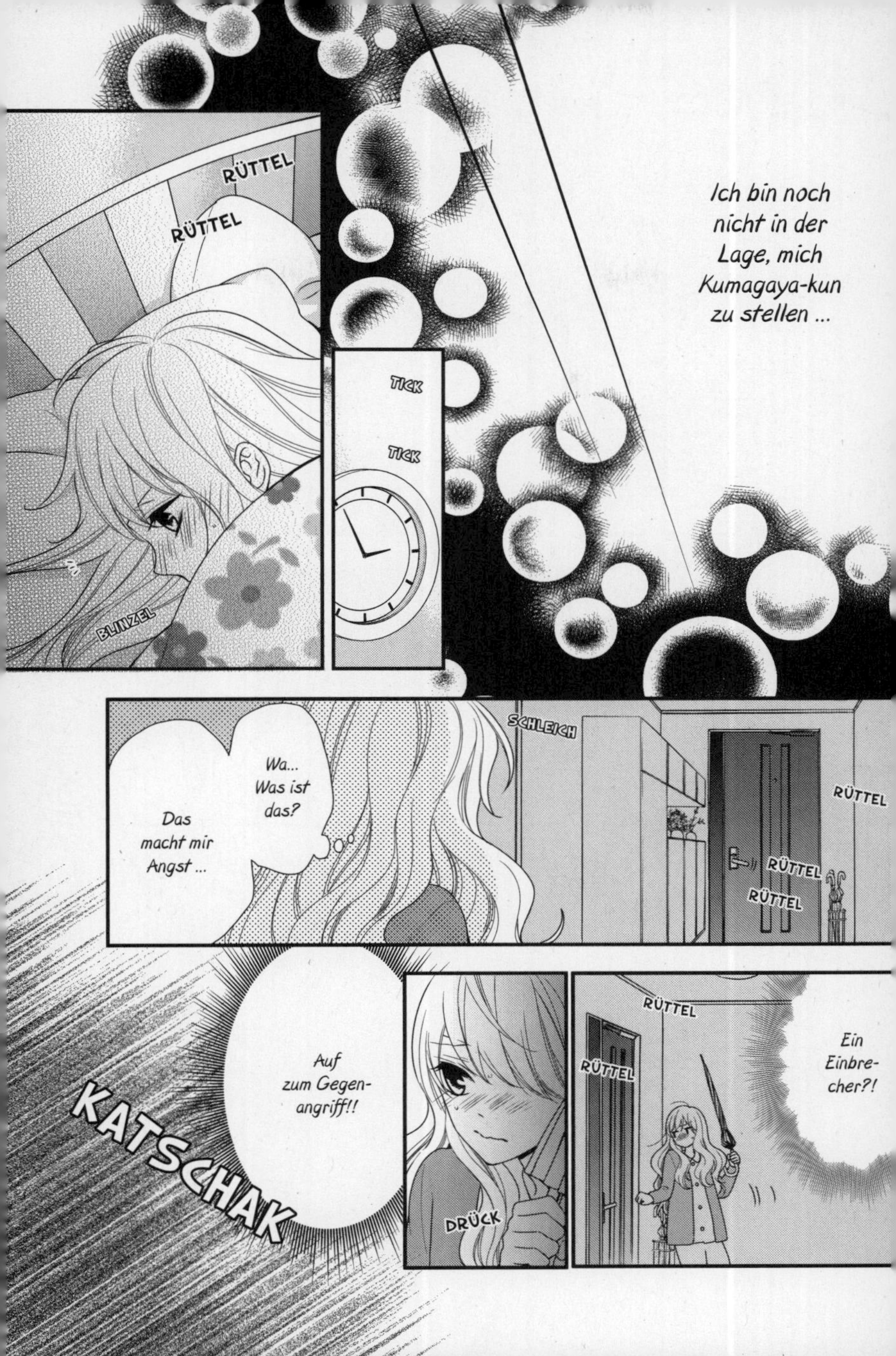
Ich bin noch nicht in der Lage, mich Kumagaya-kun zu stellen ...
RÜTTEL
RÜTTEL
TICK
TICK
BLINZEL
RÜTTEL
RÜTTEL
RÜTTEL
SCHLEICH
Wa... Was ist das?
Das macht mir Angst ...
Ein Einbrecher?!
RÜTTEL
RÜTTEL
Auf zum Gegenangriff!!
DRÜCK
KATSCHAK

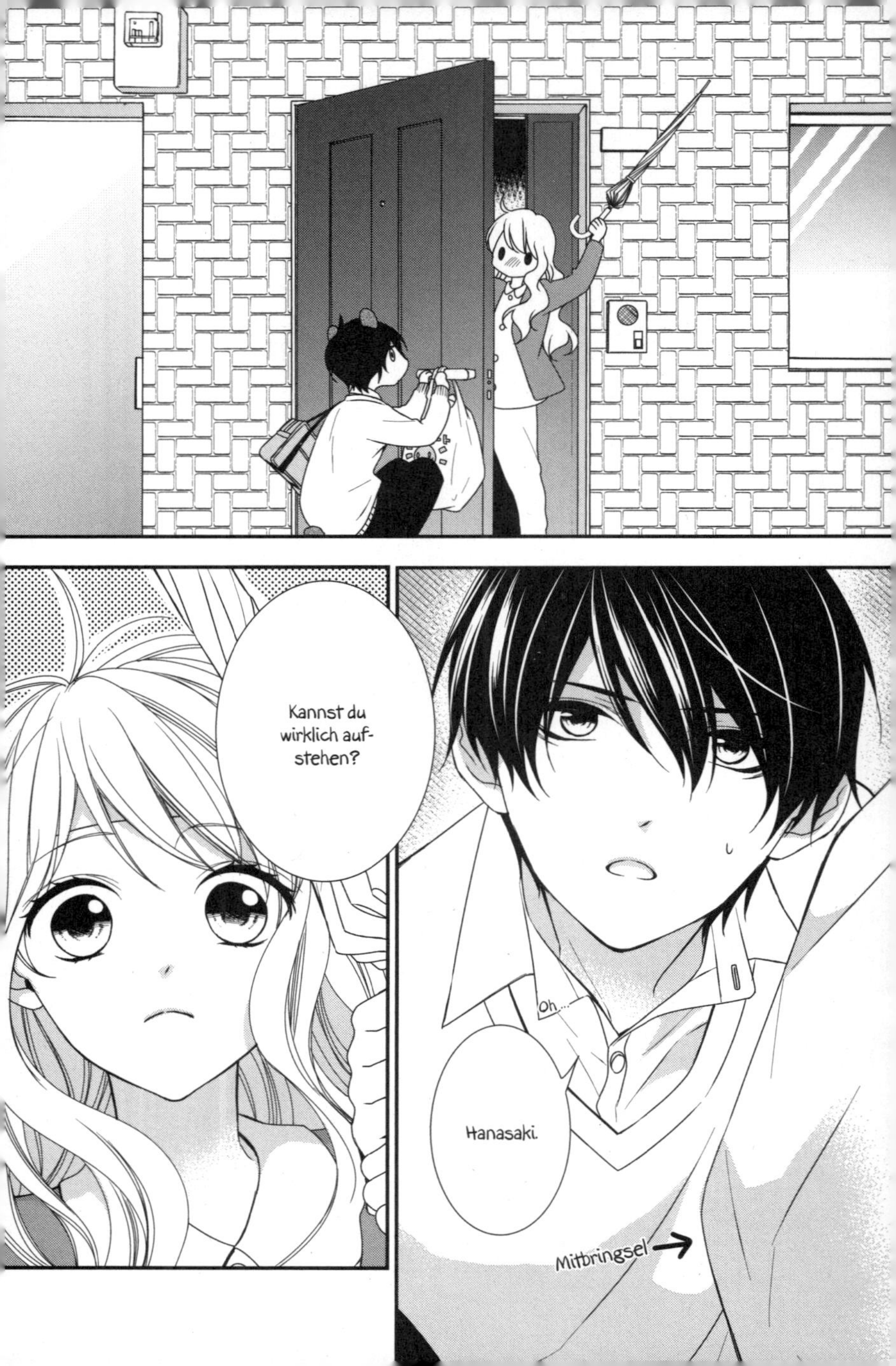
Oh…
Hanasaki.
Mitbringsel
Kannst du wirklich auf-stehen?

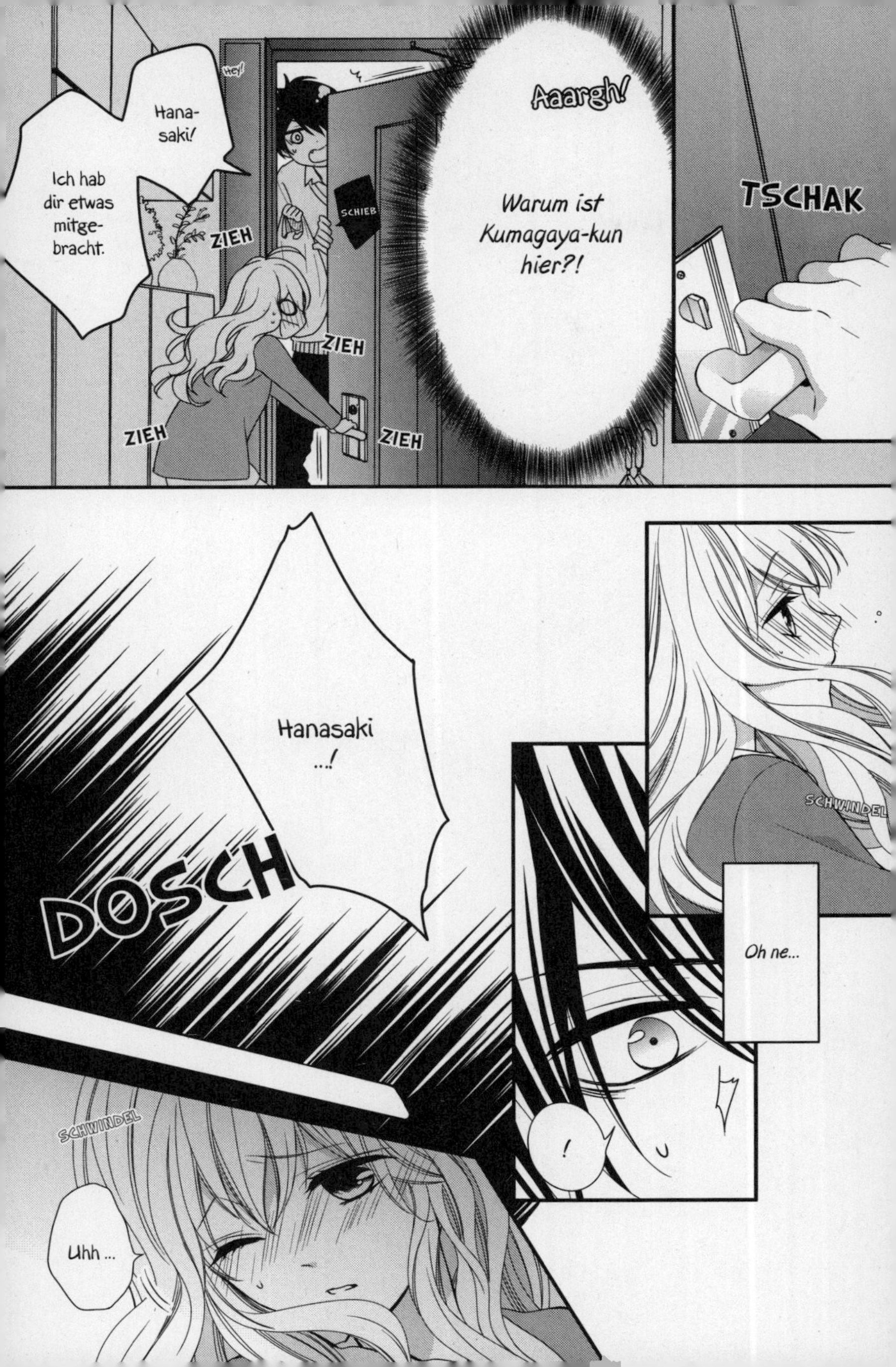
TSCHAK
Aaargh!
Warum ist Kumagaya-kun hier?!
ZIEH
ZIEH
ZIEH
ZIEH
SCHIEB
Hey!
Hana-saki!
Ich hab dir etwas mitge-bracht.
SCHWINDEL
Oh ne...
!
Hanasaki ...!
DOSCH
SCHWINDEL
Uhh ...

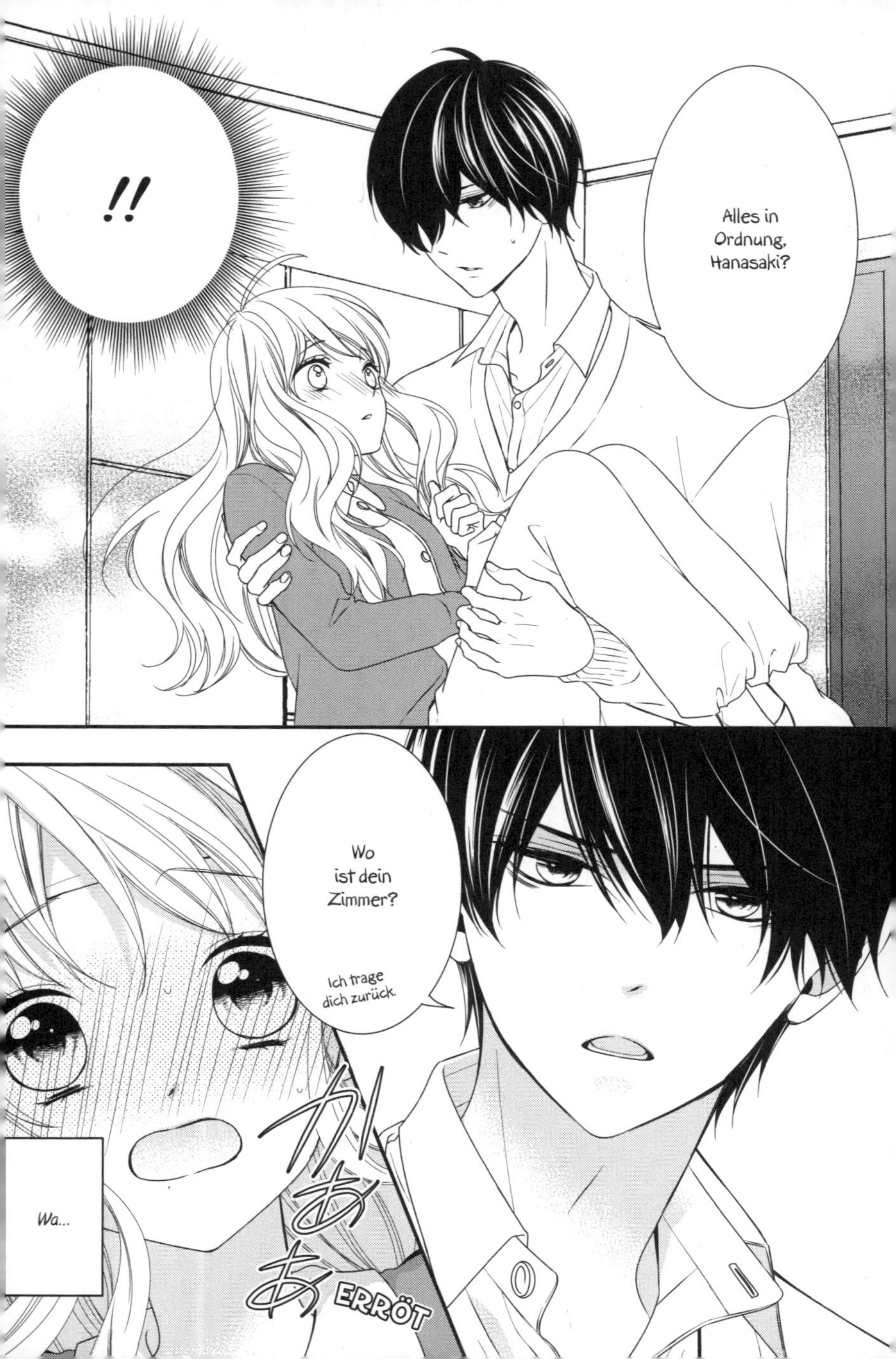
Alles in Ordnung, Hanasaki?
!!
Wo ist dein Zimmer?
Ich trage dich zurück.
ERRÖT
Wa...

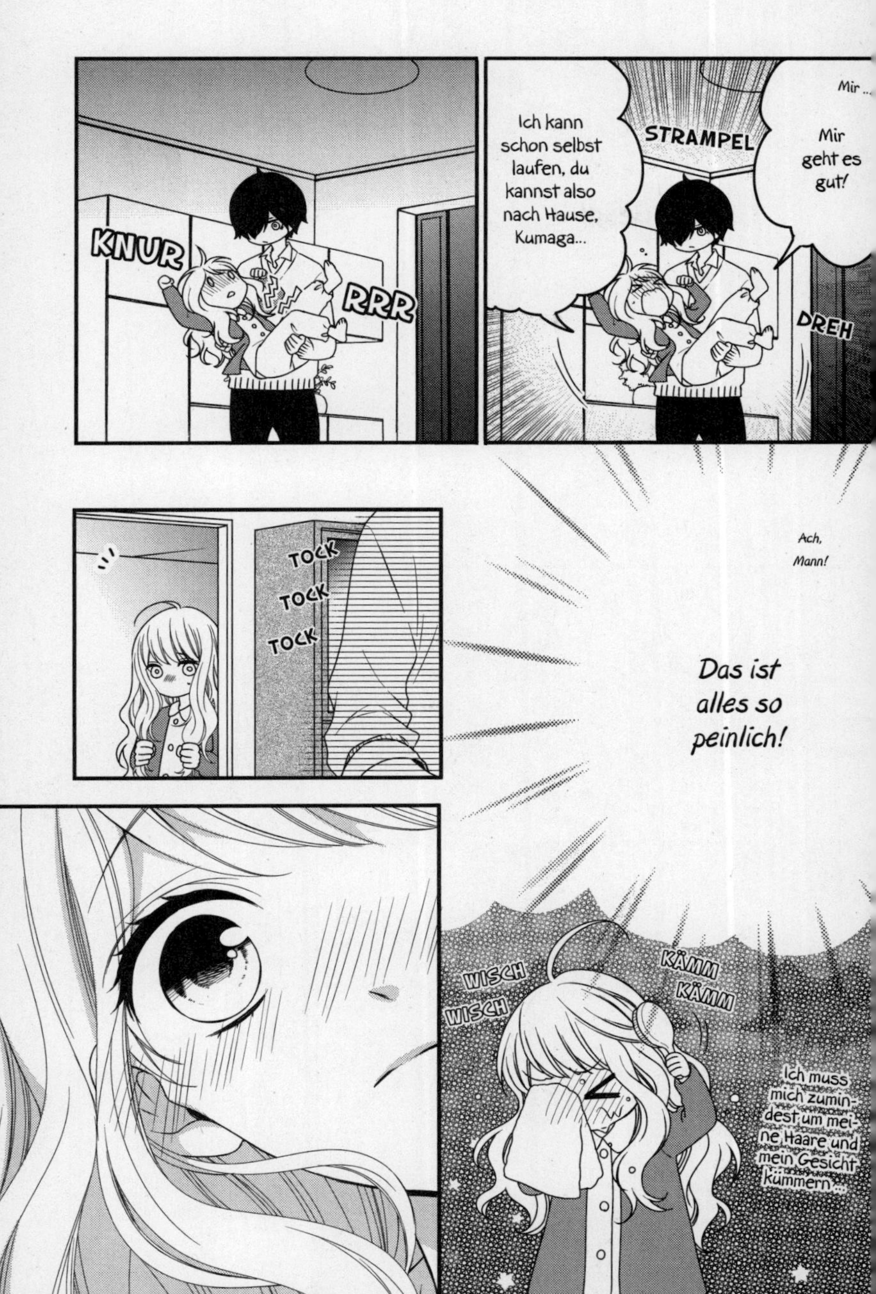
KNUR
RRR
Mir ...
Mir geht es gut!
STRAMPEL
Ich kann schon selbst laufen, du kannst also nach Hause, Kumaga...
DREH
Ach, Mann!
TOCK
TOCK
TOCK
Das ist alles so peinlich!
KÄMM KÄMM
WISCH WISCH
Ich muss mich zumindest um meine Haare und mein Gesicht kümmern ...

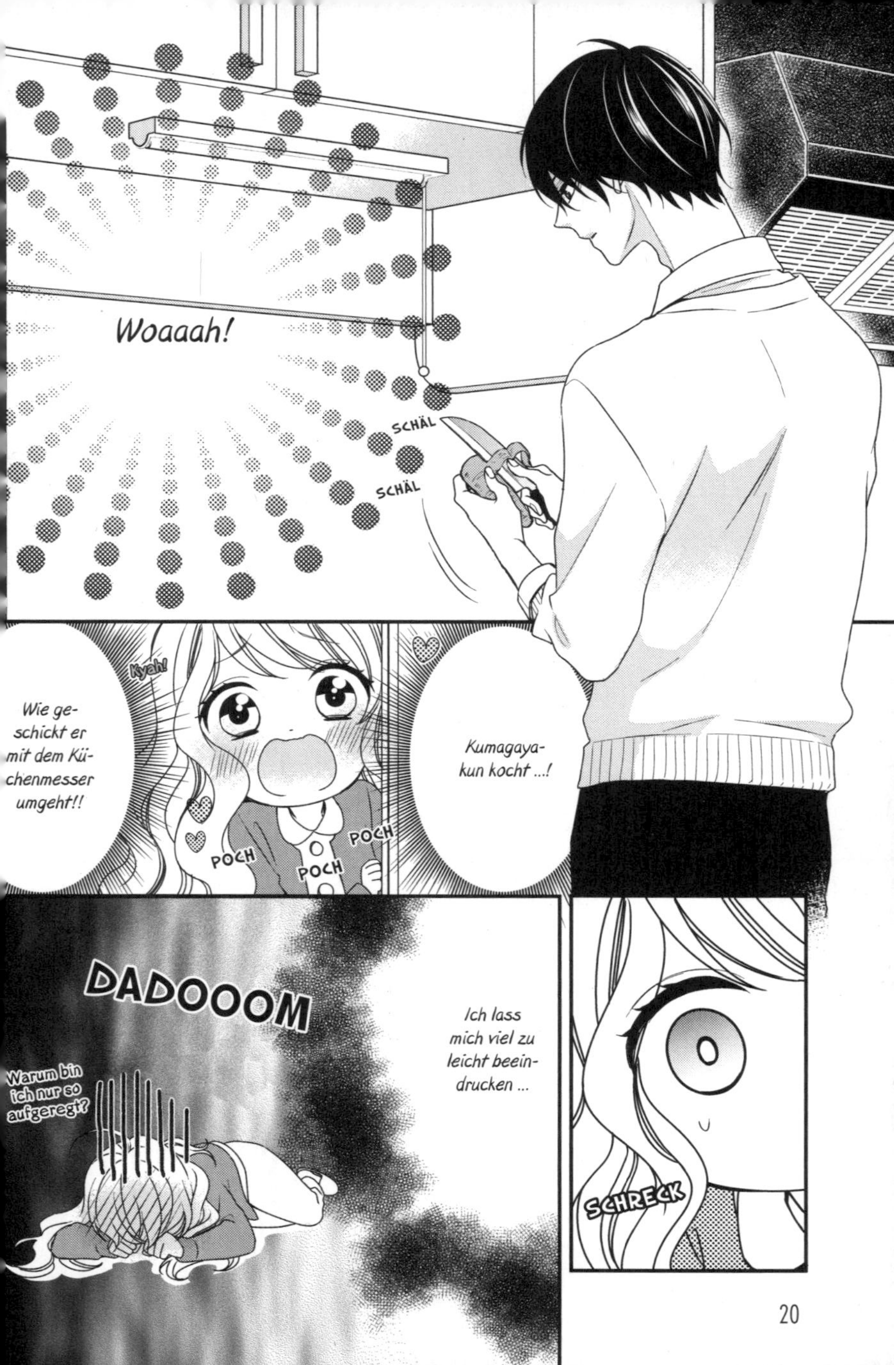
Woaaah!
SCHÄL
SCHÄL
Kumagaya-kun kocht ...!
Kyah!
Wie geschickt er mit dem Küchenmesser umgeht!!
POCH
POCH
POCH
SCHRECK
Ich lass mich viel zu leicht beeindrucken ...
DADOOOM
Warum bin ich nur so aufgeregt?

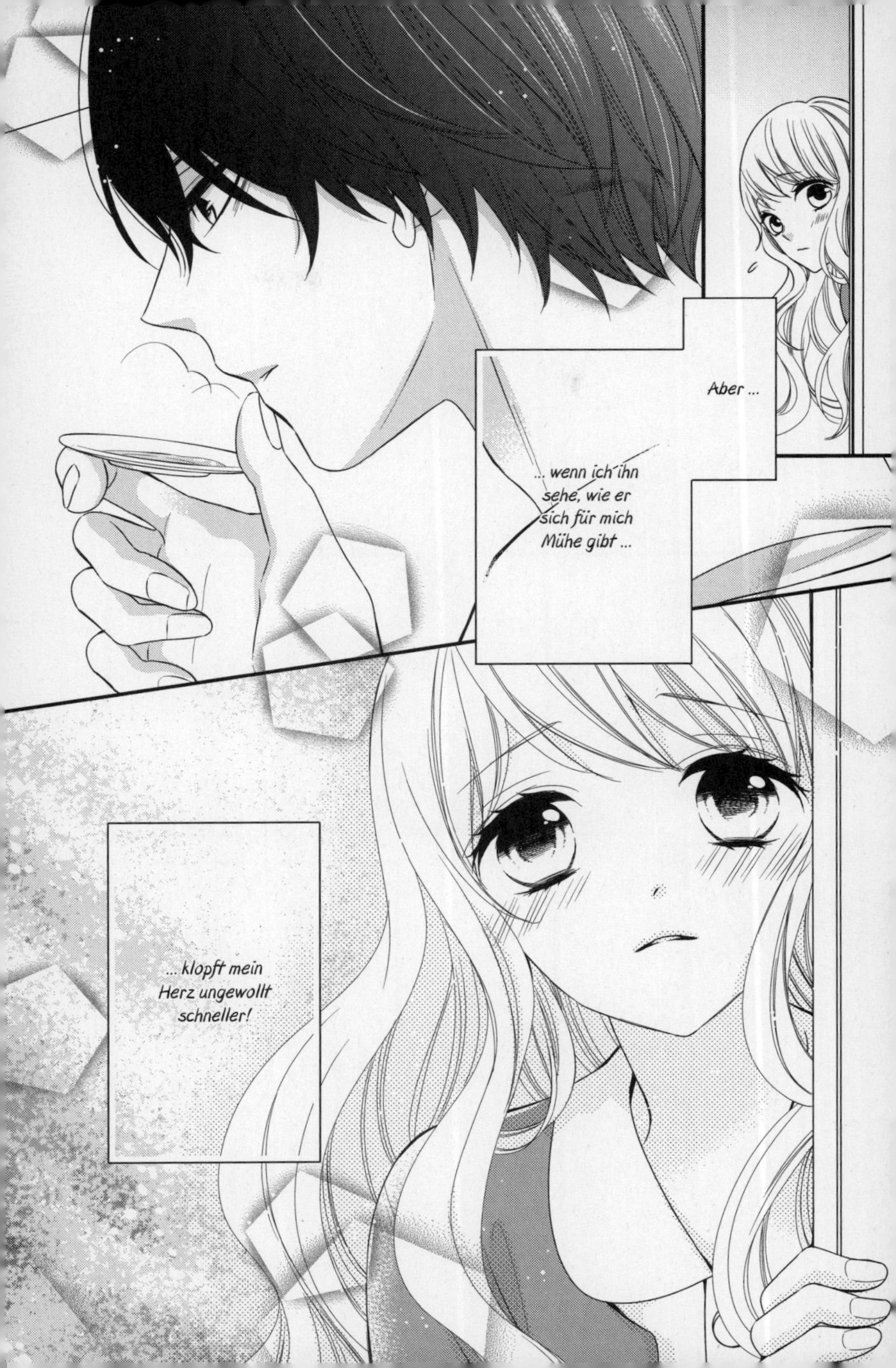
Aber ...
... wenn ich ihn sehe, wie er sich für mich Mühe gibt ...
... klopft mein Herz ungewollt schneller!

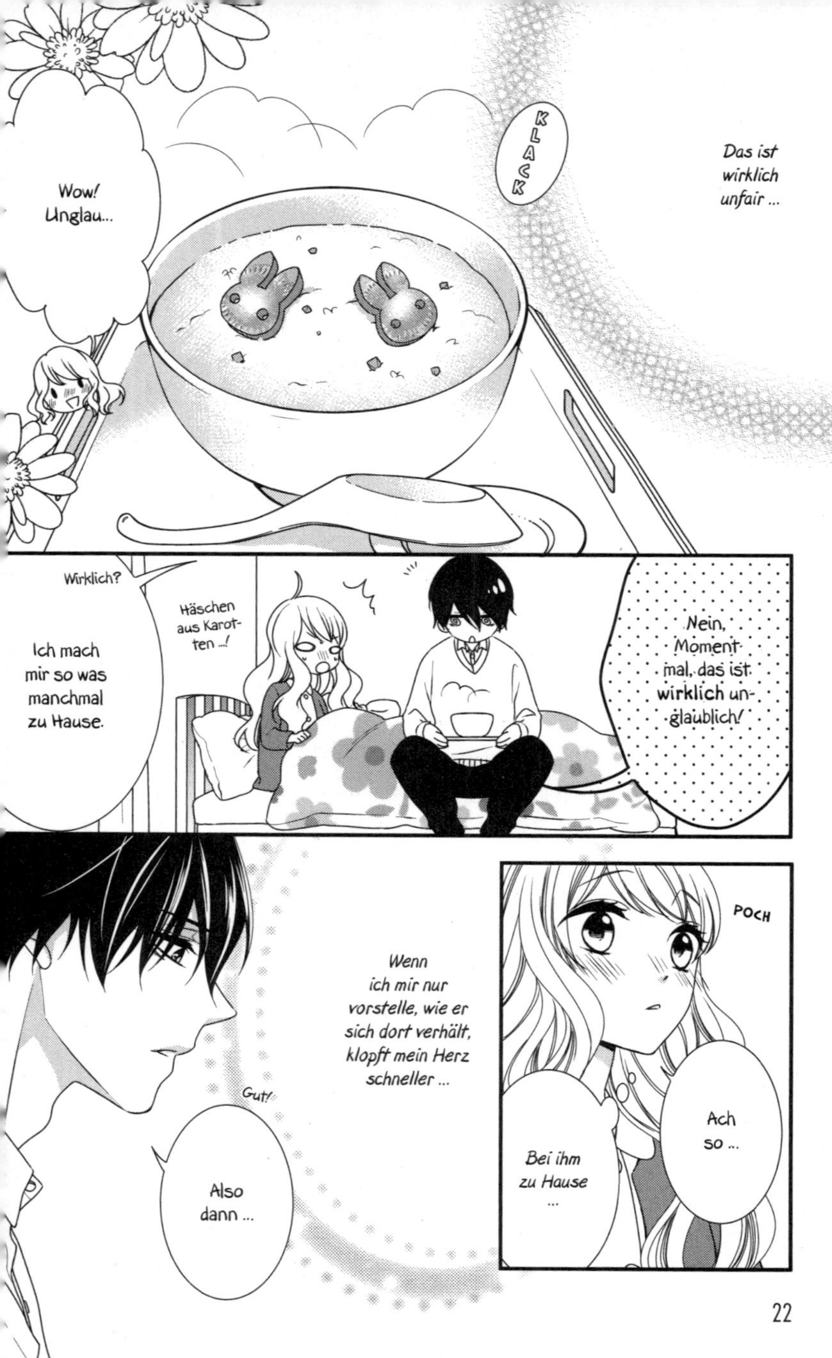
Das ist wirklich unfair ...
KLACK
Wow! Unglau...
Nein, Moment mal, das ist **wirklich** unglaublich!
Häschen aus Karotten ...!
Wirklich?
Ich mach mir so was manchmal zu Hause.
POCH
Ach so ...
Bei ihm zu Hause ...
Wenn ich mir nur vorstelle, wie er sich dort verhält, klopft mein Herz schneller ...
Gut!
Also dann ...

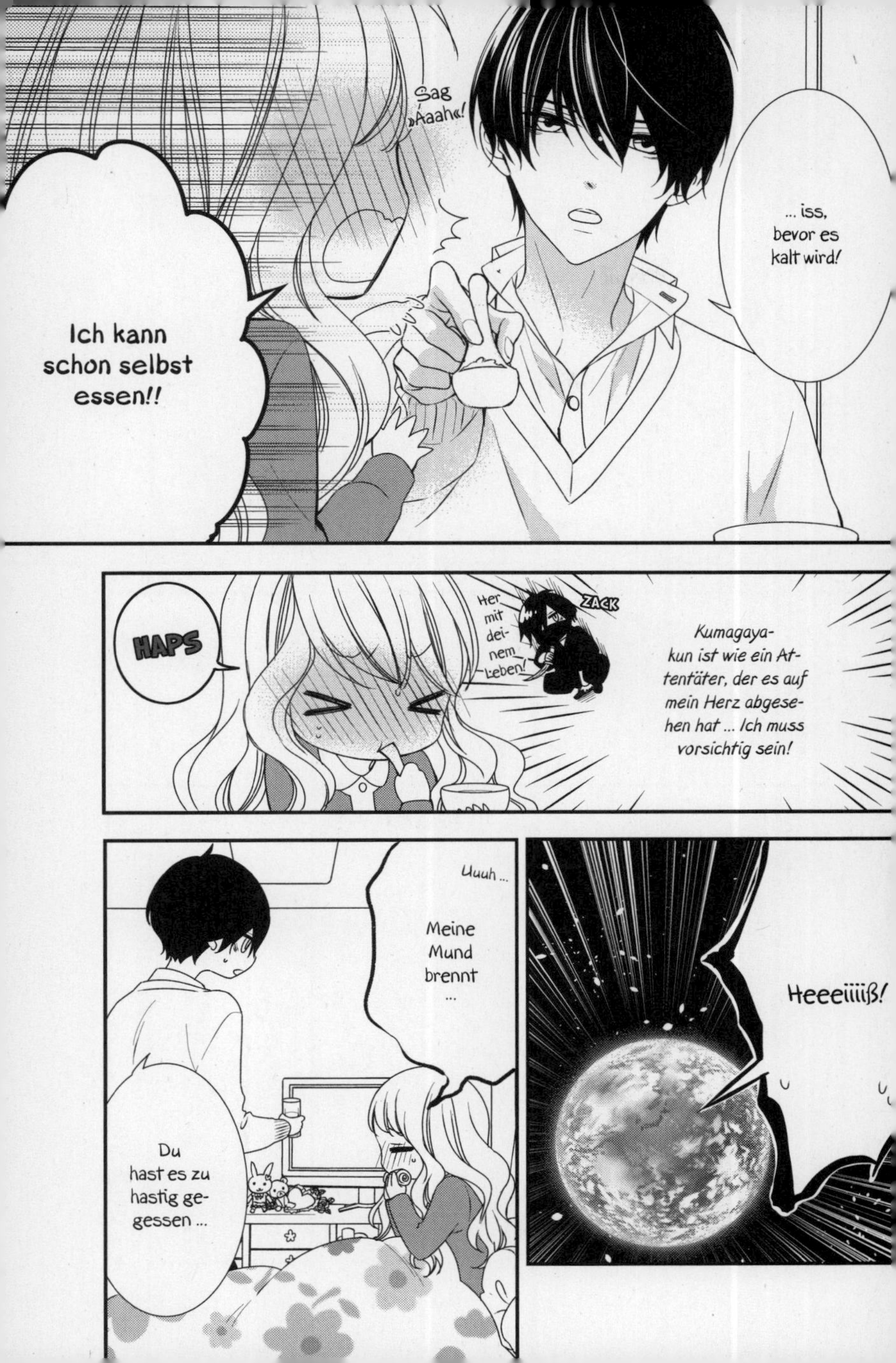

... iss, bevor es kalt wird!

Sag »Aaah«!

Ich kann schon selbst essen!!

Kumagaya-kun ist wie ein Attentäter, der es auf mein Herz abgesehen hat ... Ich muss vorsichtig sein!

ZACK

Her mit deinem Leben!

HAPS

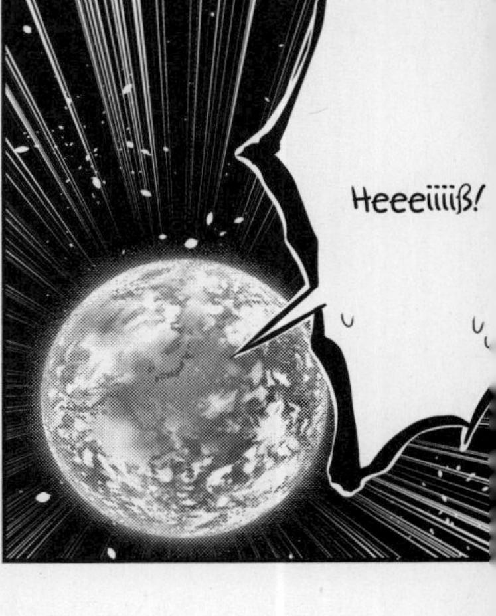

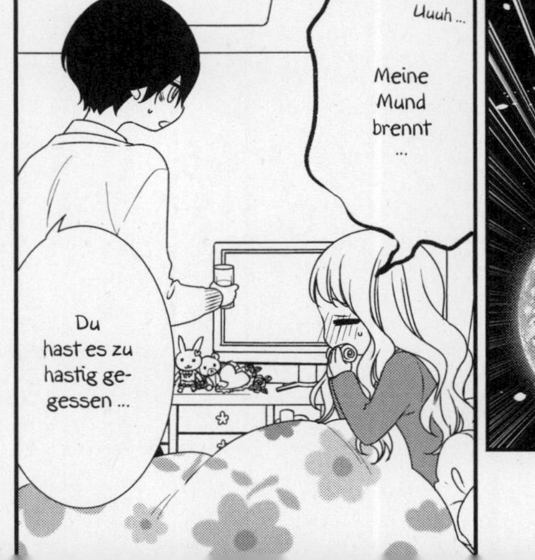

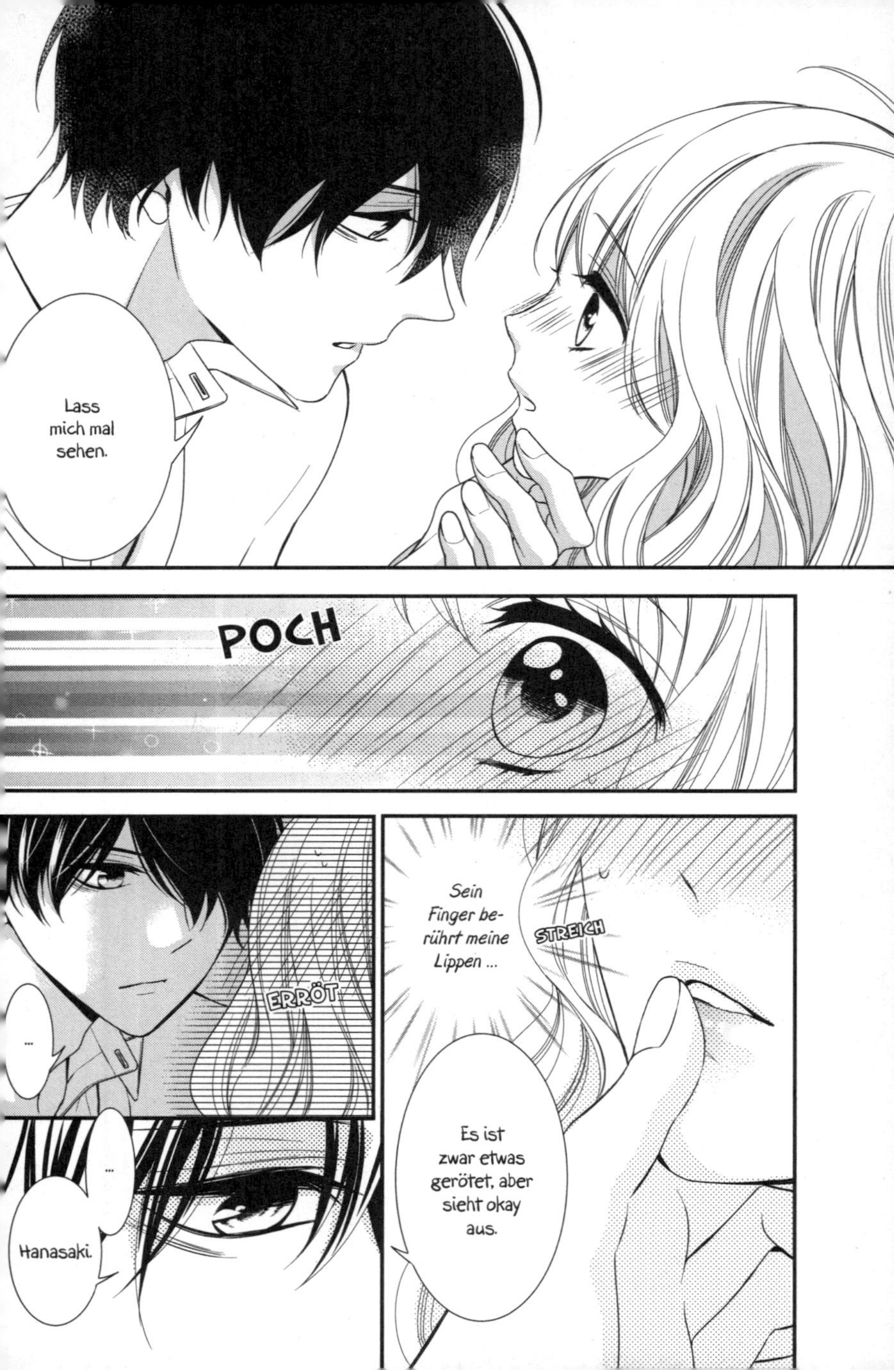
Lass mich mal sehen.
POCH
Sein Finger berührt meine Lippen ...
STREICH
Es ist zwar etwas gerötet, aber sieht okay aus.
ERRÖT
...
...
Hanasaki.

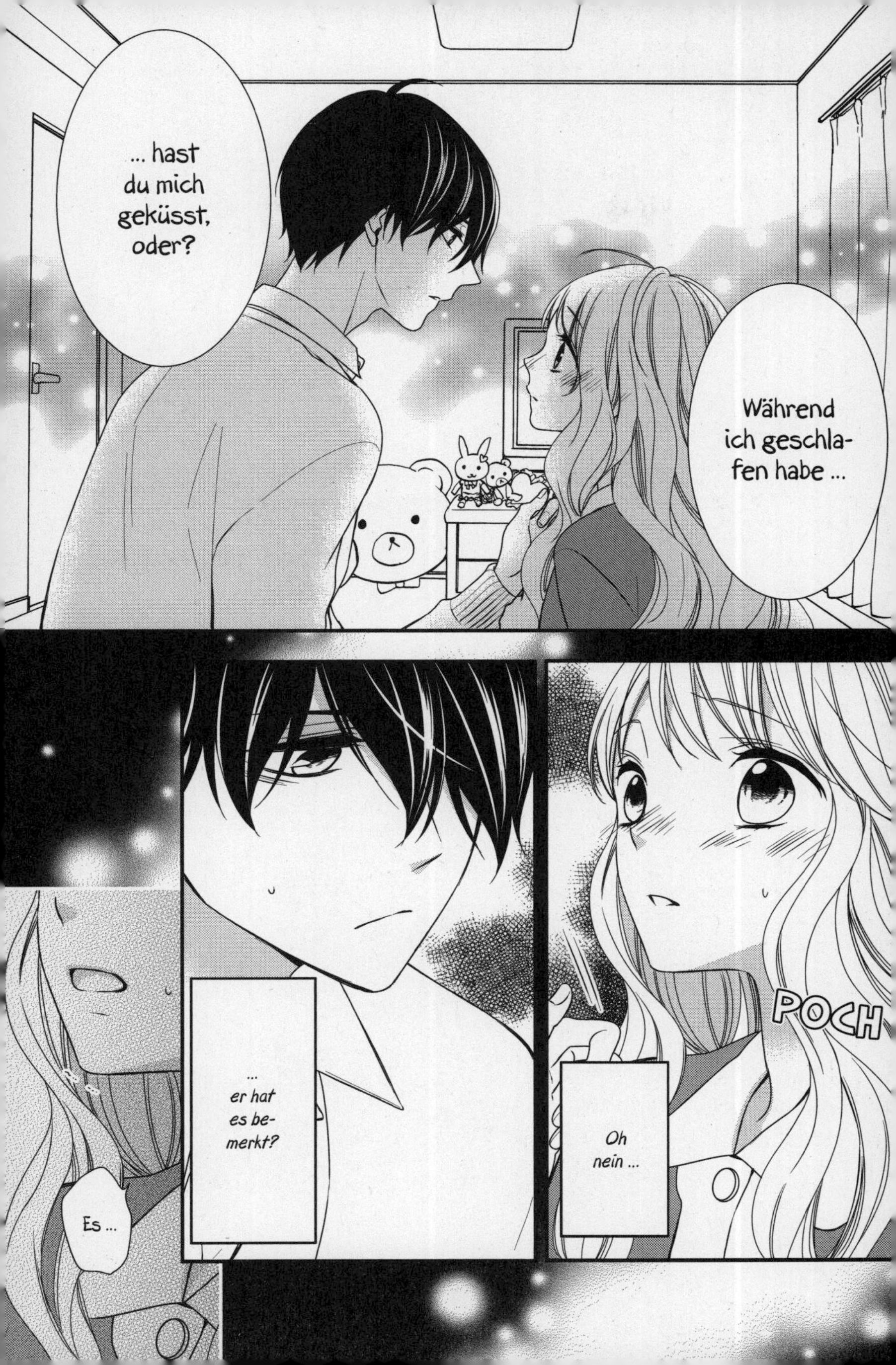

Während ich geschlafen habe ...
... hast du mich geküsst, oder?
POCH
Oh nein ...
... er hat es bemerkt?
Es ...

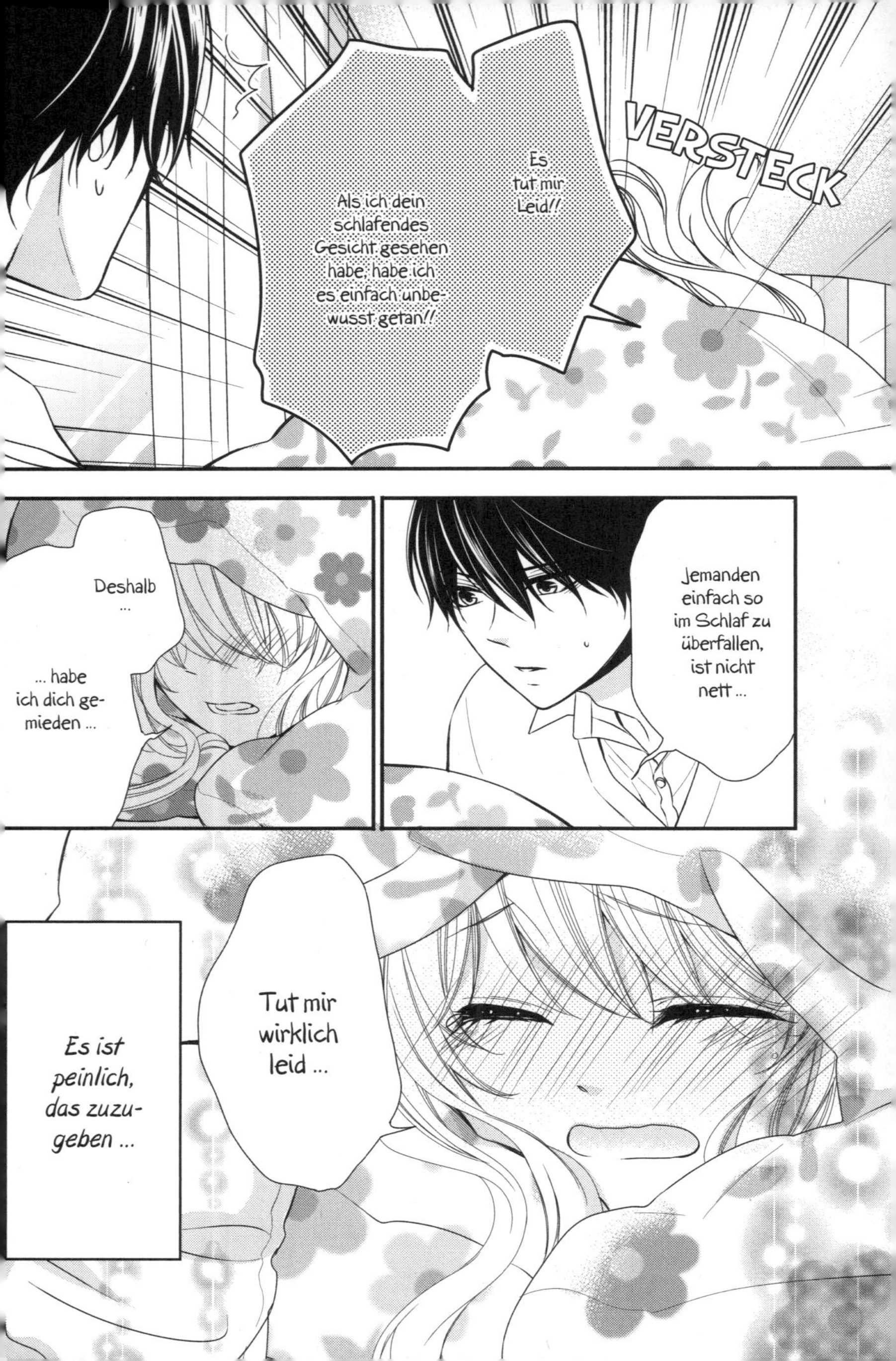
VERSTECK
Es tut mir Leid!!
Als ich dein schlafendes Gesicht gesehen habe, habe ich es einfach unbewusst getan!!
Jemanden einfach so im Schlaf zu überfallen, ist nicht nett ...
Deshalb ...
... habe ich dich gemieden ...
Tut mir wirklich leid ...
Es ist peinlich, das zuzugeben ...

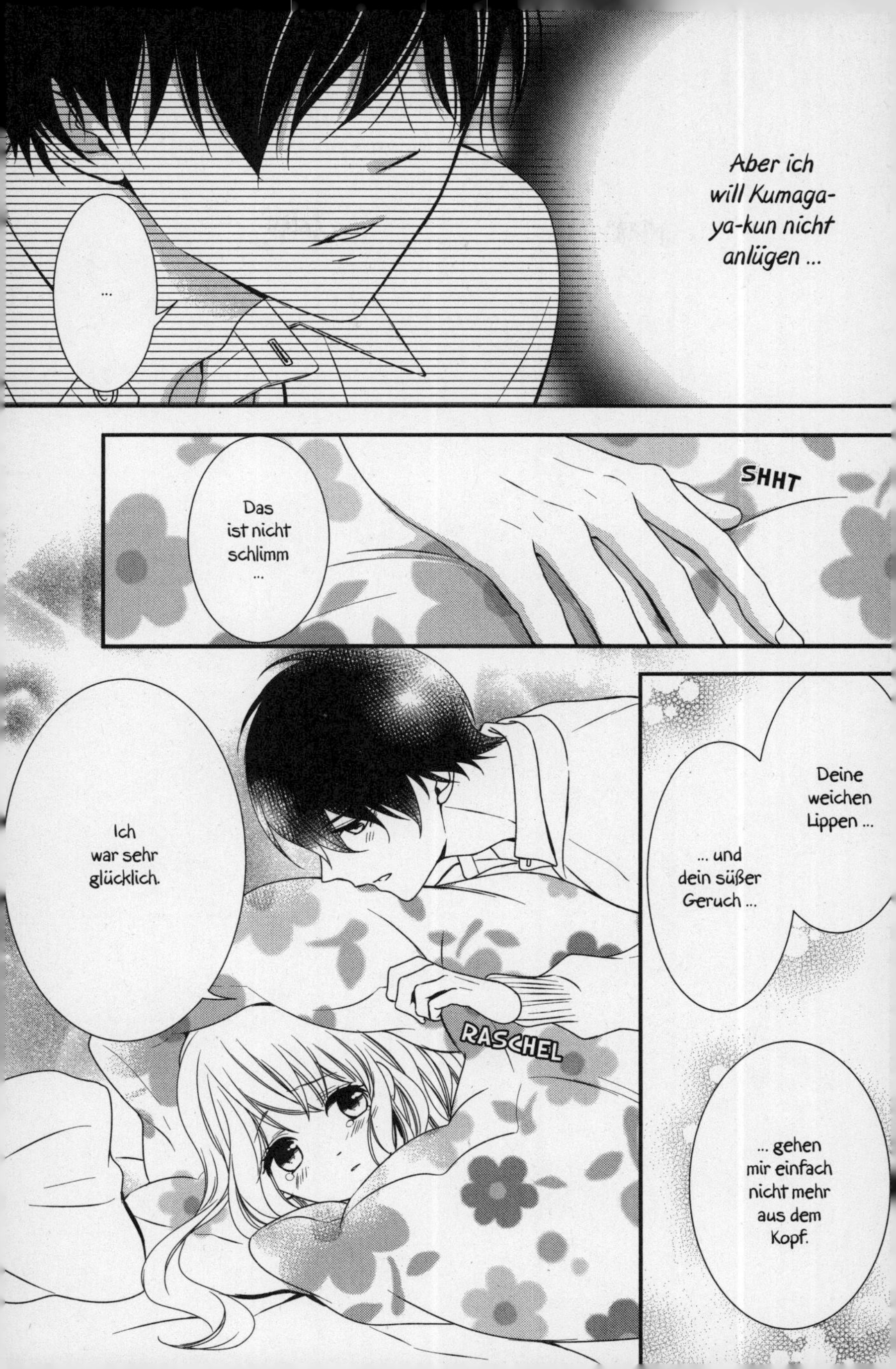
Aber ich will Kumagaya-kun nicht anlügen ...
...
SHHT
Das ist nicht schlimm ...
Deine weichen Lippen ...
... und dein süßer Geruch ...
... gehen mir einfach nicht mehr aus dem Kopf.
RASCHEL
Ich war sehr glücklich.

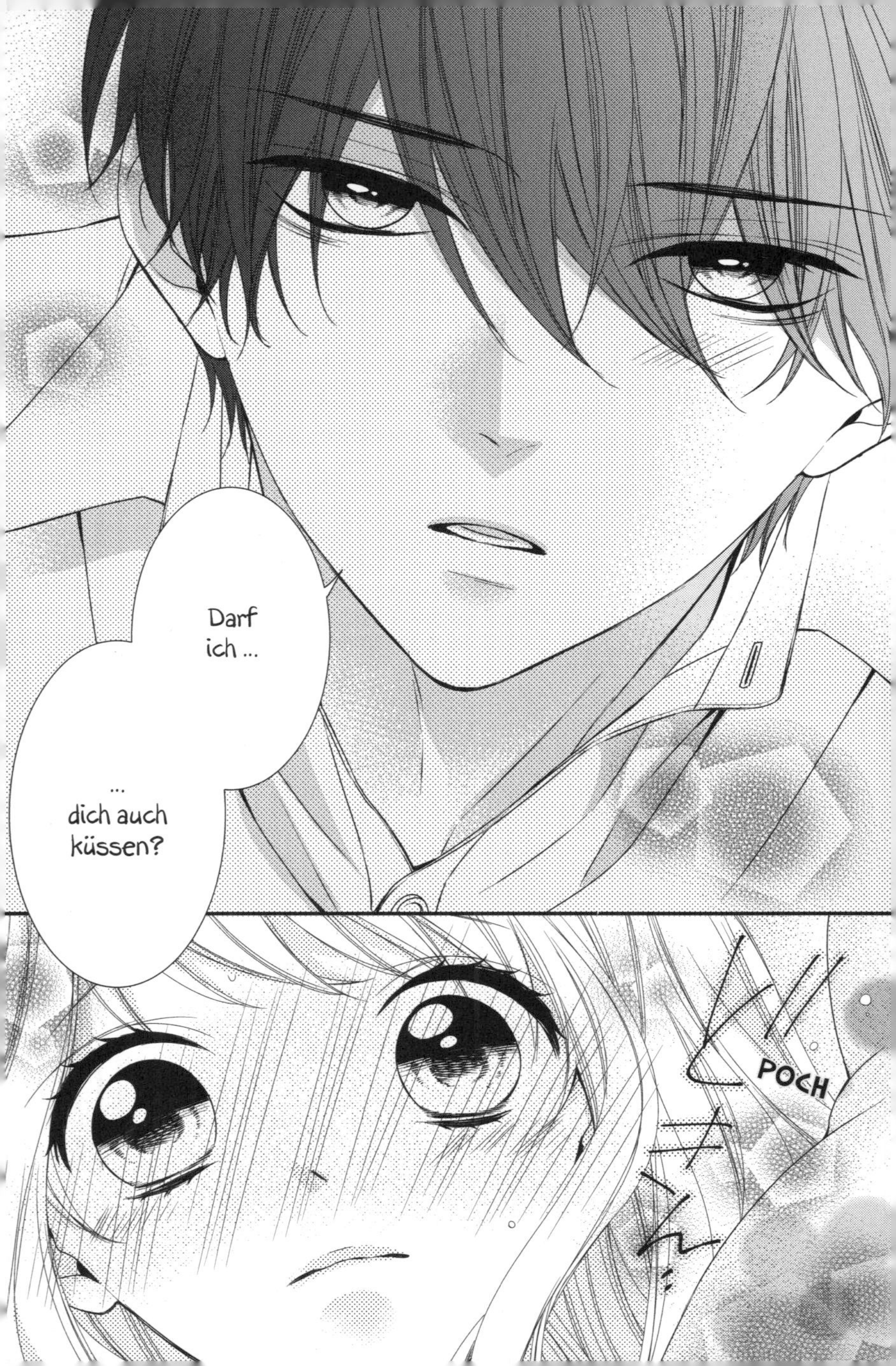
Darf ich ...
... dich auch küssen?
POCH

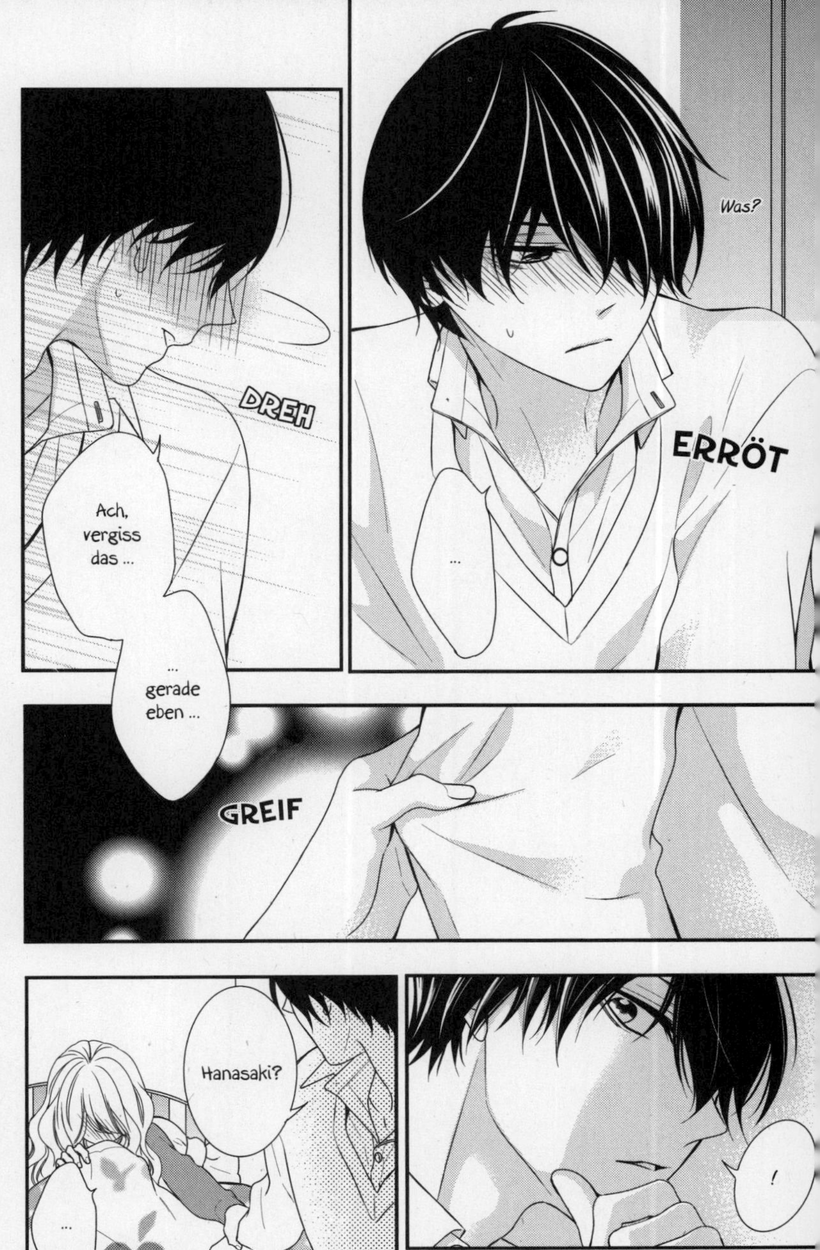
Was?
ERRÖT
...
DREH
Ach, vergiss das ...
... gerade eben ...
GREIF
!
Hanasaki?
...

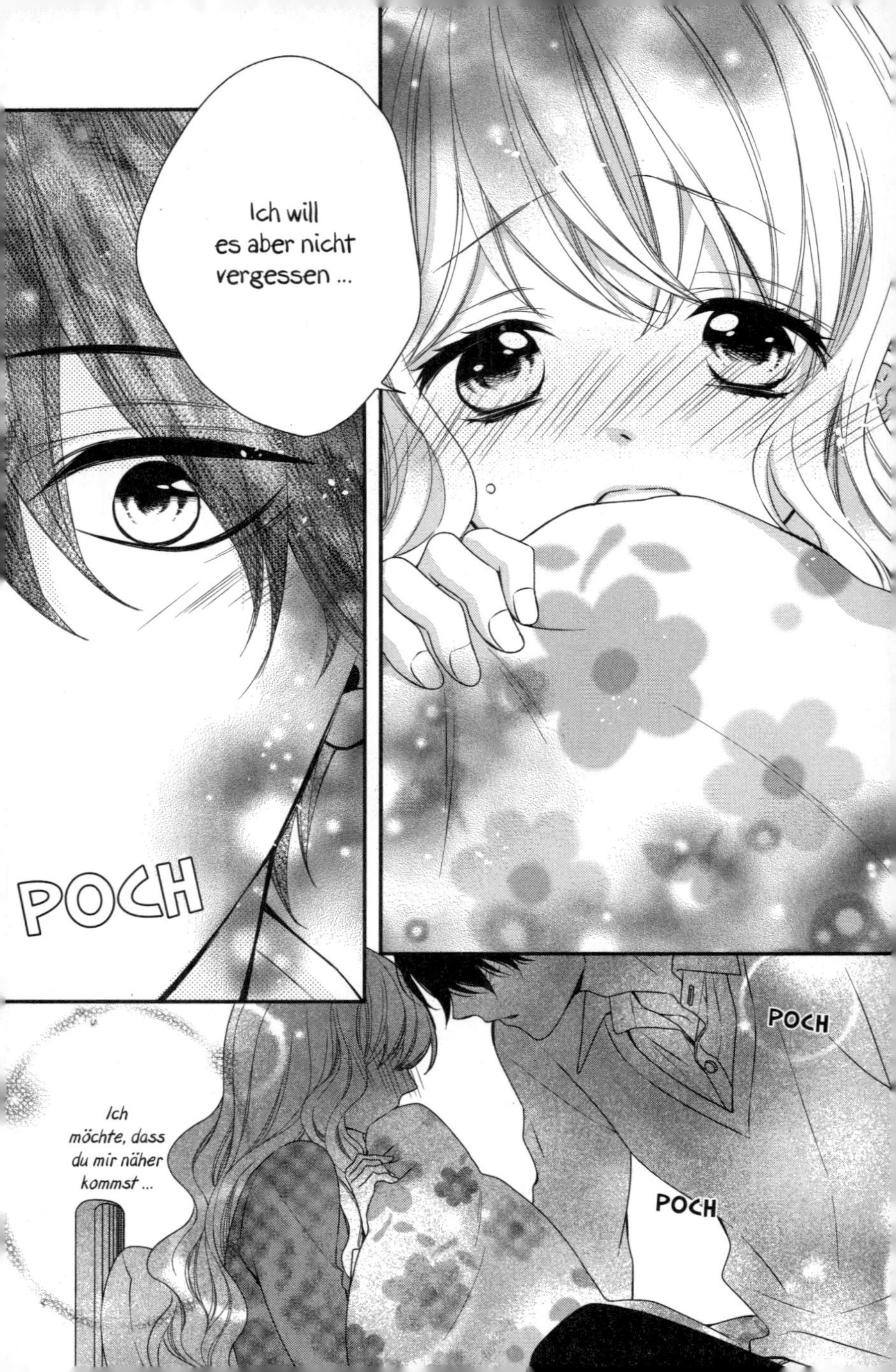
Ich will
es aber nicht
vergessen ...
POCH
POCH
POCH
Ich
möchte, dass
du mir näher
kommst ...

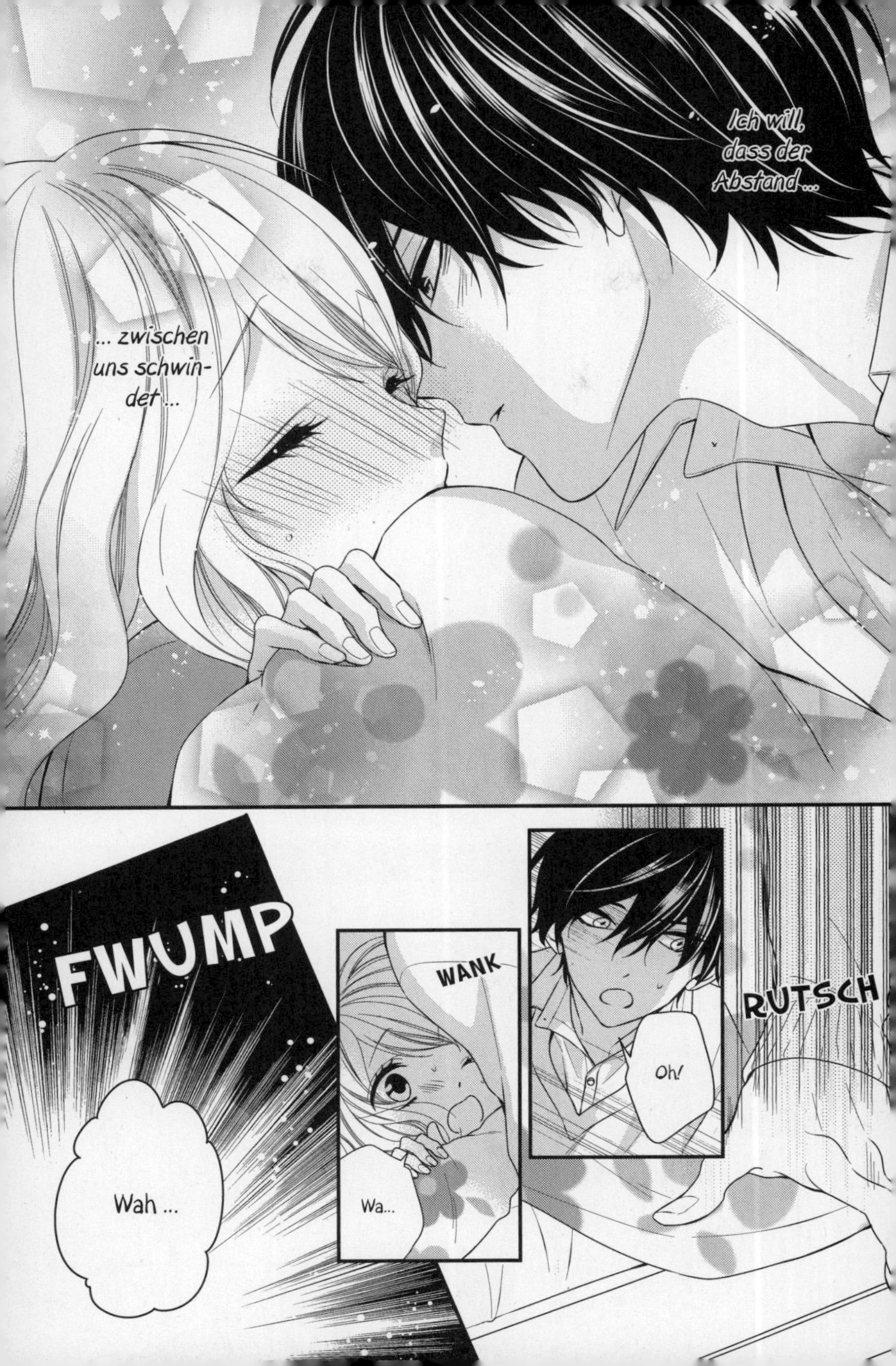
Ich will, dass der Abstand ...
... zwischen uns schwin-det ...
RUTSCH
Oh!
WANK
Wa...
FWUMP
Wah ...

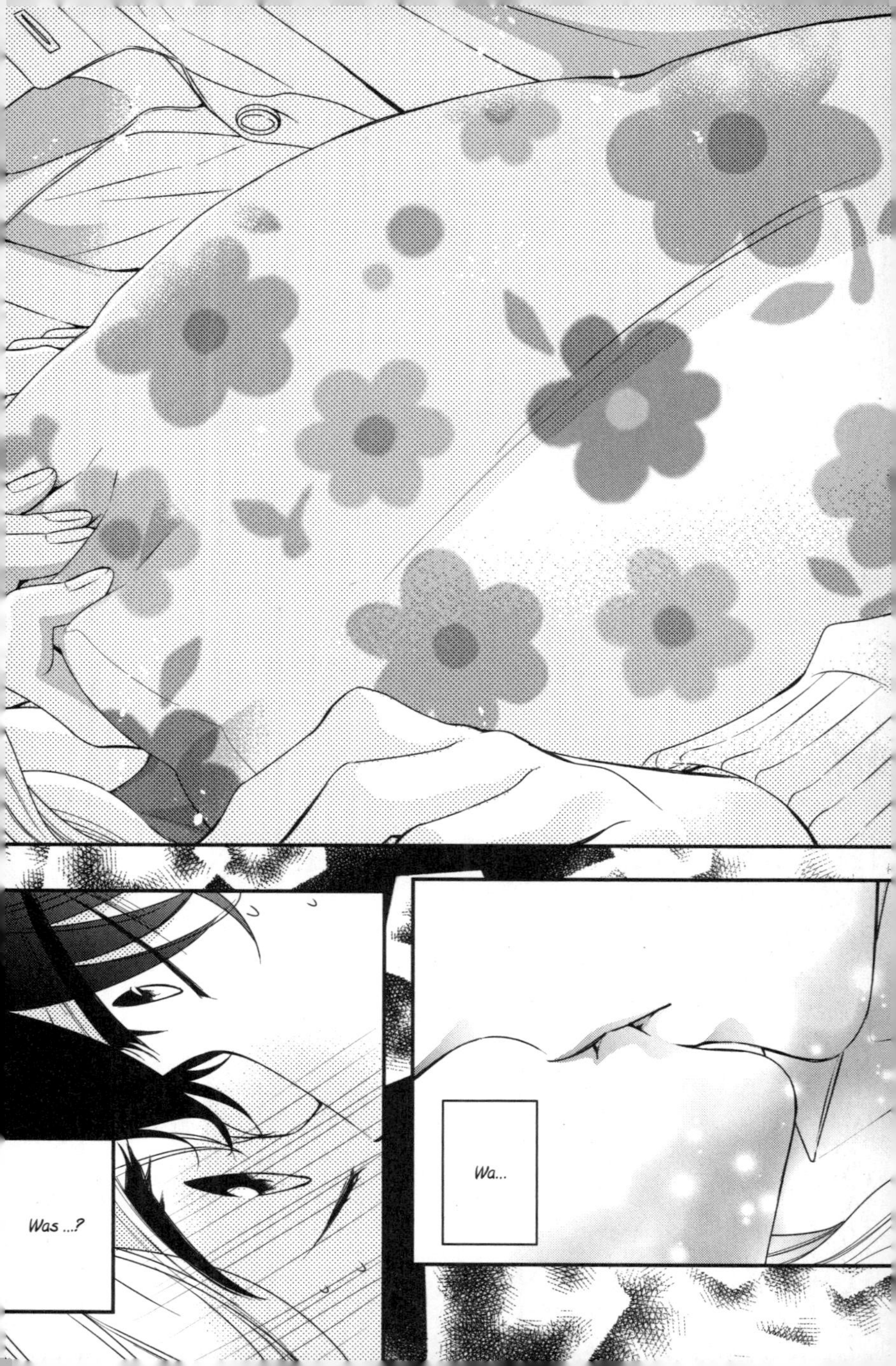
Wa...
Was ...?

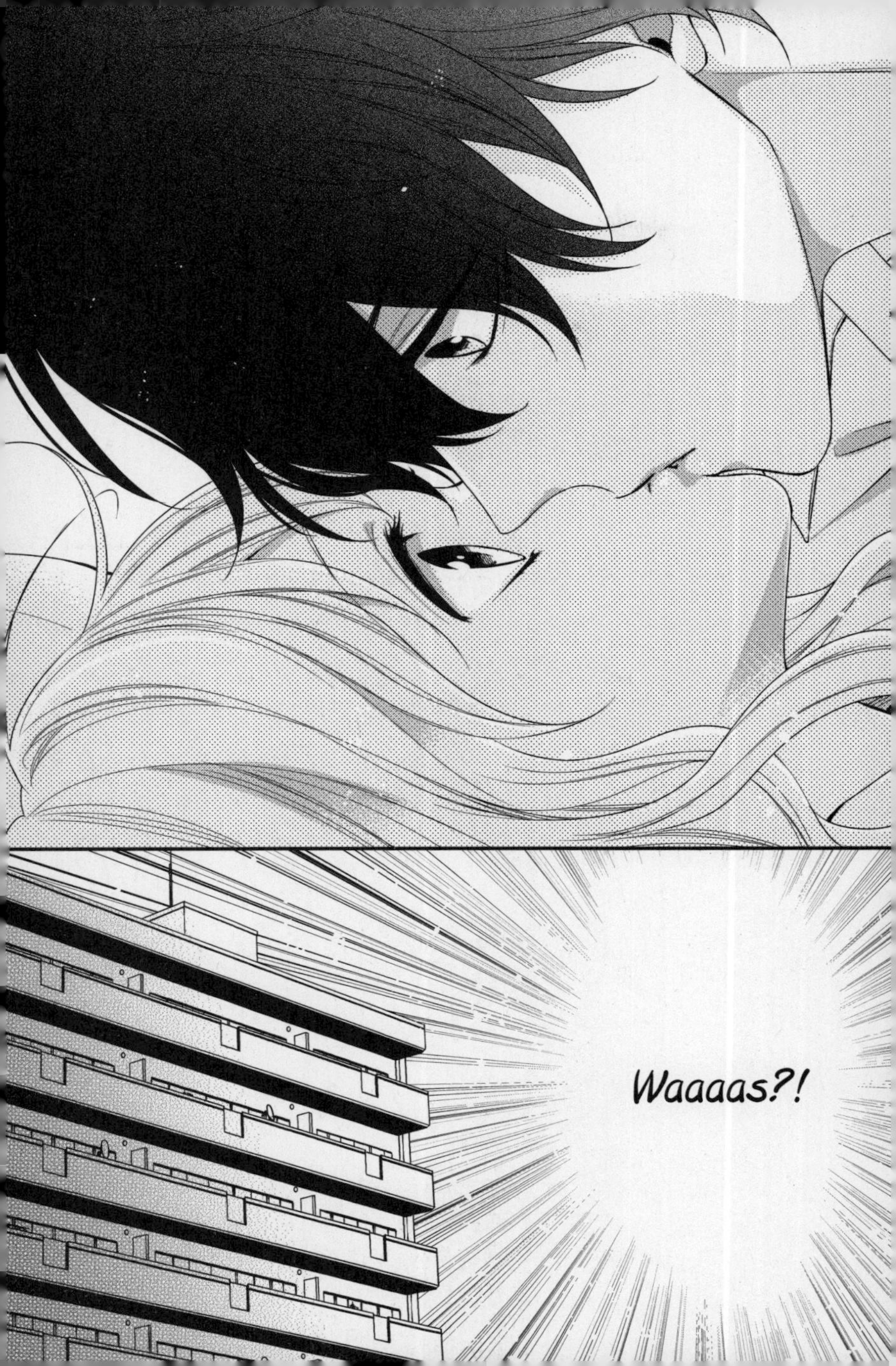
Waaaas?!

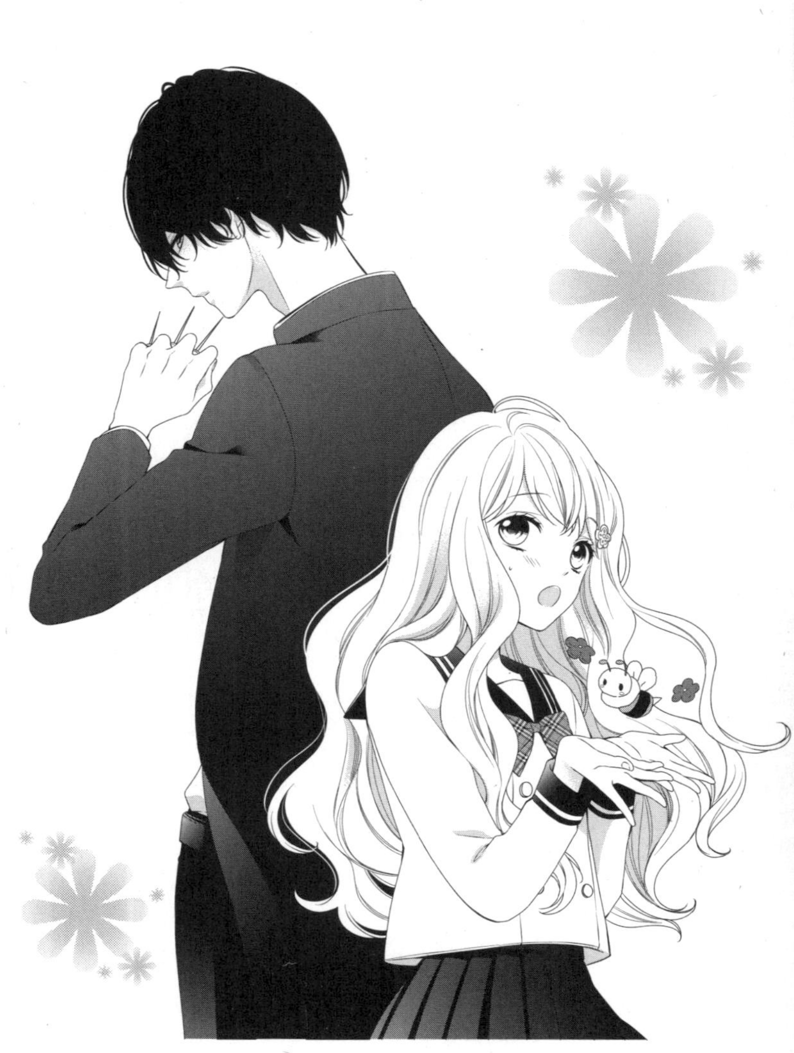

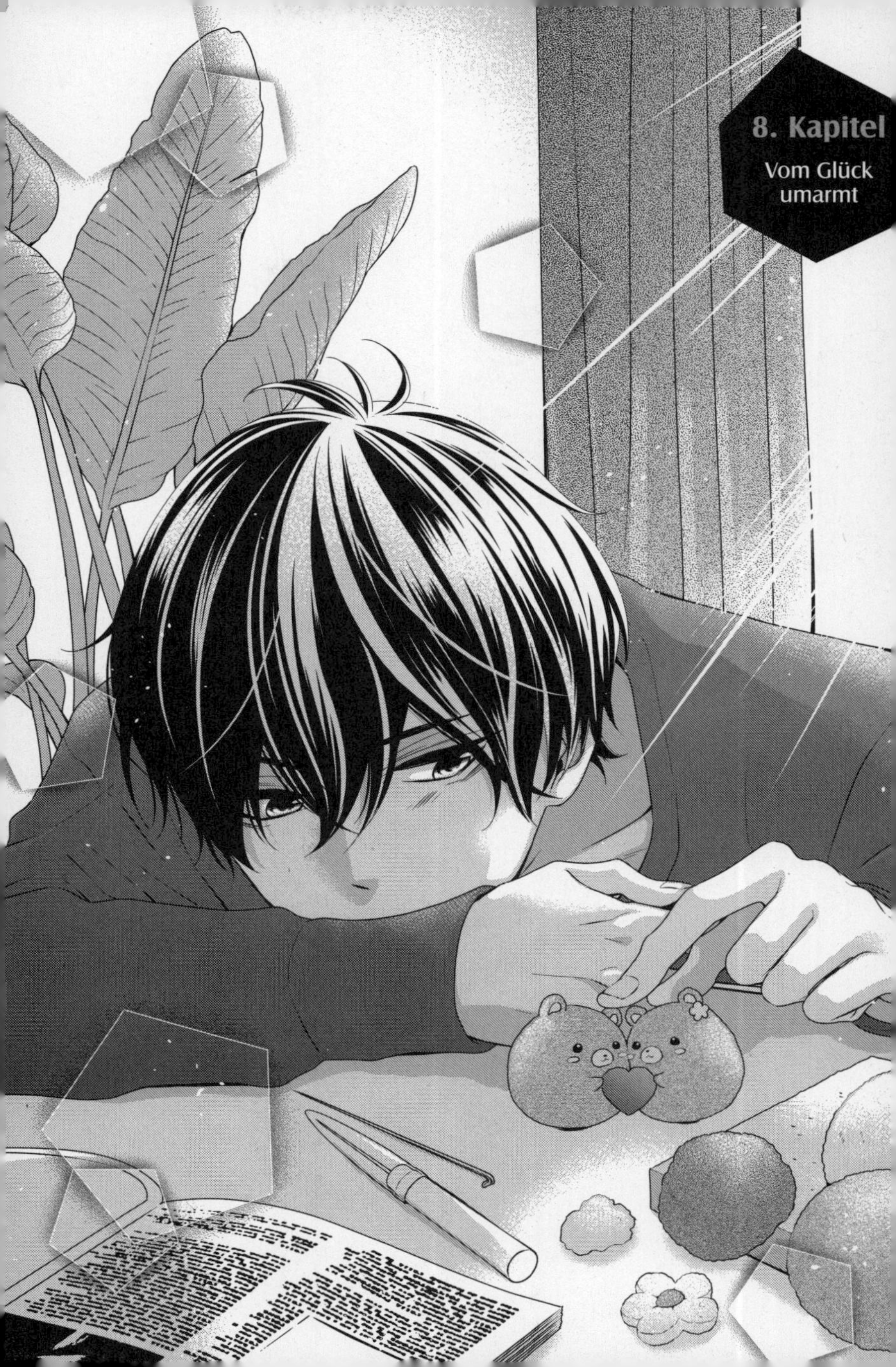
8. Kapitel
Vom Glück umarmt

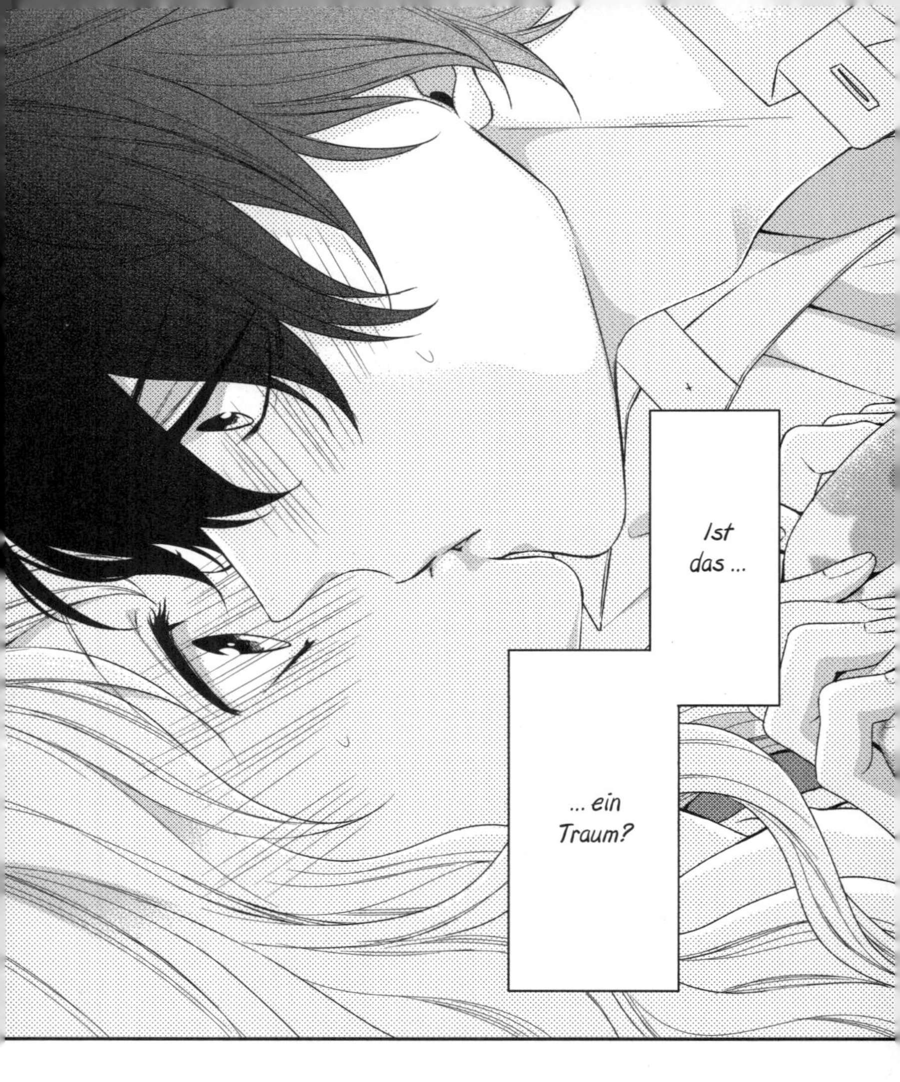

Honey come Honey

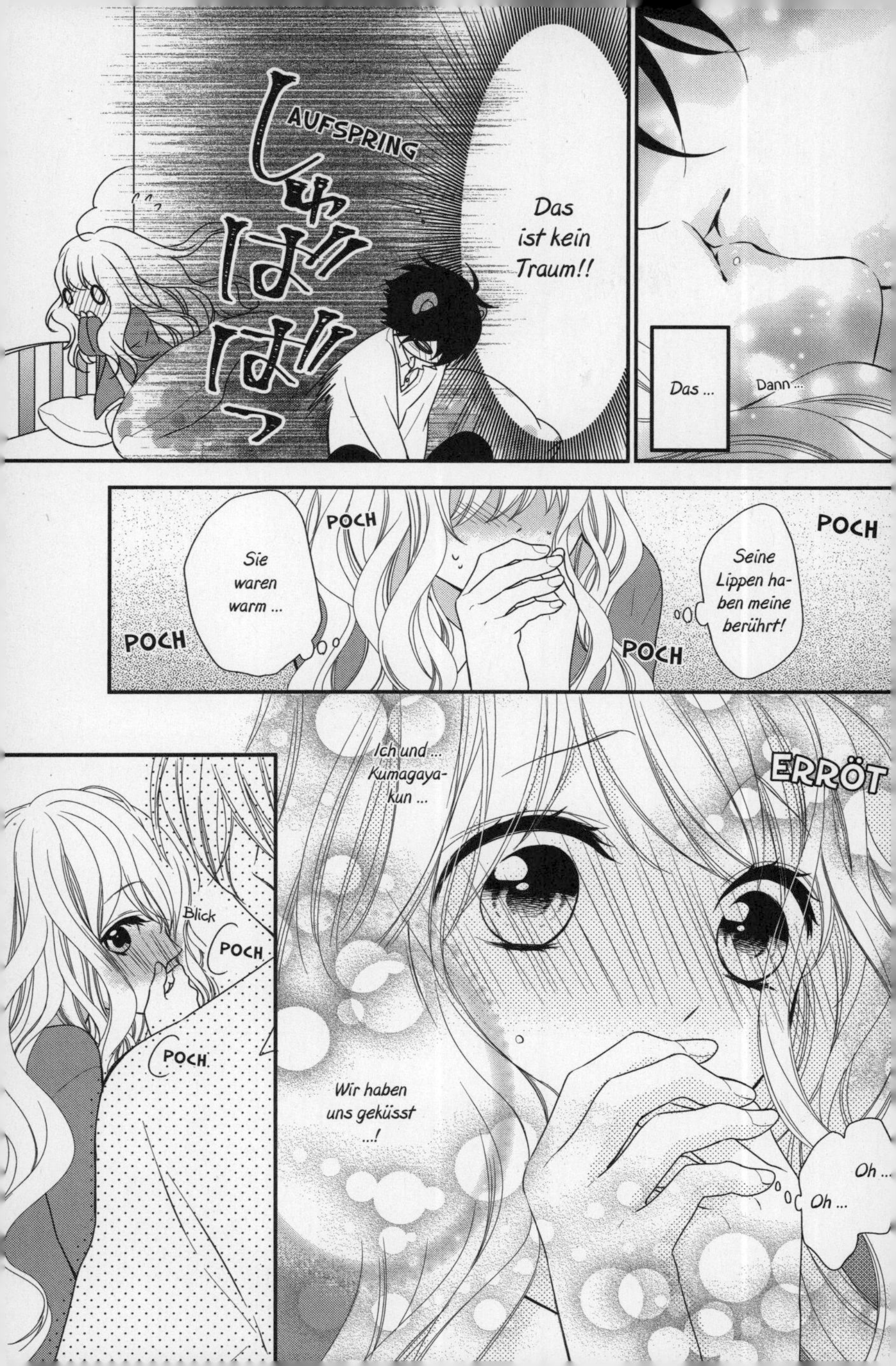

Dann ...
Das ...
Das ist kein Traum!!
AUFSPRING
しゅばばっ
POCH
Seine Lippen haben meine berührt!
POCH
POCH
Sie waren warm ...
POCH
ERRÖT
Ich und ... Kumagaya-kun ...
Oh ... Oh ...
Wir haben uns geküsst ...!
Blick
POCH
POCH

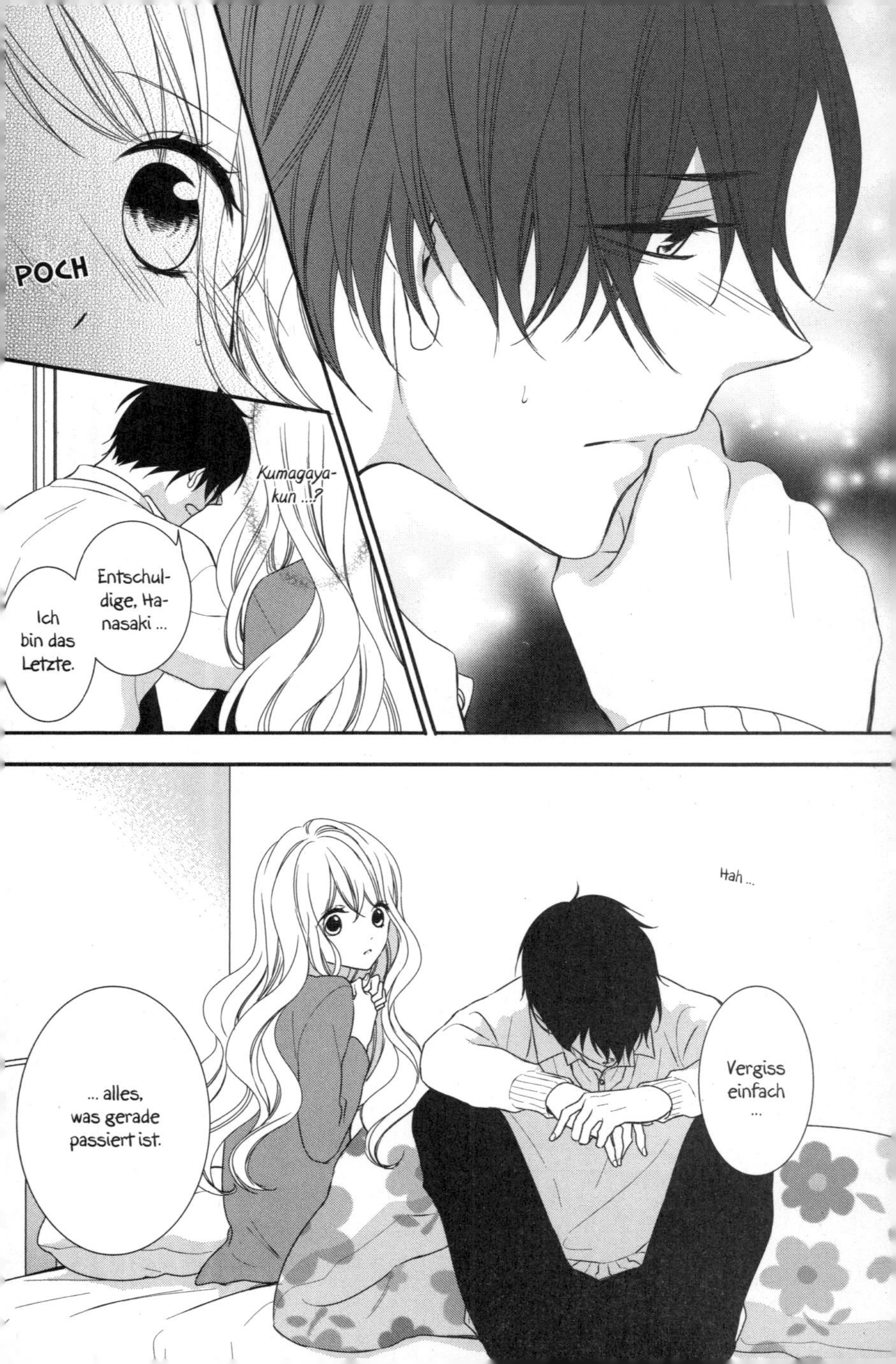

POCH

Kumagaya-kun ...?

Entschuldige, Hanasaki ...

Ich bin das Letzte.

Hah ...

Vergiss einfach ...

... alles, was gerade passiert ist.

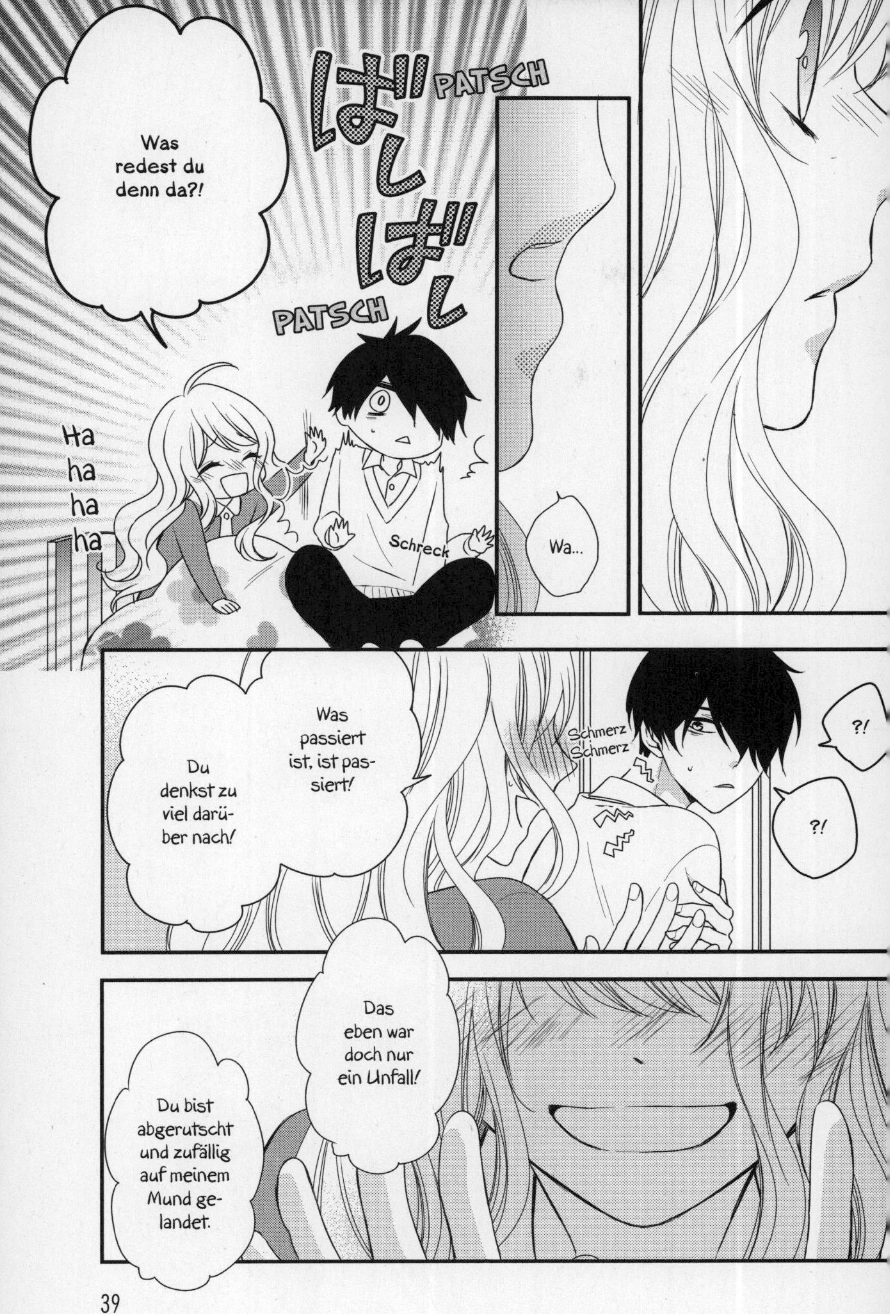

Wa...
Was redest du denn da?!
PATSCH
PATSCH
Schreck
Ha ha ha ha
?!
?!
Schmerz Schmerz
Was passiert ist, ist passiert!
Du denkst zu viel darüber nach!
Das eben war doch nur ein Unfall!
Du bist abgerutscht und zufällig auf meinem Mund gelandet.

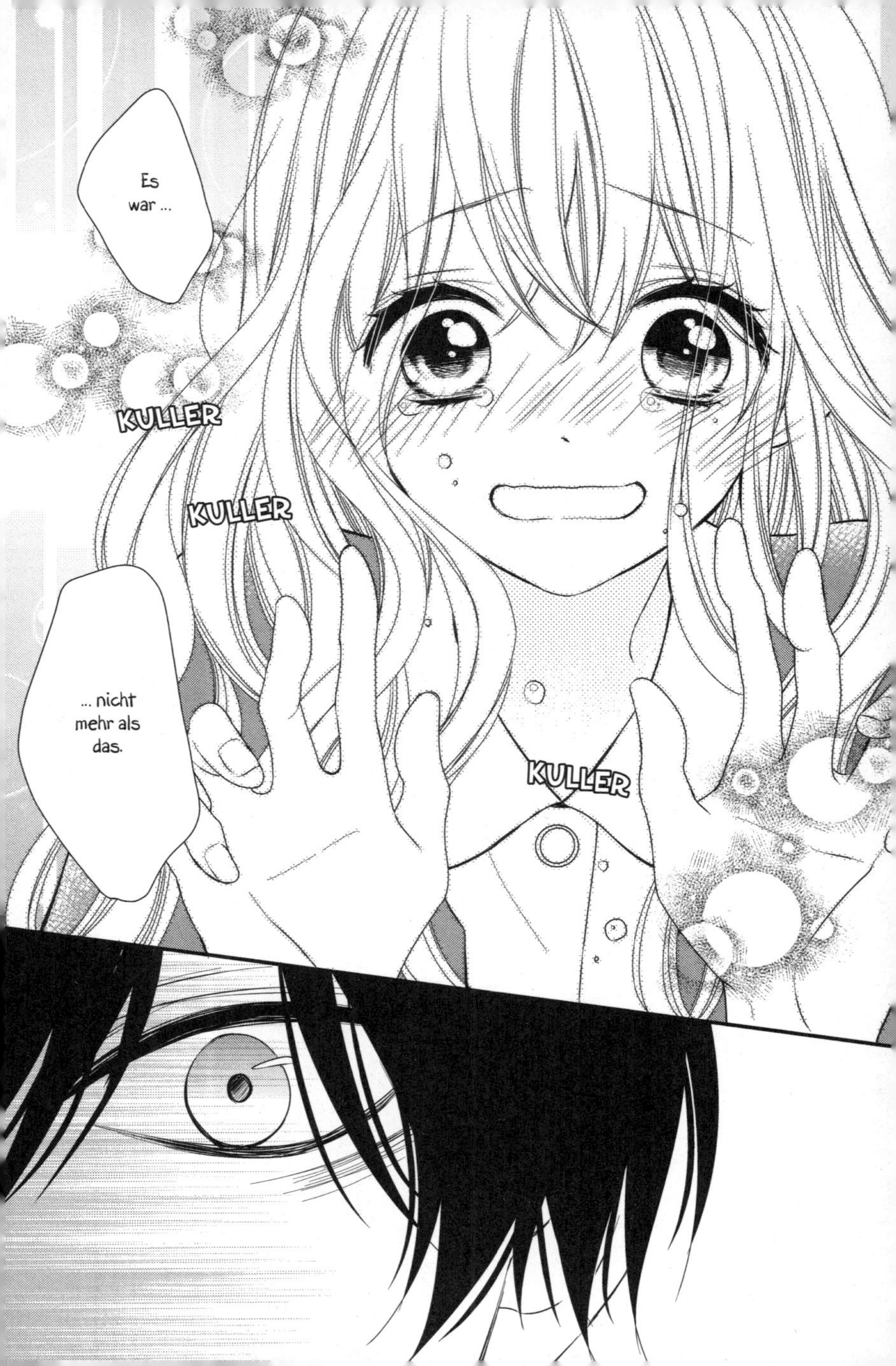
Es war ...
KULLER
KULLER
... nicht mehr als das.
KULLER

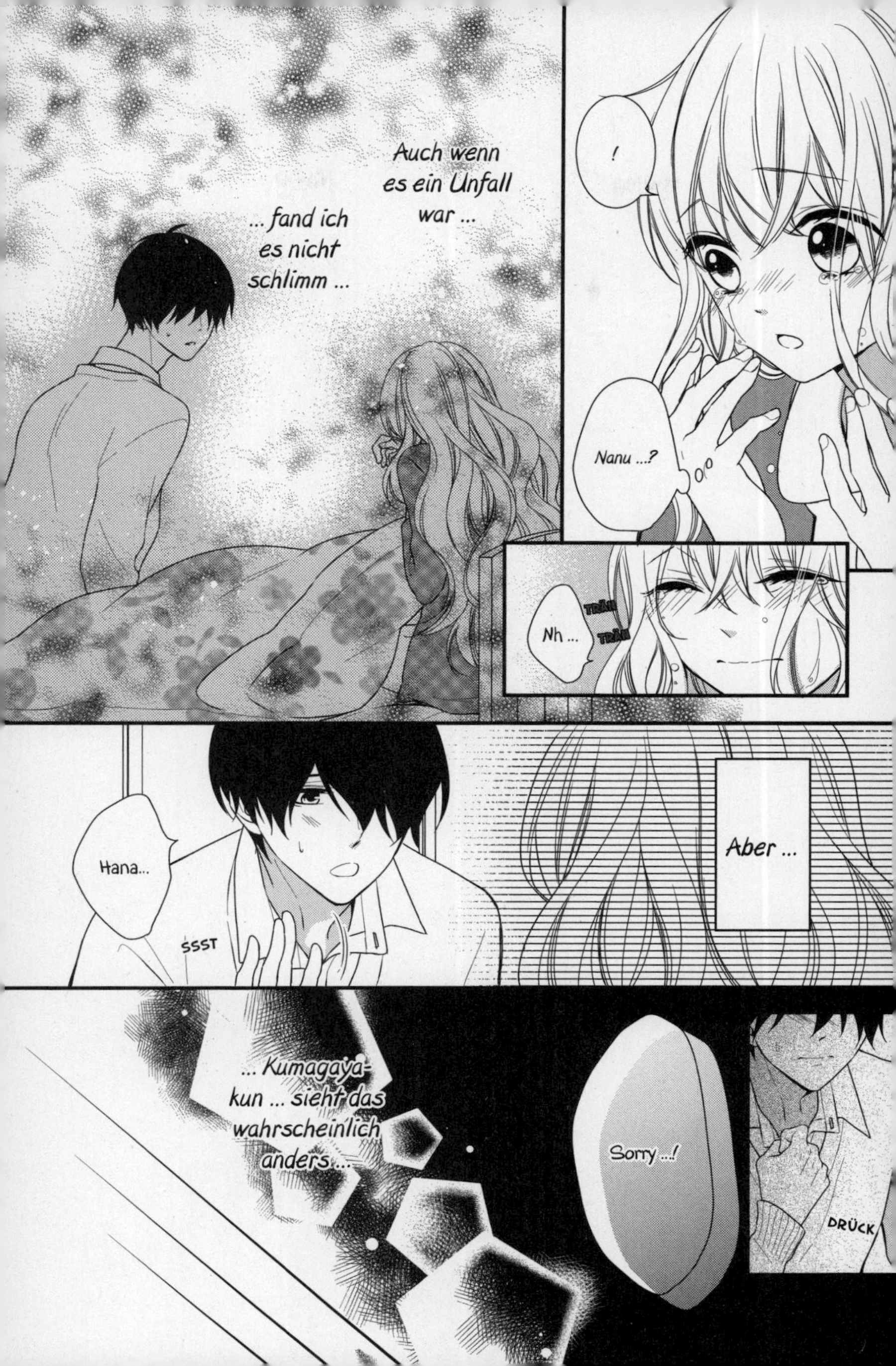
!
Nanu ...?
TRÄN
TRÄN
Nh ...
Auch wenn es ein Unfall war ...
... fand ich es nicht schlimm ...
Aber ...
Hana...
SSST
DRÜCK
Sorry ...!
... Kumagaya-kun ... sieht das wahrscheinlich anders ...

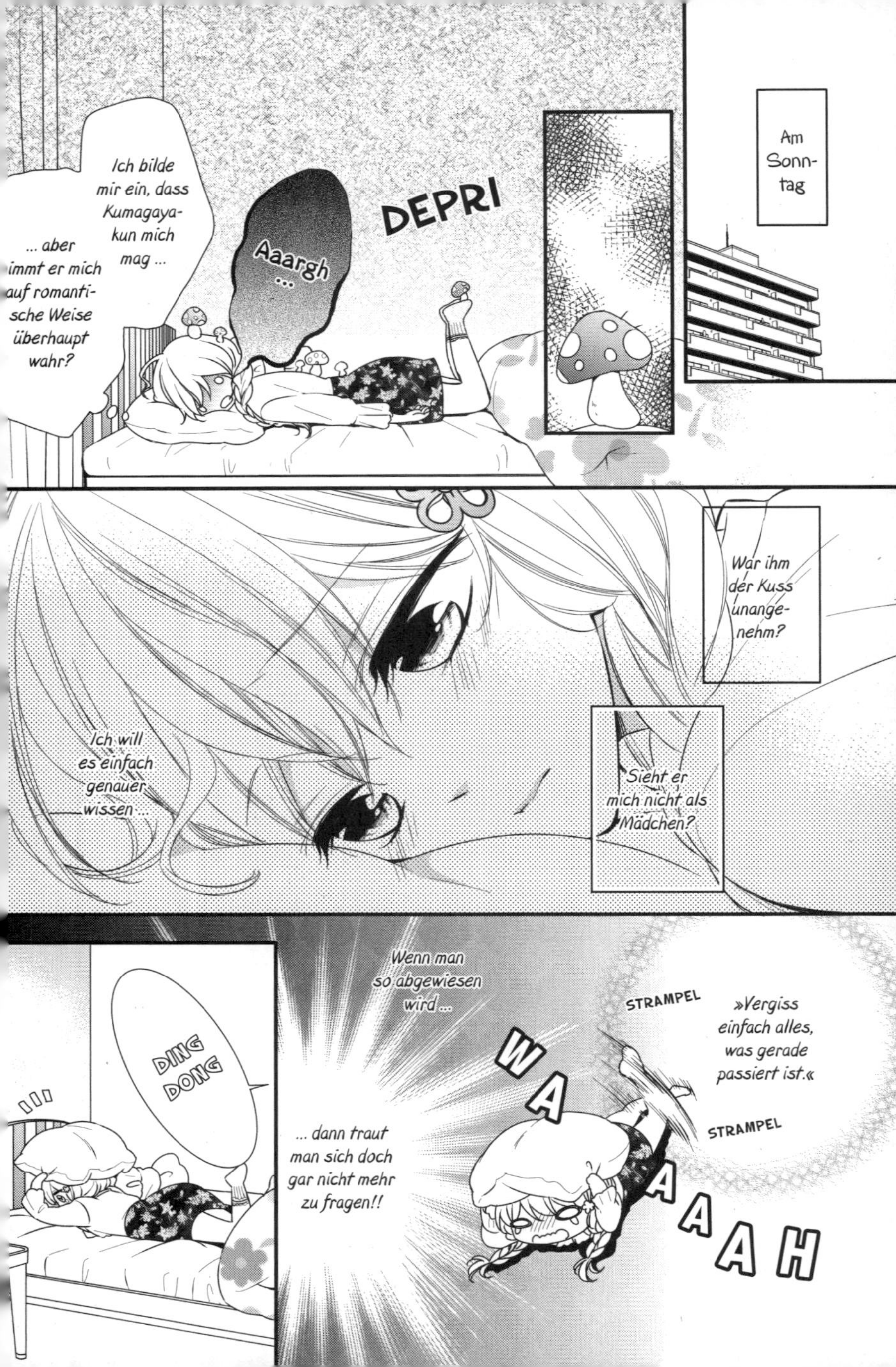
Am Sonntag
DEPRI
Aaargh ...
Ich bilde mir ein, dass Kumagaya-kun mich mag ...
... aber nimmt er mich auf romantische Weise überhaupt wahr?
War ihm der Kuss unangenehm?
Sieht er mich nicht als Mädchen?
Ich will es einfach genauer wissen ...
»Vergiss einfach alles, was gerade passiert ist.«
STRAMPEL
STRAMPEL
WAAAAAH
Wenn man so abgewiesen wird ...
... dann traut man sich doch gar nicht mehr zu fragen!!
DING DONG
!!!

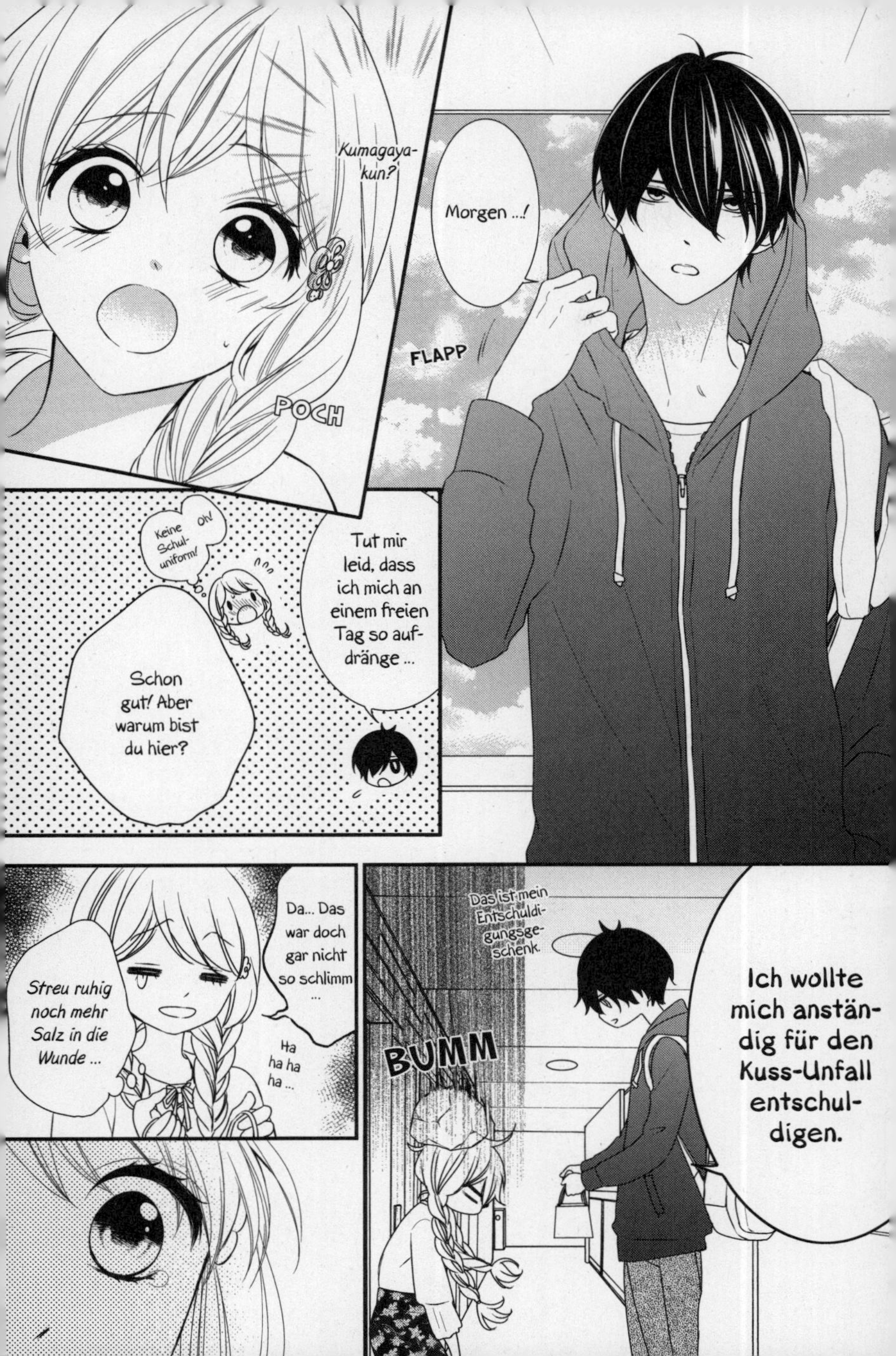
Morgen ...!
FLAPP
Kumagaya-kun?!
POCH
Tut mir leid, dass ich mich an einem freien Tag so aufdränge ...
Oh! Keine Schuluniform!
Schon gut! Aber warum bist du hier?
Ich wollte mich anständig für den Kuss-Unfall entschuldigen.
Das ist mein Entschuldigungsgeschenk.
BUMM
Da... Das war doch gar nicht so schlimm ...
Ha ha ha ha ...
Streu ruhig noch mehr Salz in die Wunde ...

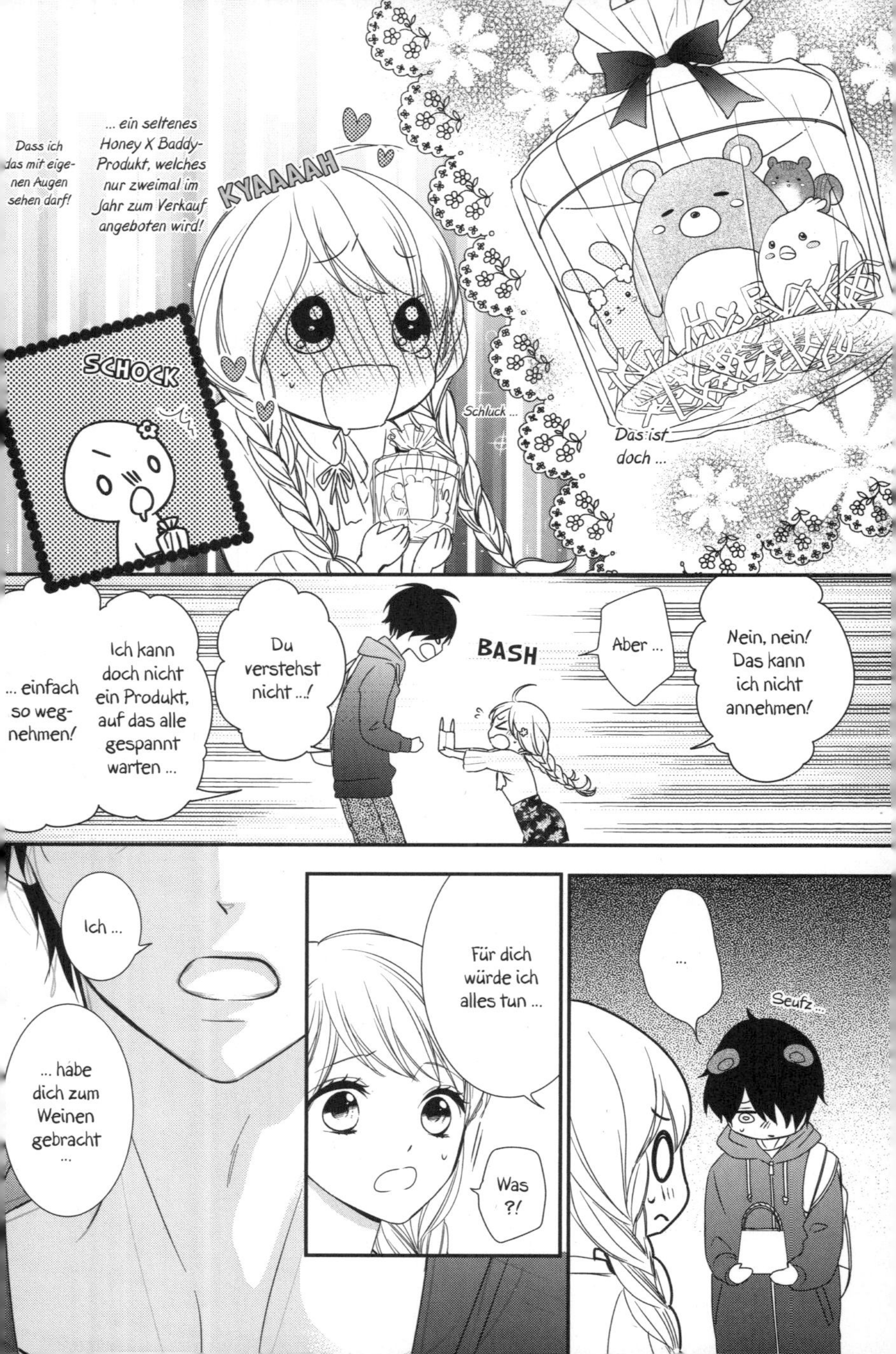
Das ist doch ...
Schluck ...
KYAAAAH
... ein seltenes Honey X Baddy-Produkt, welches nur zweimal im Jahr zum Verkauf angeboten wird!
Dass ich das mit eigenen Augen sehen darf!
SCHOCK
Nein, nein! Das kann ich nicht annehmen!
Aber ...
BASH
Du verstehst nicht ...!
Ich kann doch nicht ein Produkt, auf das alle gespannt warten ...
... einfach so wegnehmen!
...
Seufz ...
Für dich würde ich alles tun ...
Was ?!
Ich ...
... habe dich zum Weinen gebracht ...

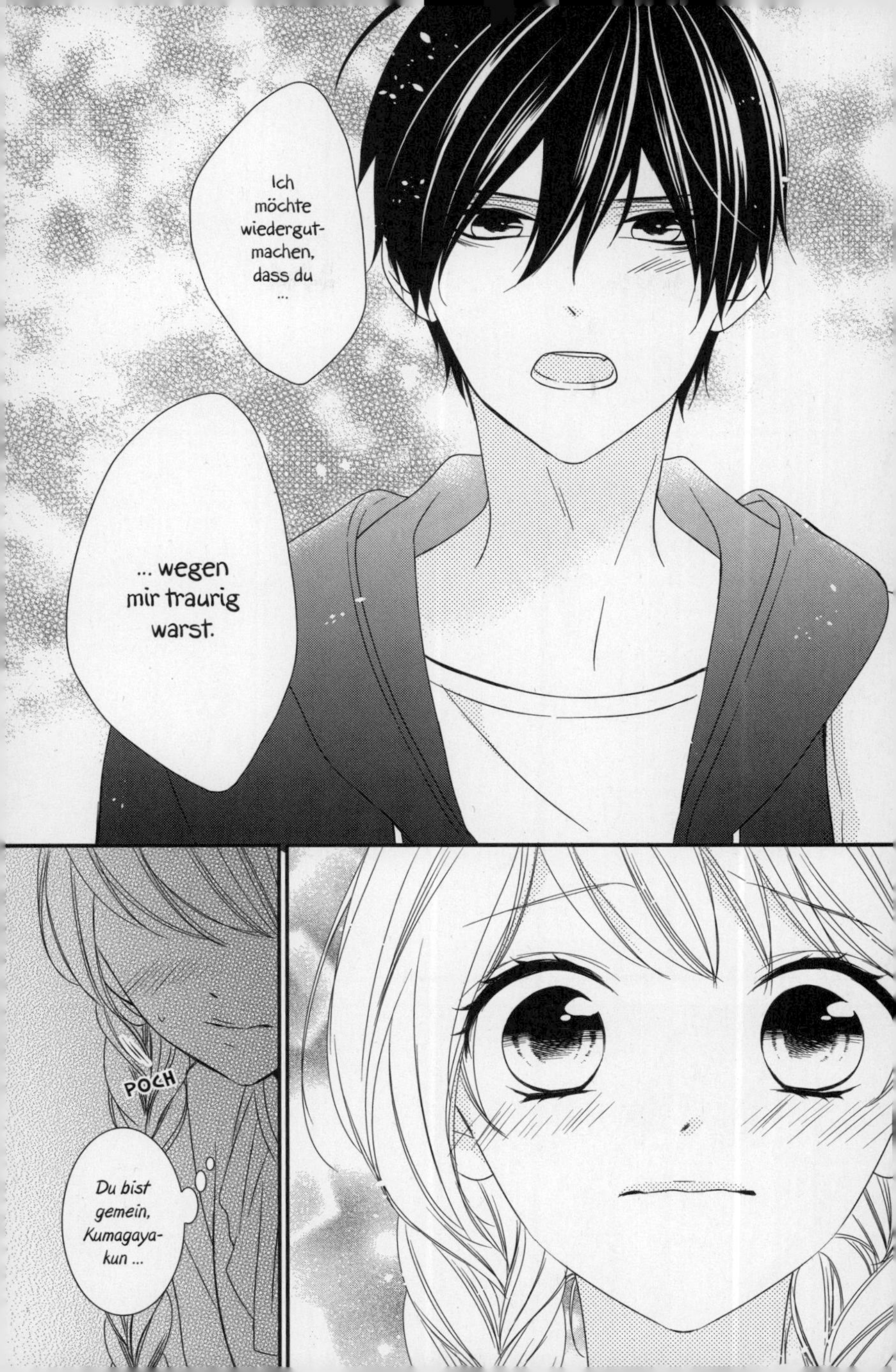
Ich möchte wiedergutmachen, dass du …
… wegen mir traurig warst.
POCH
Du bist gemein, Kumagaya-kun …

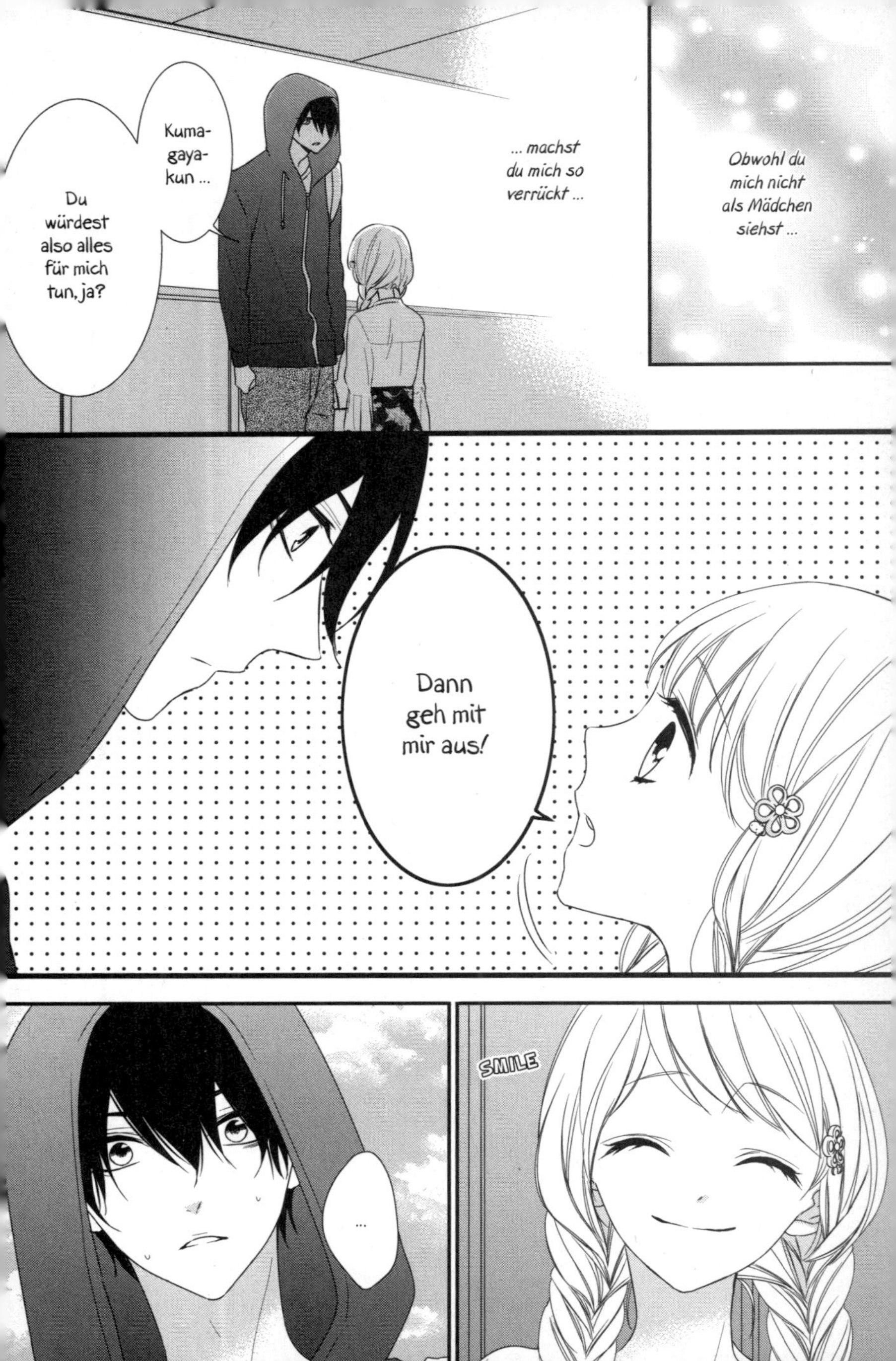
Obwohl du mich nicht als Mädchen siehst ...
... machst du mich so verrückt ...
Kuma-gaya-kun ...
Du würdest also alles für mich tun, ja?
Dann geh mit mir aus!
SMILE
...

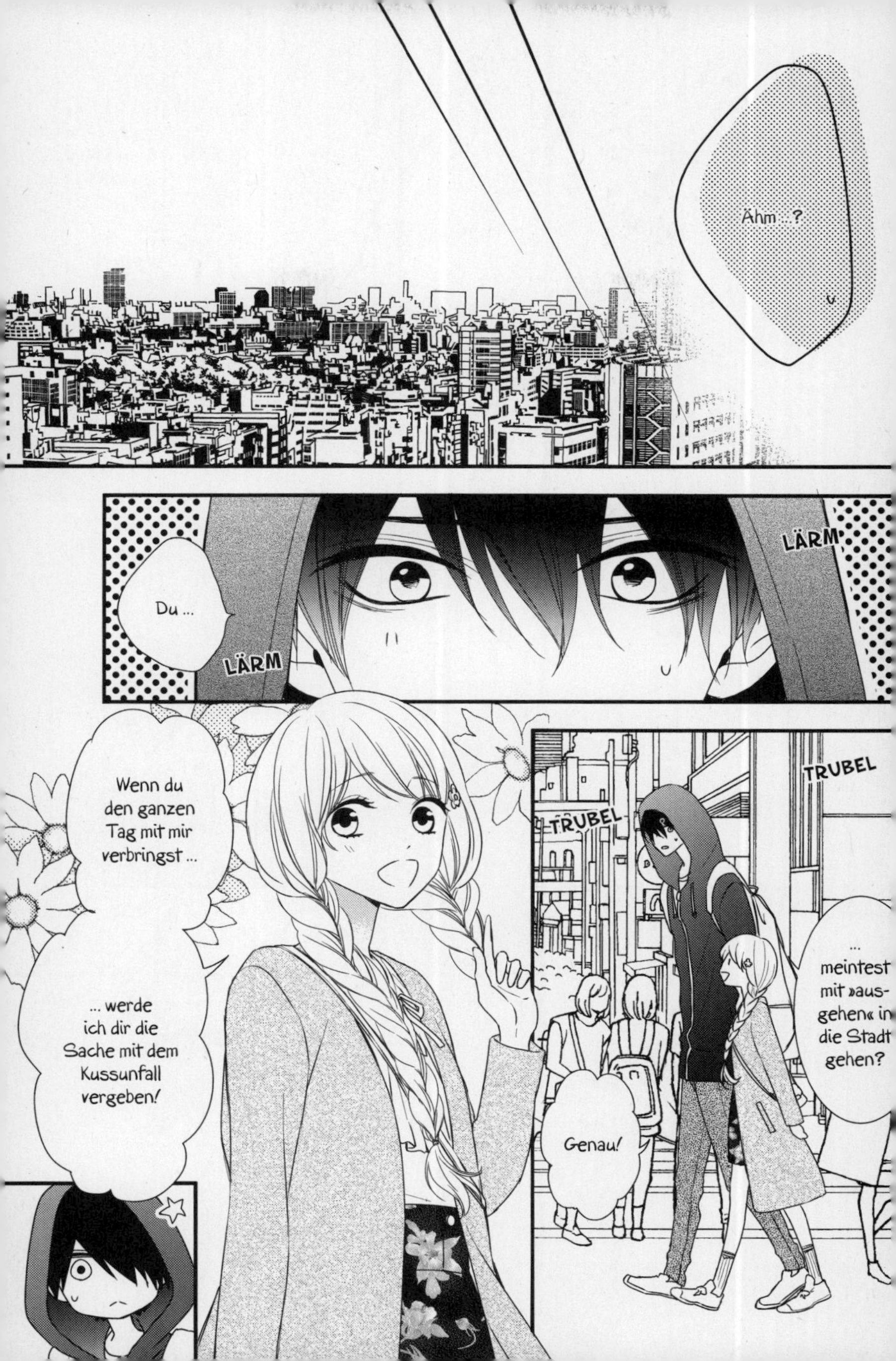
Ähm ...?
LÄRM
Du ...
LÄRM
TRUBEL
TRUBEL
... meintest mit »ausgehen« in die Stadt gehen?
Genau!
Wenn du den ganzen Tag mit mir verbringst ...
... werde ich dir die Sache mit dem Kussunfall vergeben!

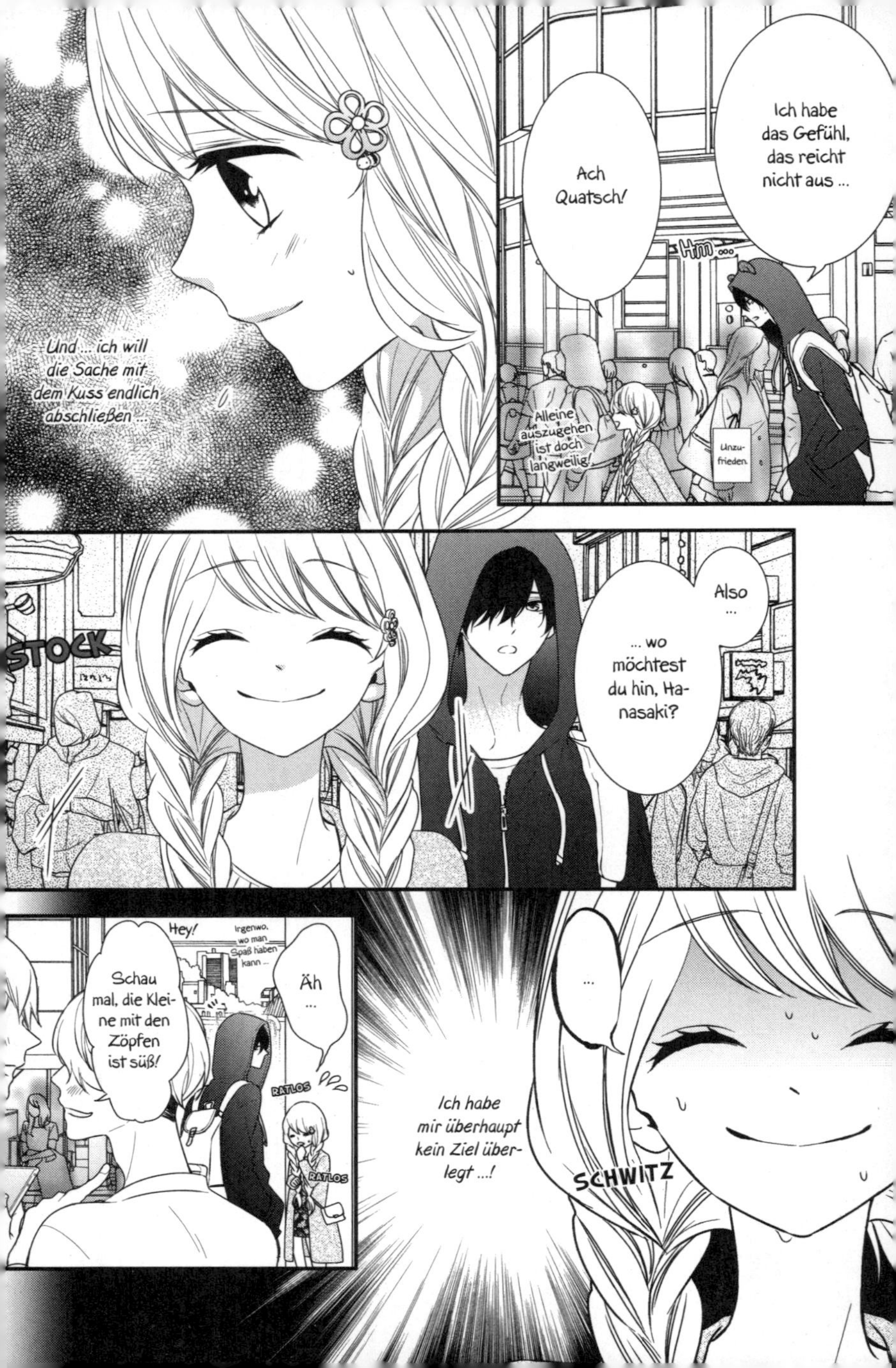
Ich habe das Gefühl, das reicht nicht aus ...
Hm ...
Ach Quatsch!
Unzufrieden.
Alleine auszugehen ist doch langweilig!
Und ... ich will die Sache mit dem Kuss endlich abschließen ...
Also ...
... wo möchtest du hin, Hanasaki?
STOCK
...
SCHWITZ
Ich habe mir überhaupt kein Ziel überlegt ...!
Äh ...
Irgenwo, wo man Spaß haben kann ...
RATLOS
RATLOS
Hey!
Schau mal, die Kleine mit den Zöpfen ist süß!

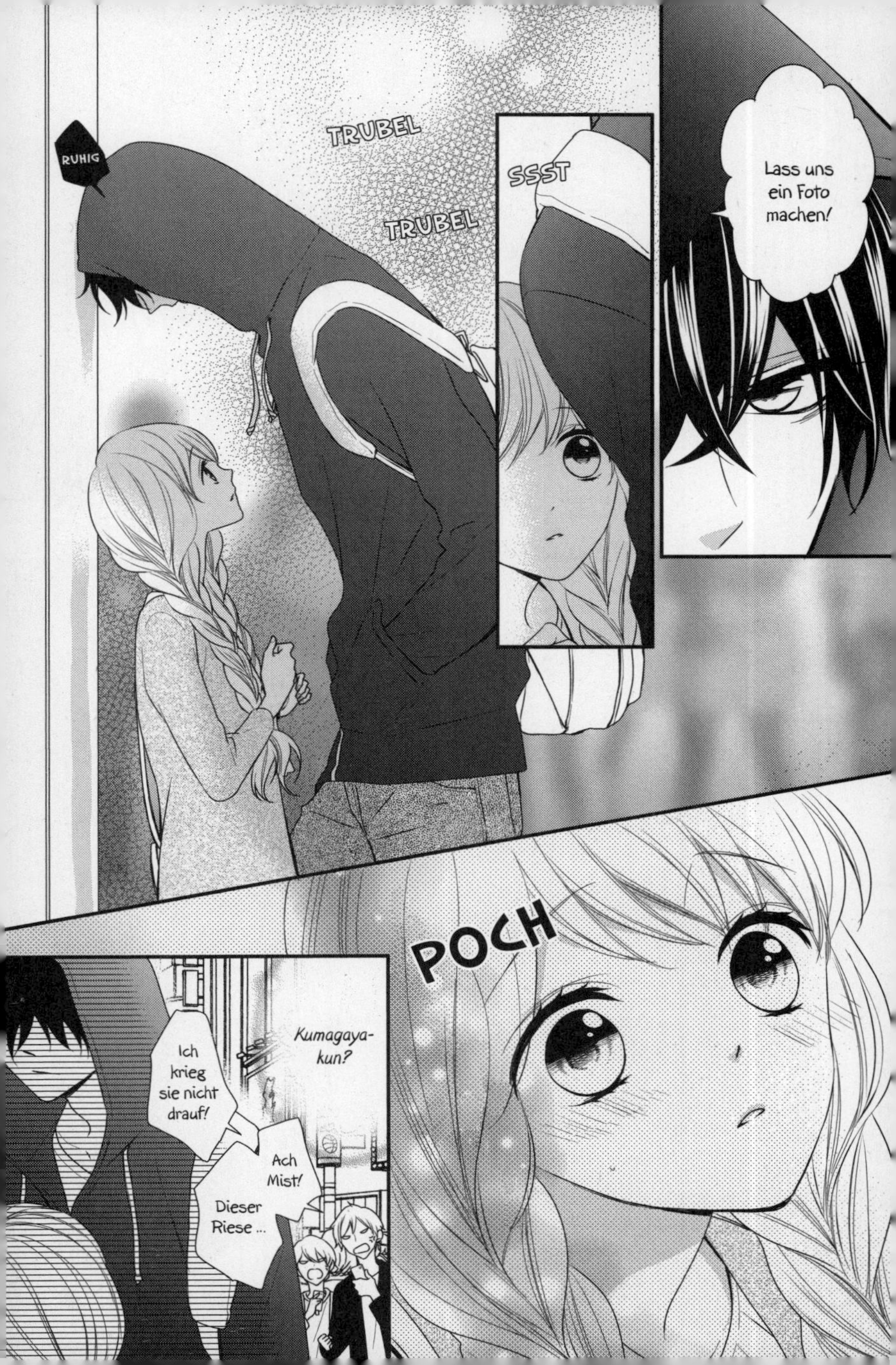
Lass uns ein Foto machen!
SSST
TRUBEL
TRUBEL
RUHIG
POCH
Kumagaya-kun?
Ich krieg sie nicht drauf!
Ach Mist!
Dieser Riese ...

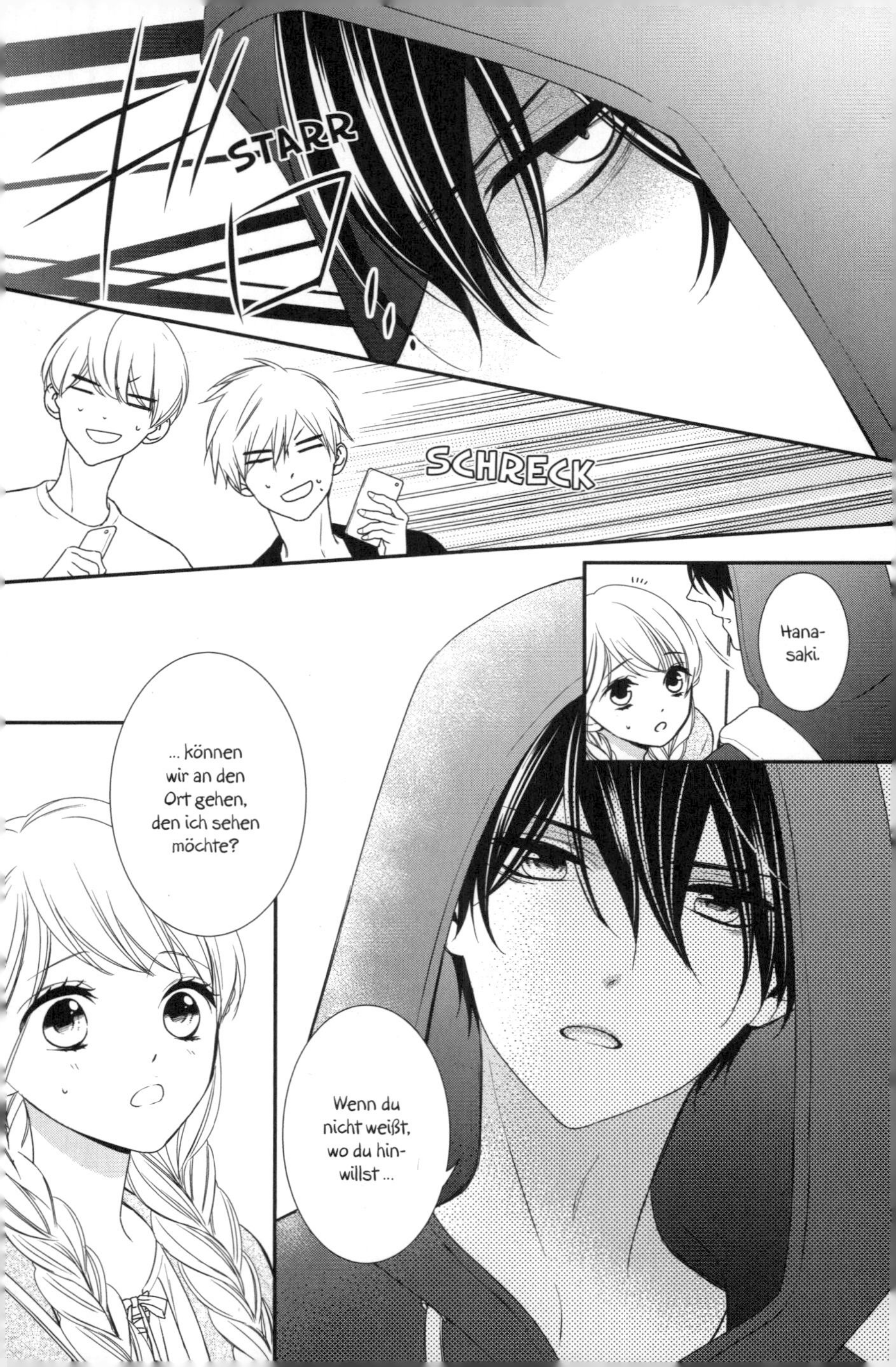
STARR
SCHRECK
Hana-saki.
... können wir an den Ort gehen, den ich sehen möchte?
Wenn du nicht weißt, wo du hinwillst ...

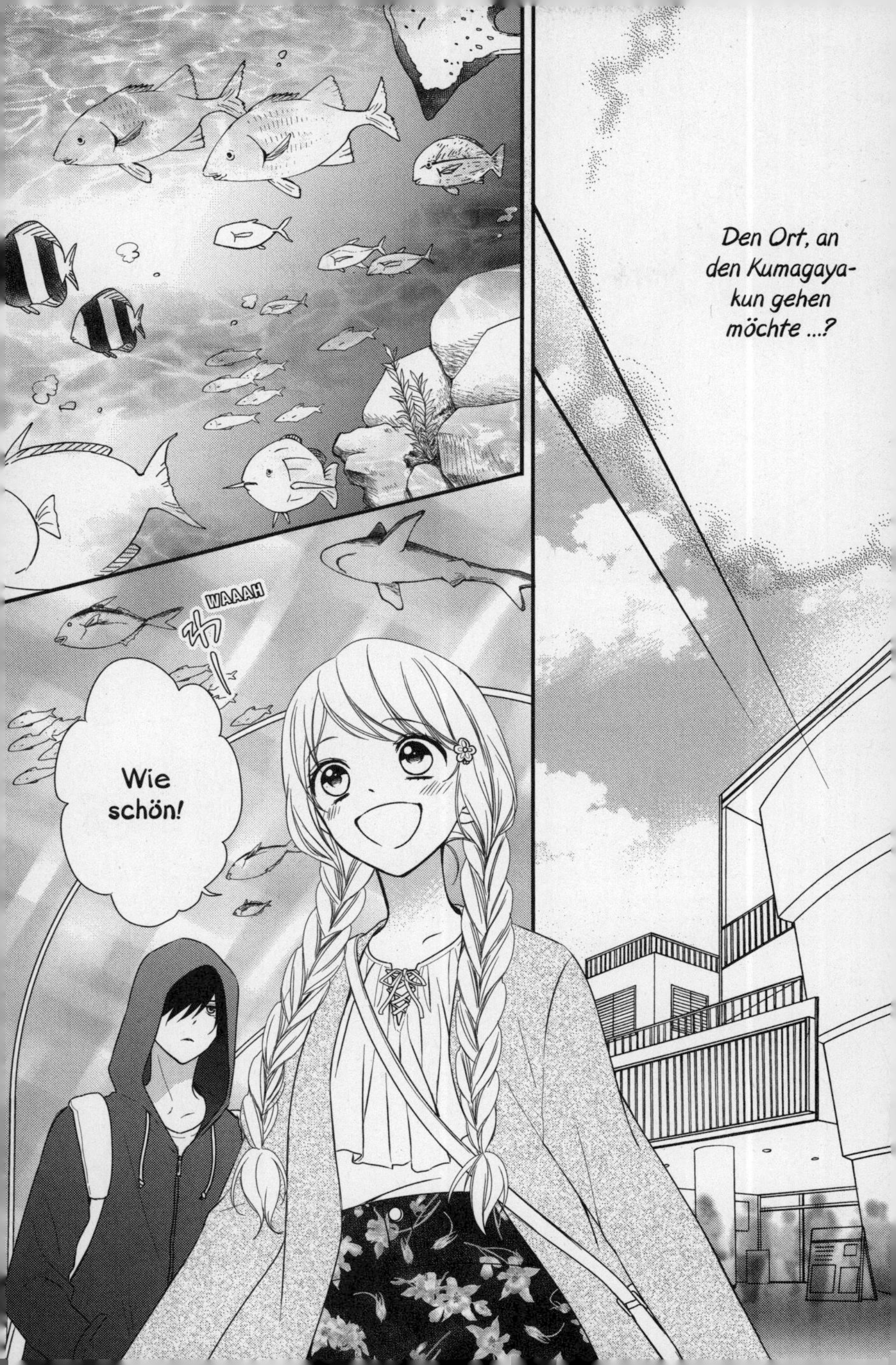
Den Ort, an den Kumagaya-kun gehen möchte ...?
WAAAH
Wie schön!

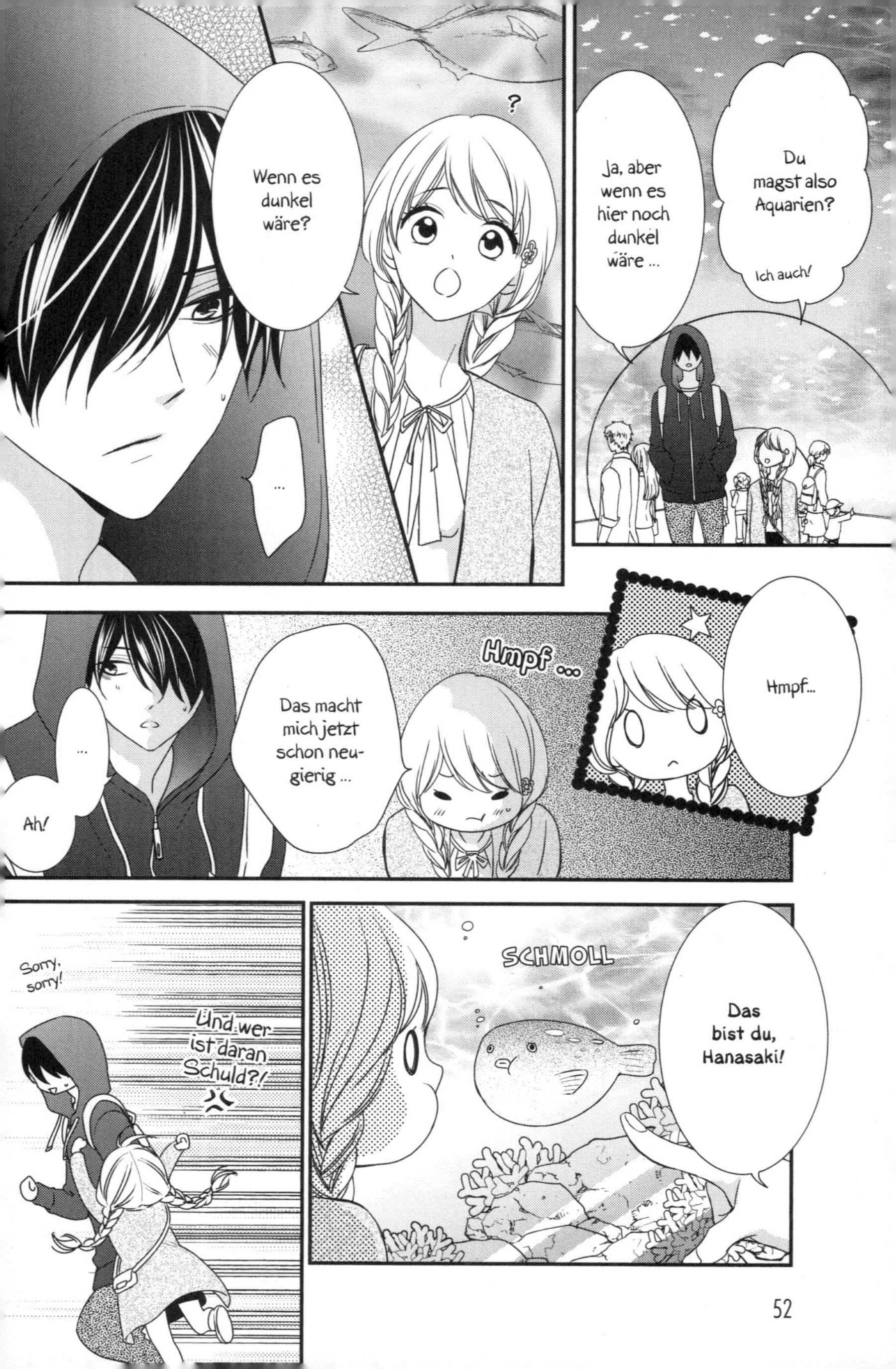

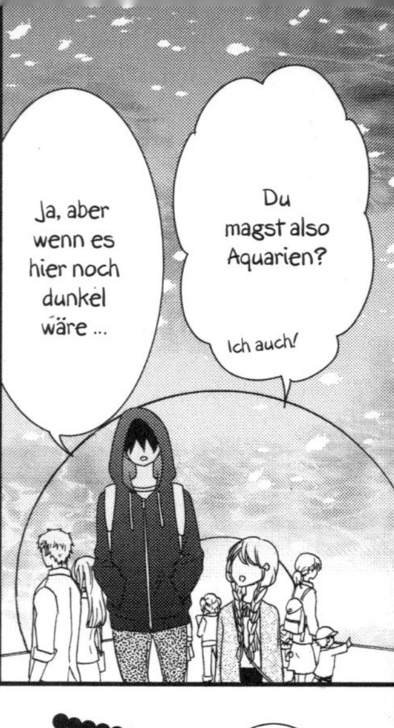

?

Wenn es dunkel wäre?

...

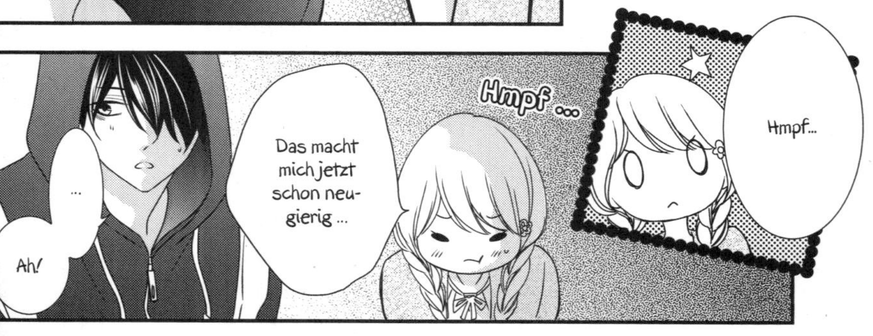

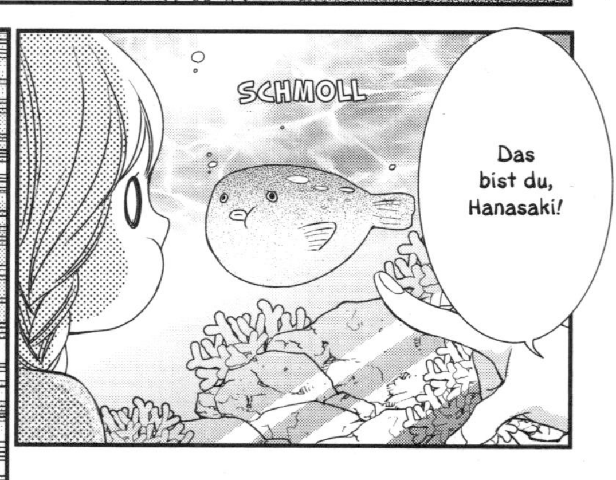

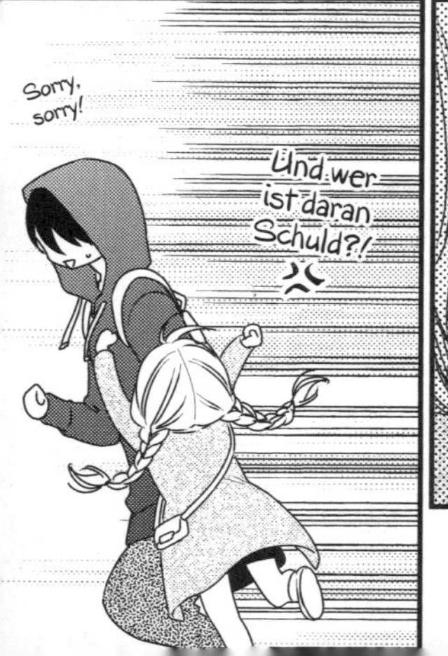

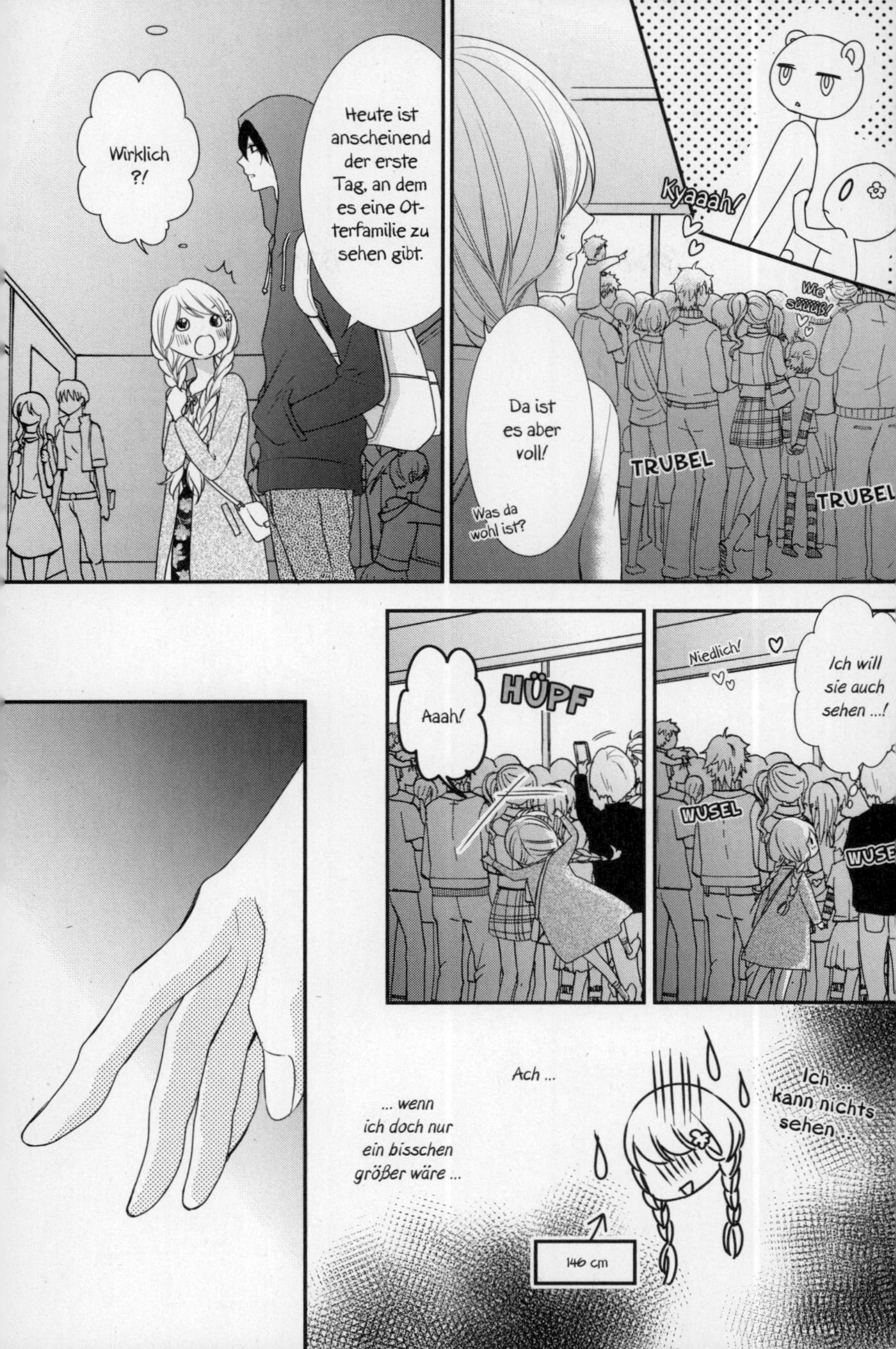
Kyaaah!
Wie süüüß!
Da ist es aber voll!
Was da wohl ist?
TRUBEL
TRUBEL
Heute ist anscheinend der erste Tag, an dem es eine Otterfamilie zu sehen gibt.
Wirklich ?!
Niedlich!
Ich will sie auch sehen ...!
WUSEL
WUSEL
HÜPF
Aaah!
Ich ... kann nichts sehen ...
146 cm
Ach ...
... wenn ich doch nur ein bisschen größer wäre ...

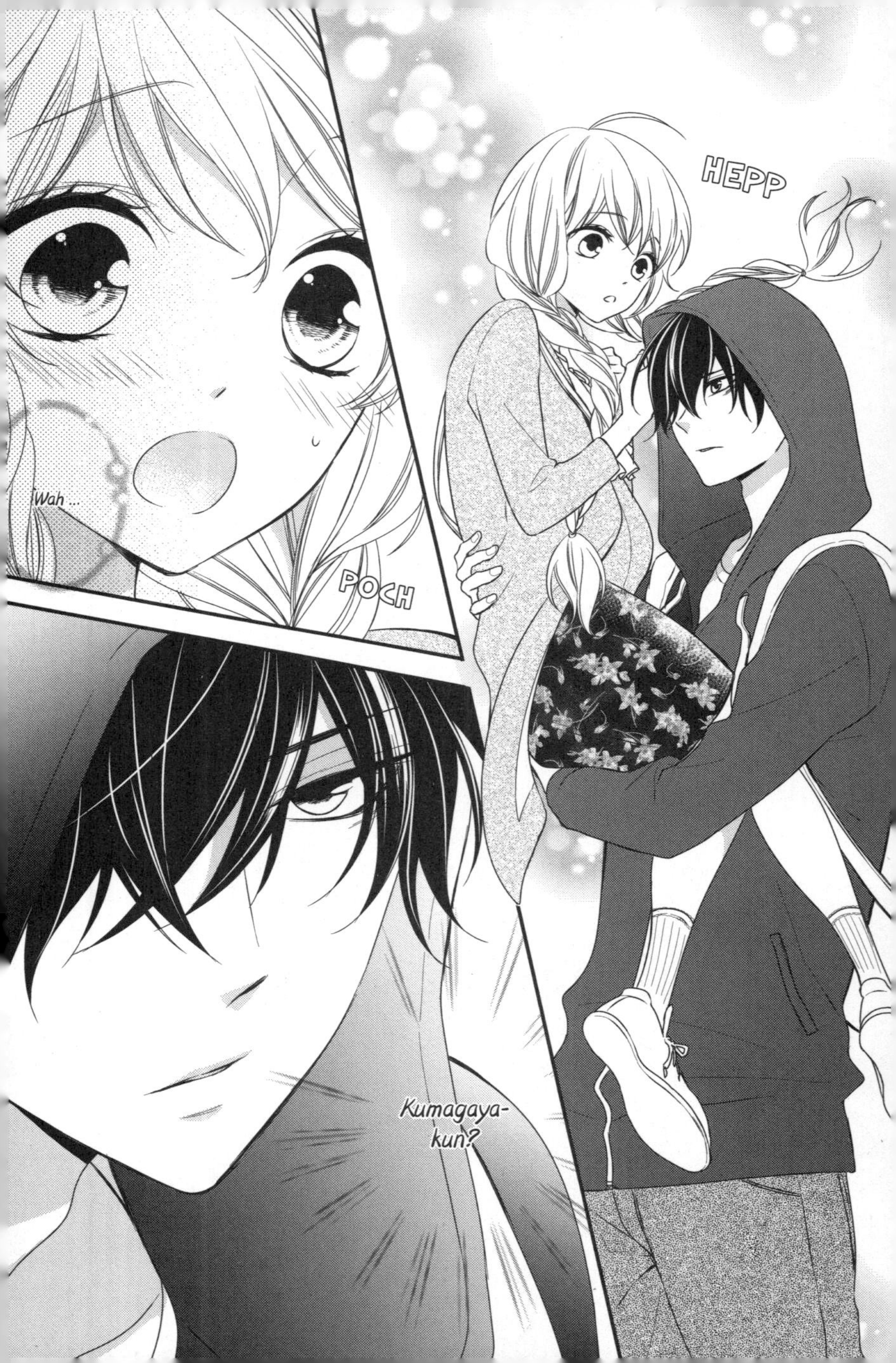
HEPP
Wah ...
POCH
Kumagaya-kun?

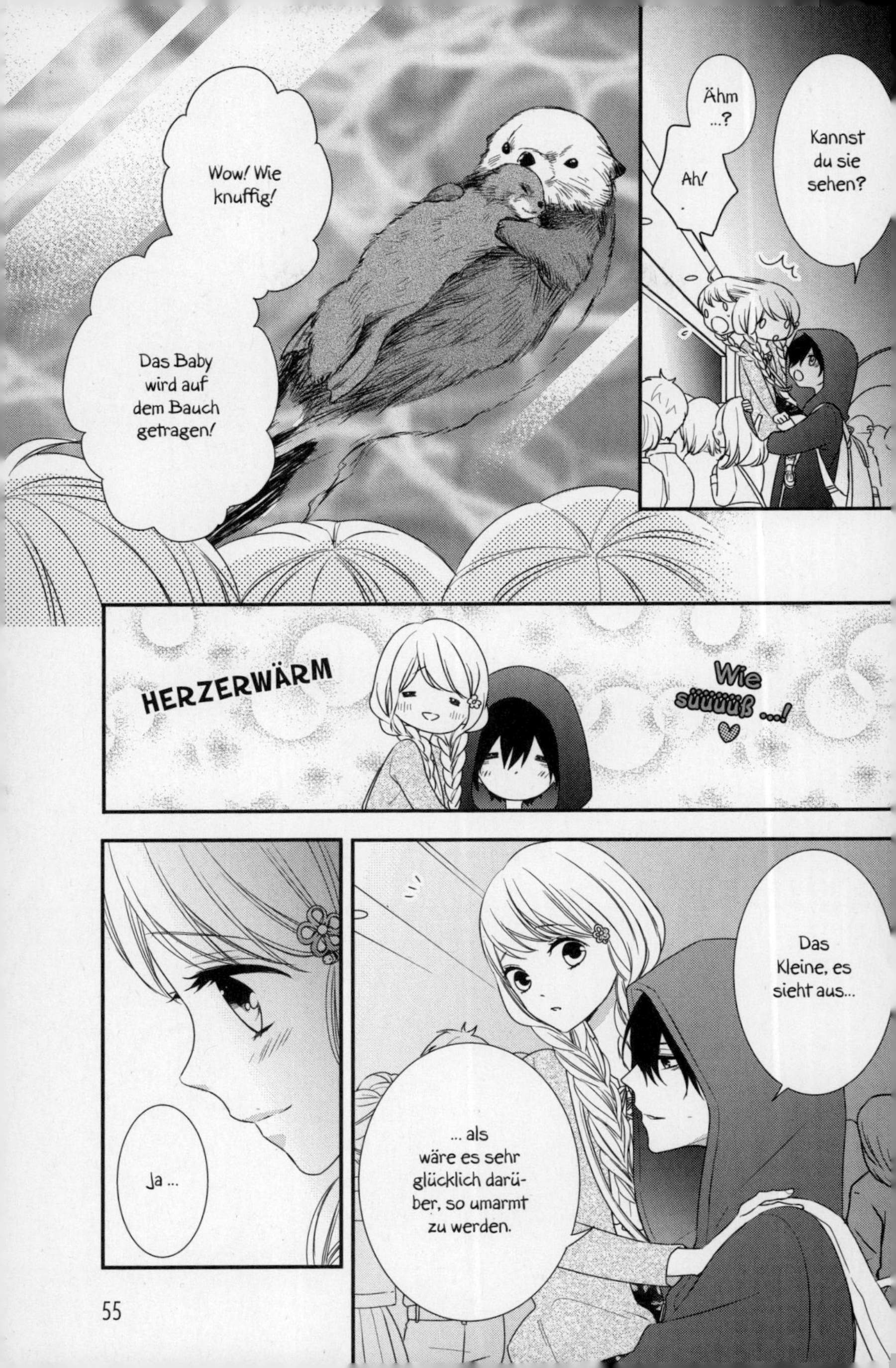

Kannst du sie sehen?
Ähm ...?
Ah!
Wow! Wie knuffig!
Das Baby wird auf dem Bauch getragen!
Wie süüüüüß ...!
HERZERWÄRM

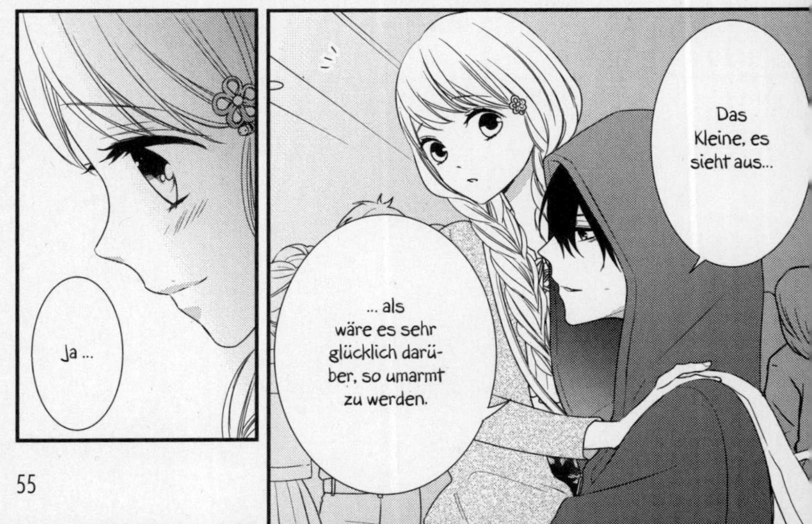

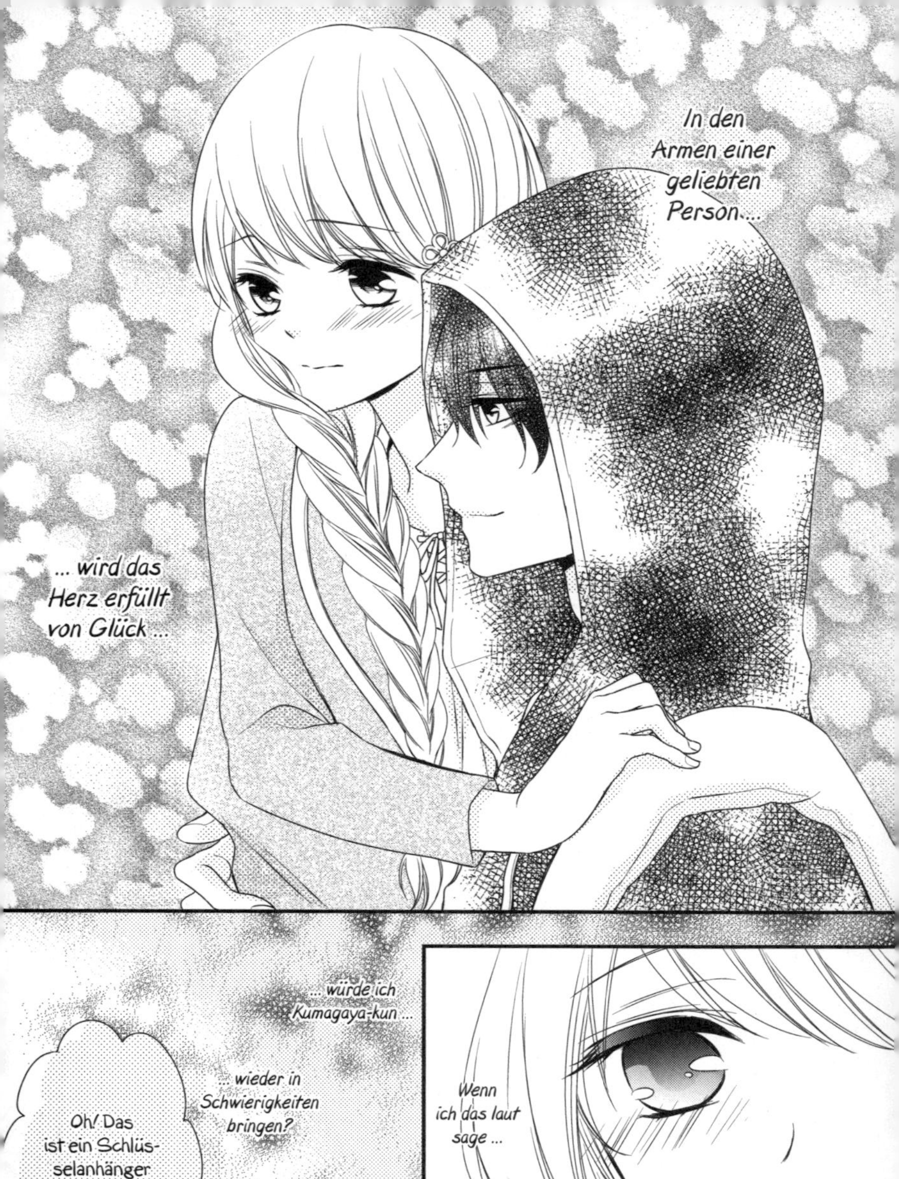
In den Armen einer geliebten Person ...
... wird das Herz erfüllt von Glück ...
Wenn ich das laut sage ...
... würde ich Kumagaya-kun ...
... wieder in Schwierigkeiten bringen?
Oh! Das ist ein Schlüsselanhänger mit den sich umarmenden Ottern!

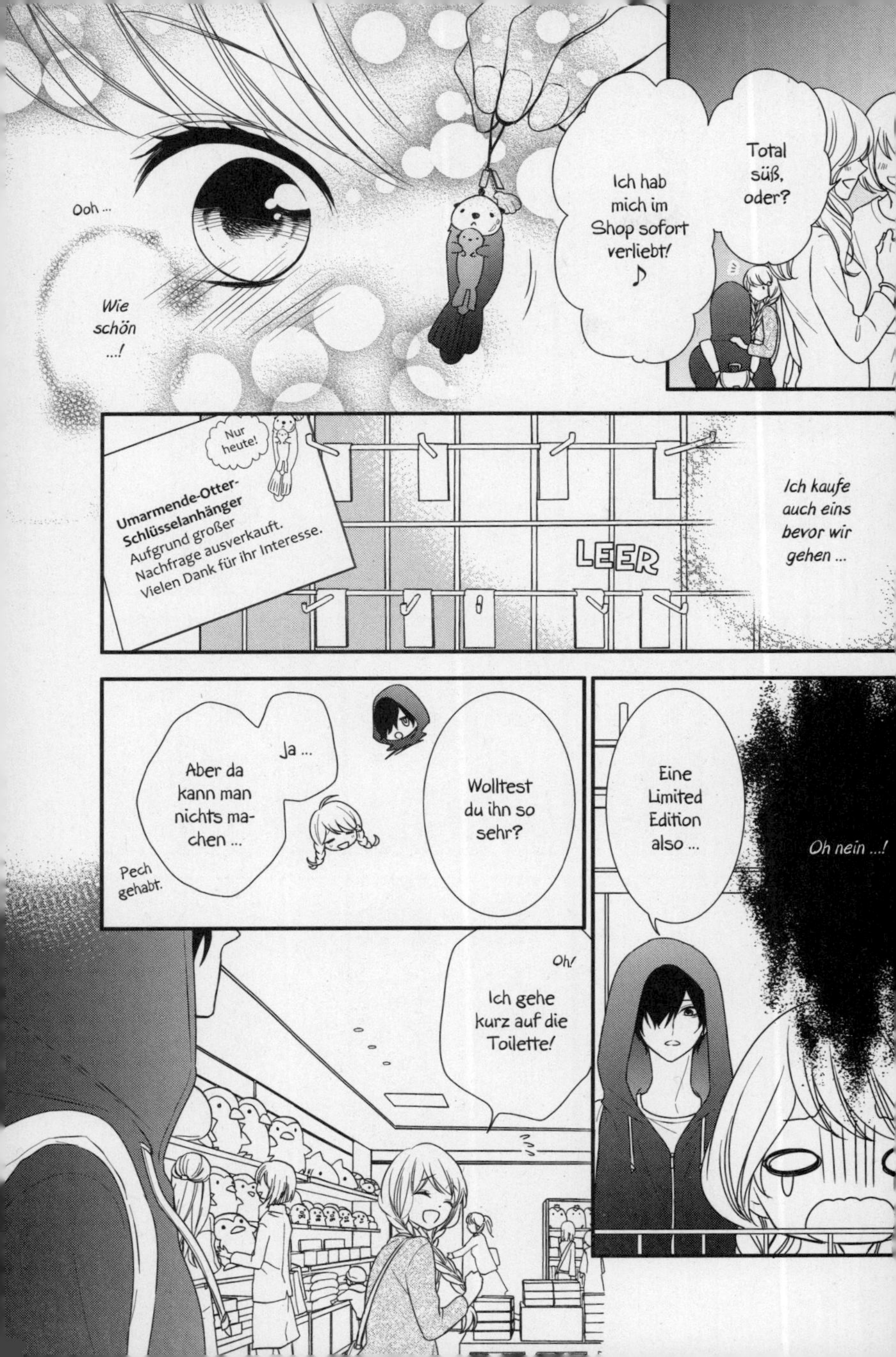
Total süß, oder?
Ich hab mich im Shop sofort verliebt! ♪
Ooh ...
Wie schön ...!
Ich kaufe auch eins bevor wir gehen ...
Nur heute!
Umarmende-Otter-Schlüsselanhänger
Aufgrund großer Nachfrage ausverkauft. Vielen Dank für Ihr Interesse.
LEER
Oh nein ...!
Eine Limited Edition also ...
Wolltest du ihn so sehr?
Ja ...
Aber da kann man nichts machen ...
Pech gehabt.
Oh!
Ich gehe kurz auf die Toilette!

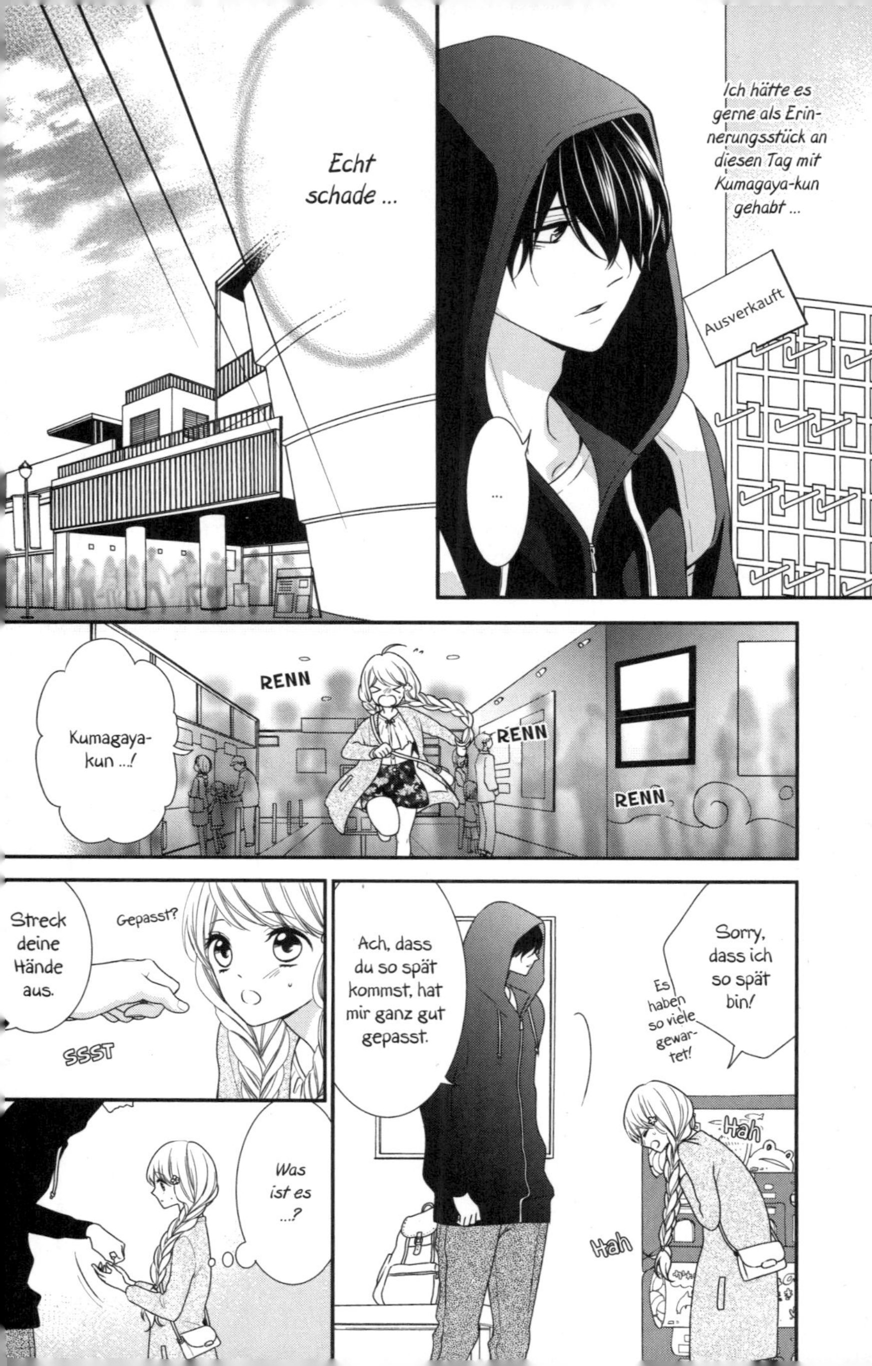
Ich hätte es gerne als Erinnerungsstück an diesen Tag mit Kumagaya-kun gehabt ...
Ausverkauft
...
Echt schade ...
RENN
RENN
RENN
Kumagaya-kun ...!
Sorry, dass ich so spät bin!
Es haben so viele gewartet!
Hah
Hah
Ach, dass du so spät kommst, hat mir ganz gut gepasst.
Gepasst?
Streck deine Hände aus.
SSST
Was ist es ...?

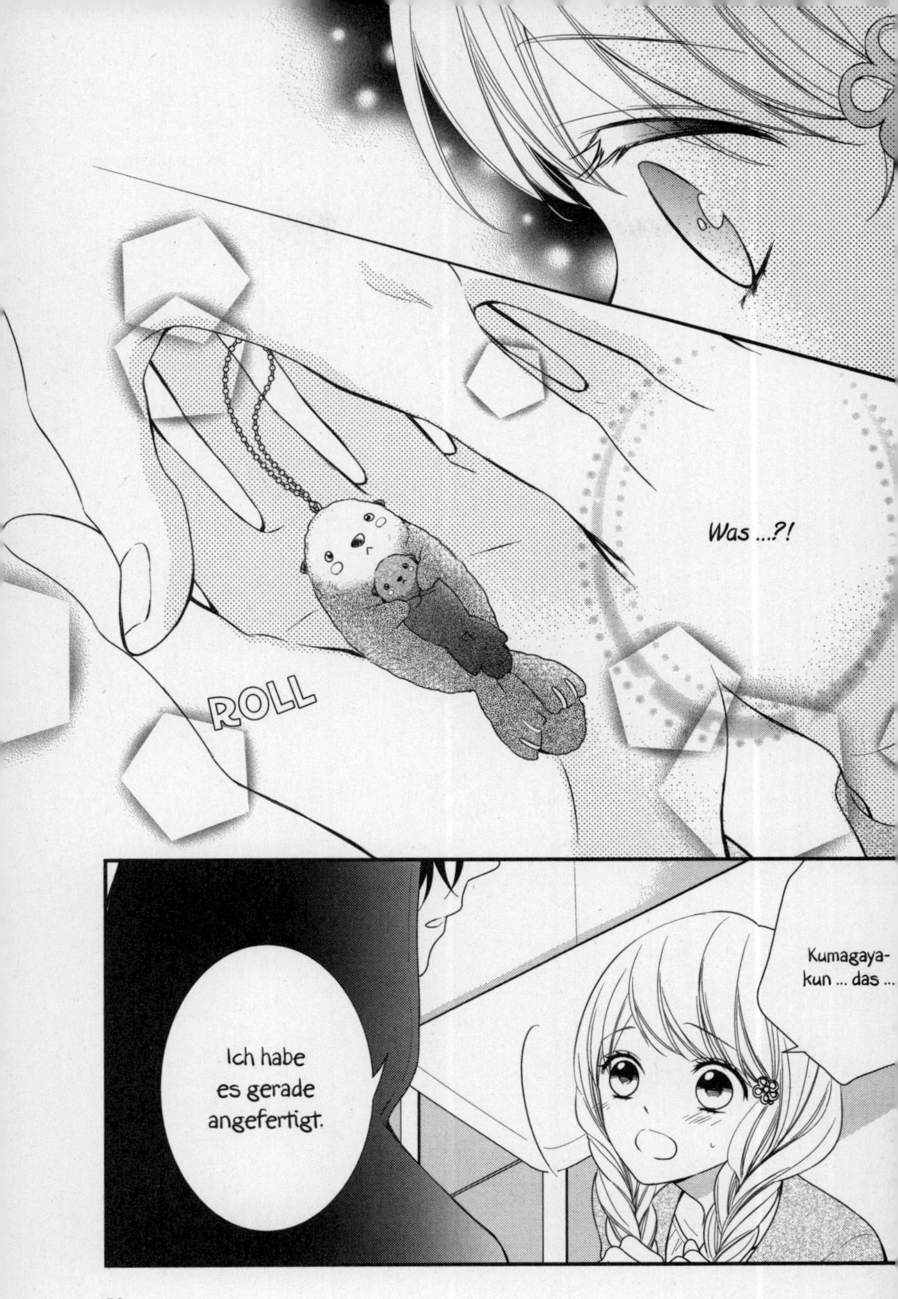
Was ...?!
ROLL
Kumagaya-kun ... das ...
Ich habe es gerade angefertigt.

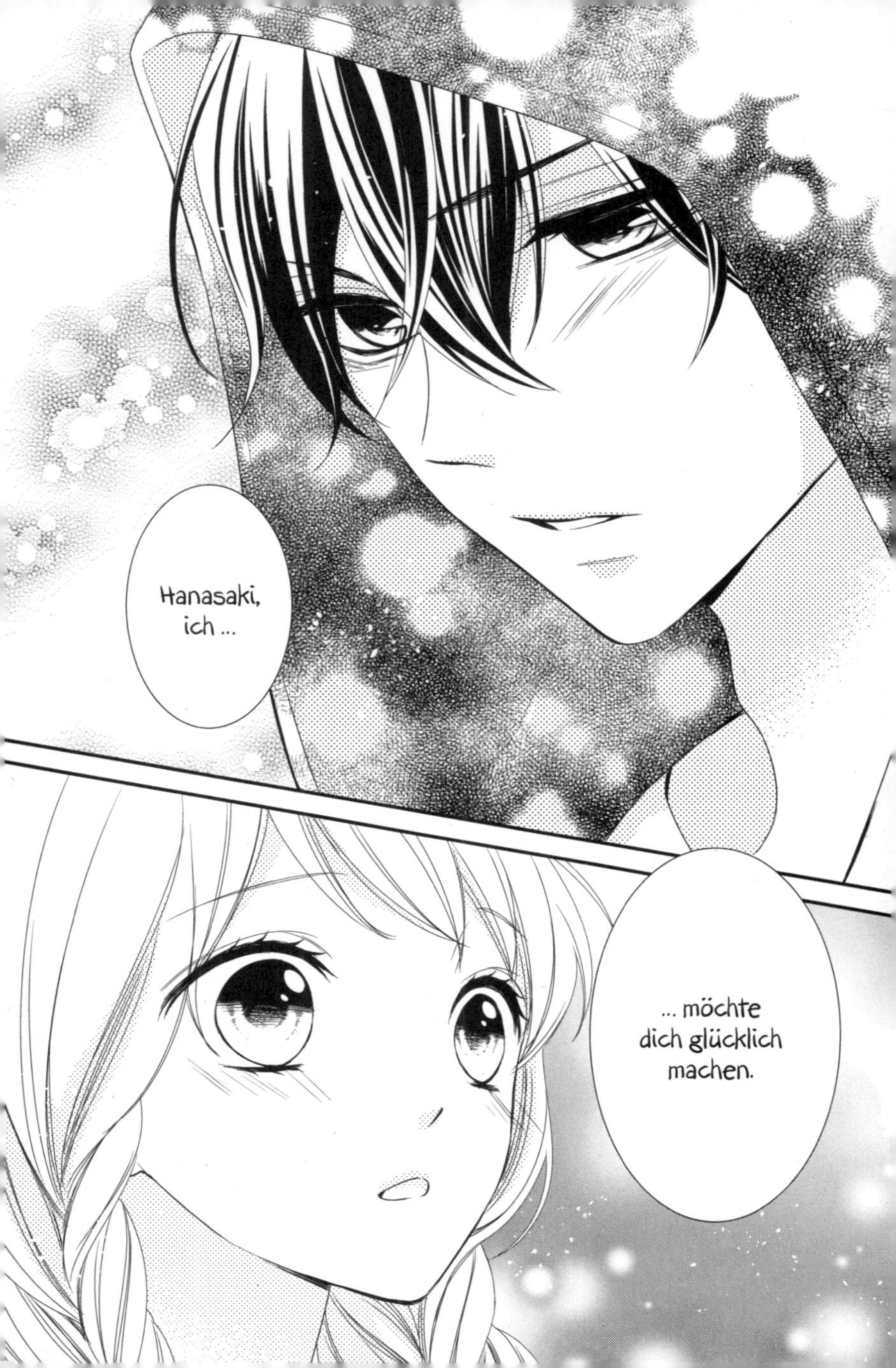
Hanasaki,
ich ...
... möchte
dich glücklich
machen.

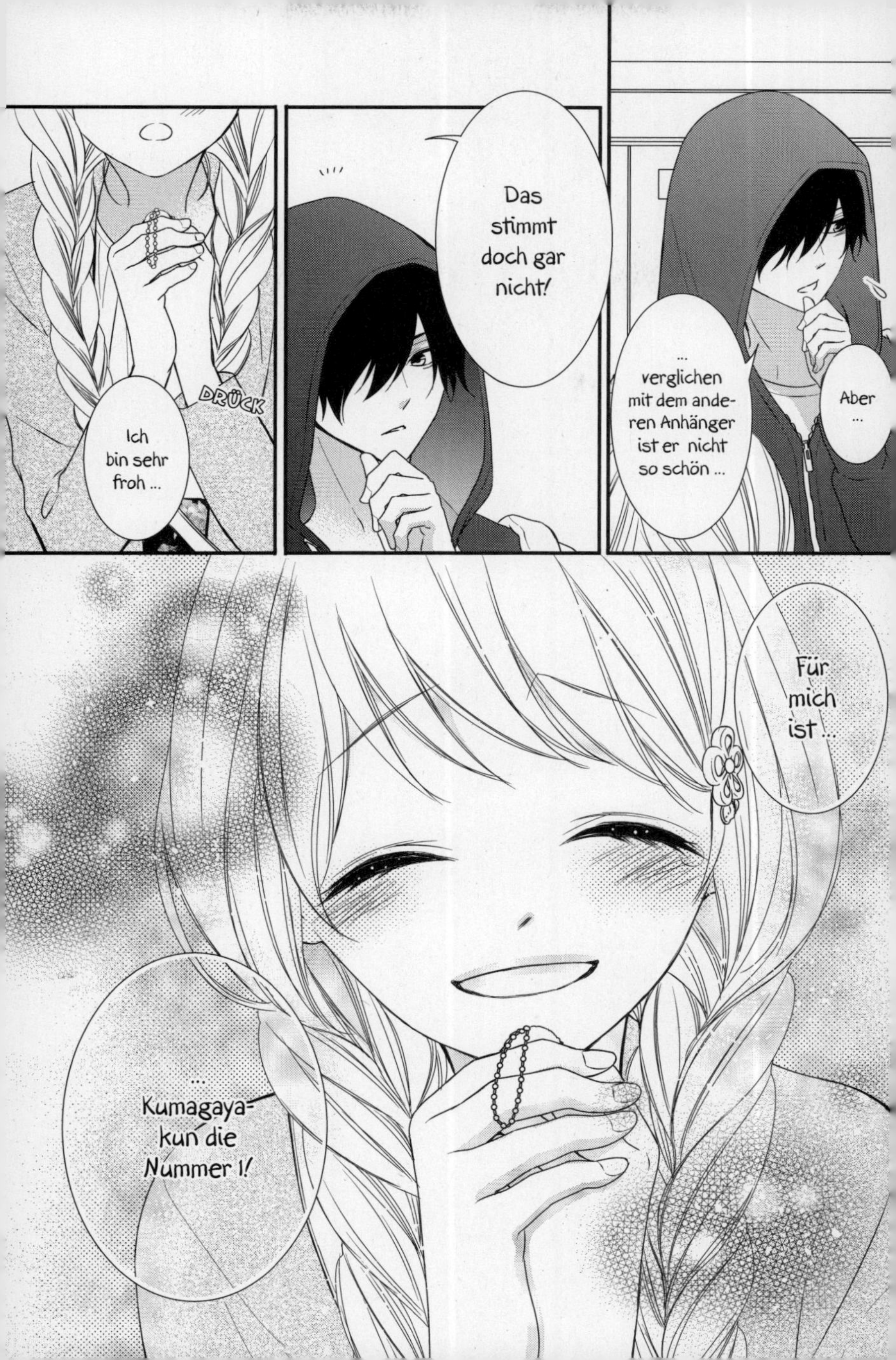
Aber ...
... verglichen mit dem anderen Anhänger ist er nicht so schön ...
Das stimmt doch gar nicht!
DRÜCK
Ich bin sehr froh ...
Für mich ist ...
... Kumagaya-kun die Nummer 1!

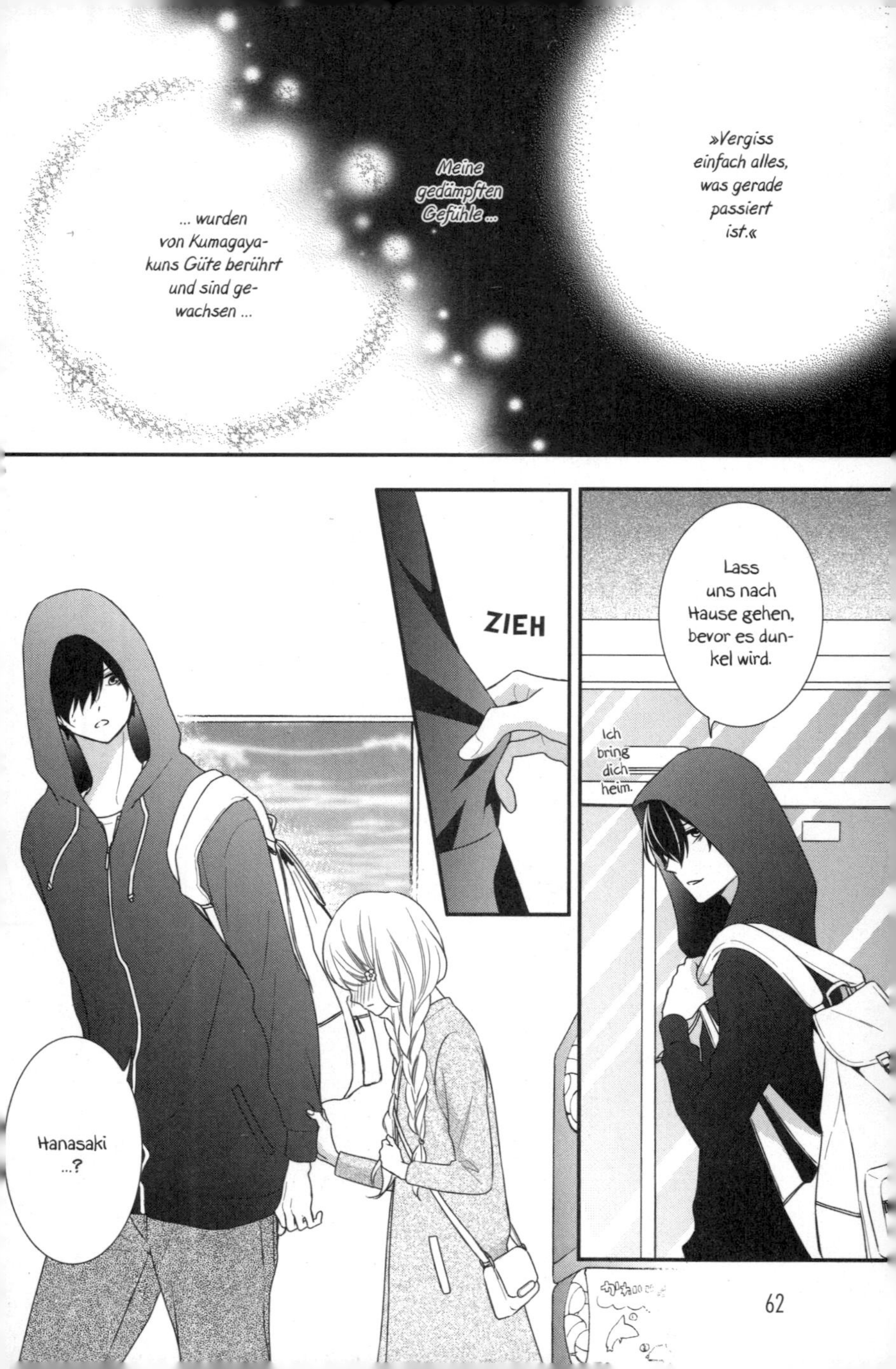

»Vergiss einfach alles, was gerade passiert ist.«

Meine gedämpften Gefühle ...

... wurden von Kumagaya-kuns Güte berührt und sind gewachsen ...

Lass uns nach Hause gehen, bevor es dunkel wird.

Ich bring dich heim.

ZIEH

Hanasaki ...?

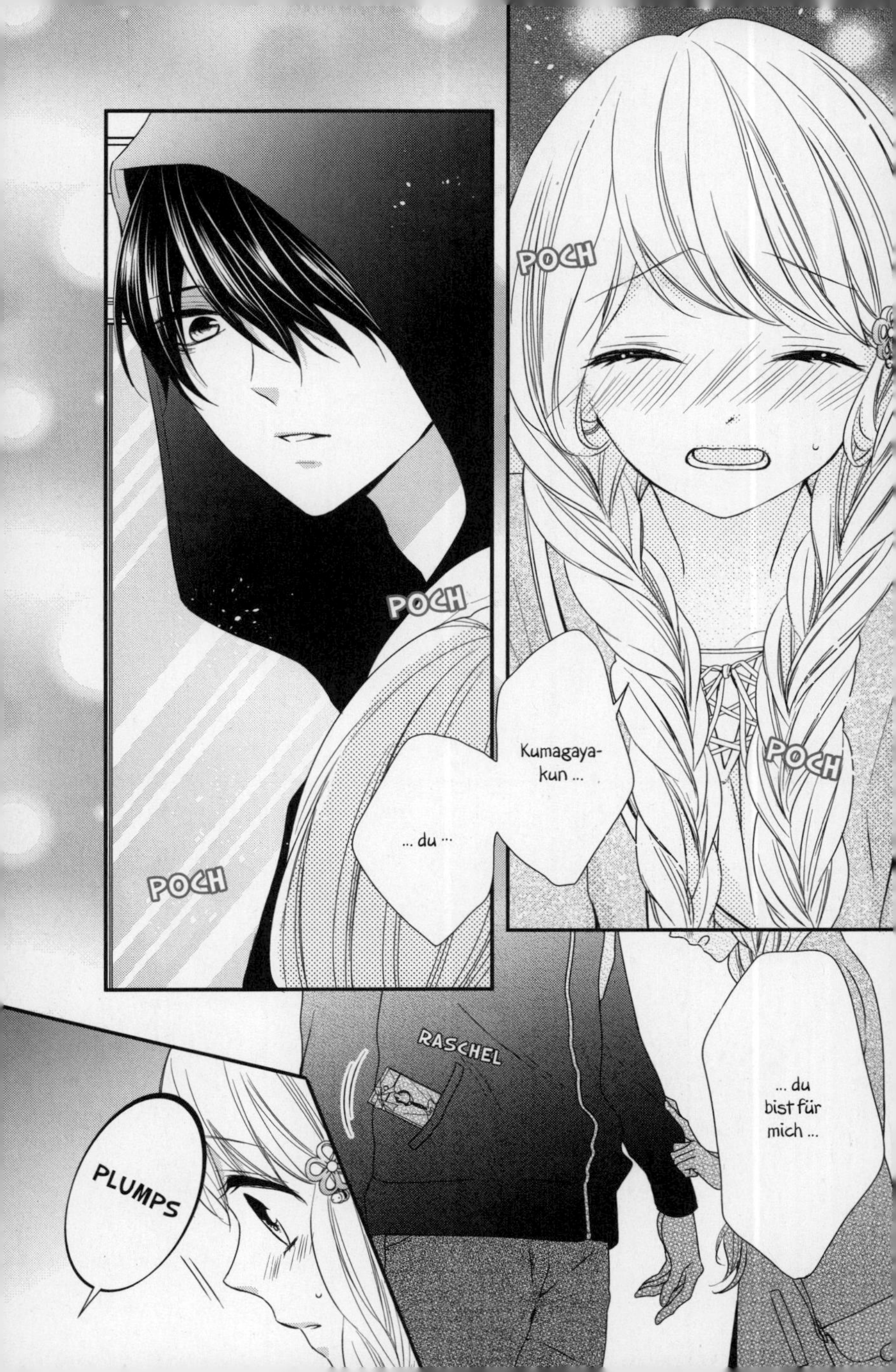
POCH
POCH
Kumagaya-kun ...
POCH
... du ...
POCH
... du bist für mich ...
RASCHEL
PLUMPS

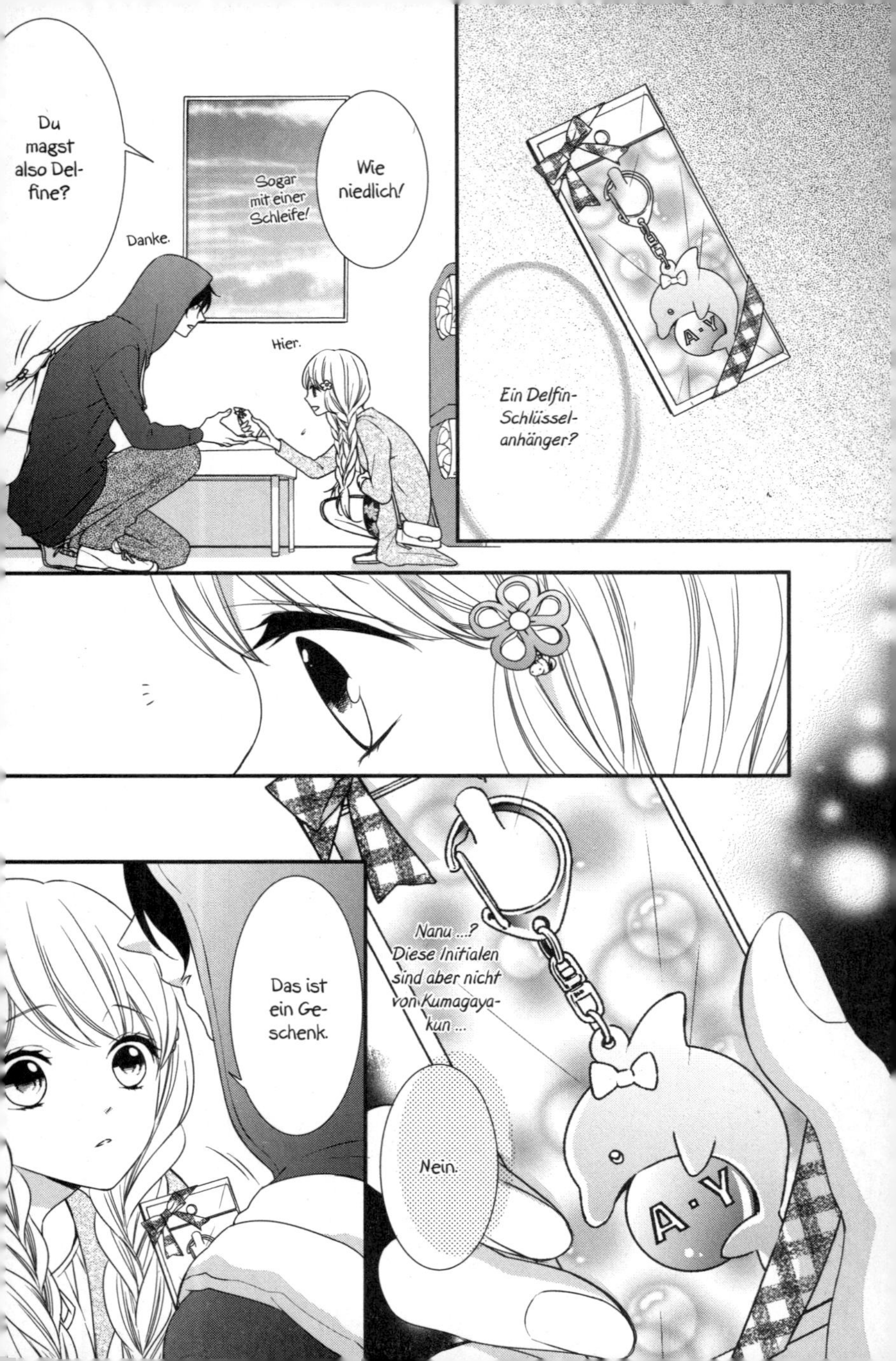
Ein Delfin-Schlüssel-anhänger?
Wie niedlich!
Sogar mit einer Schleife!
Hier.
Danke.
Du magst also Del-fine?
Nanu ...? Diese Initialen sind aber nicht von Kumagaya-kun ...
Nein.
Das ist ein Ge-schenk.

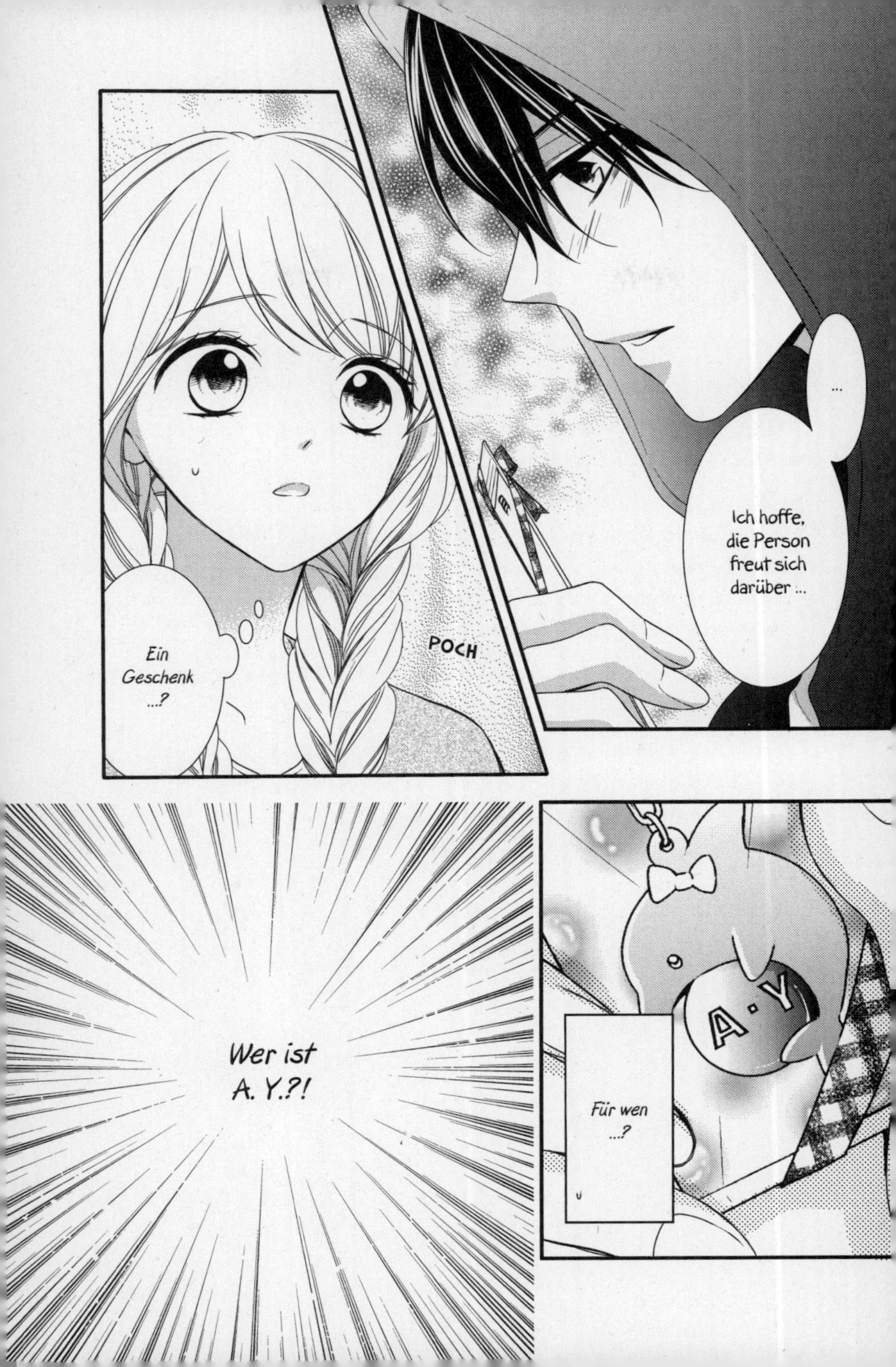

...

Ich hoffe, die Person freut sich darüber ...

POCH

Ein Geschenk ...?

A·Y

Für wen ...?

Wer ist A. Y.?!

Begrüßung

Hallo, hier ist Shiraishi! (^^)

Vielen Dank, dass ihr Band 2 von Honey come Honey gekauft habt. ♪

Die hektische Zeit ist vorbei, und kaum ist der erste Band erschienen, kommt schon der zweite? Das hat mich verblüfft.

Während des Zeichnens hat mir eine Freundin Videos von ihren Kindern geschickt, die meine Sorgen linderten. Als ich sie das letzte Mal getroffen habe, war das vierte Kind, das ich fröhlich mit seinem Bruder die Transformer nachmachen sah, doch noch in ihrem Bauch?! Das war ein ziemlicher Schock.

Ein bisschen wie dieses Gefühl, wenn man an seinen Heimatort geht und sich dort alles verändert hat. (T ∇ T)

Aber in Honey come Honey kann ich süße Dinge zeichnen, und ich gebe mir die größte Mühe, dass sich alle, die süße Dinge lieben, zumindest ein wenig daran erfreuen können!

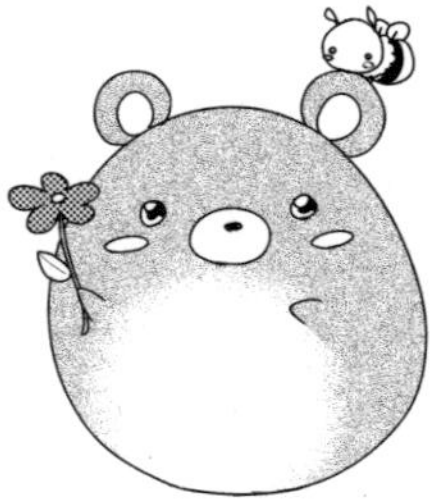

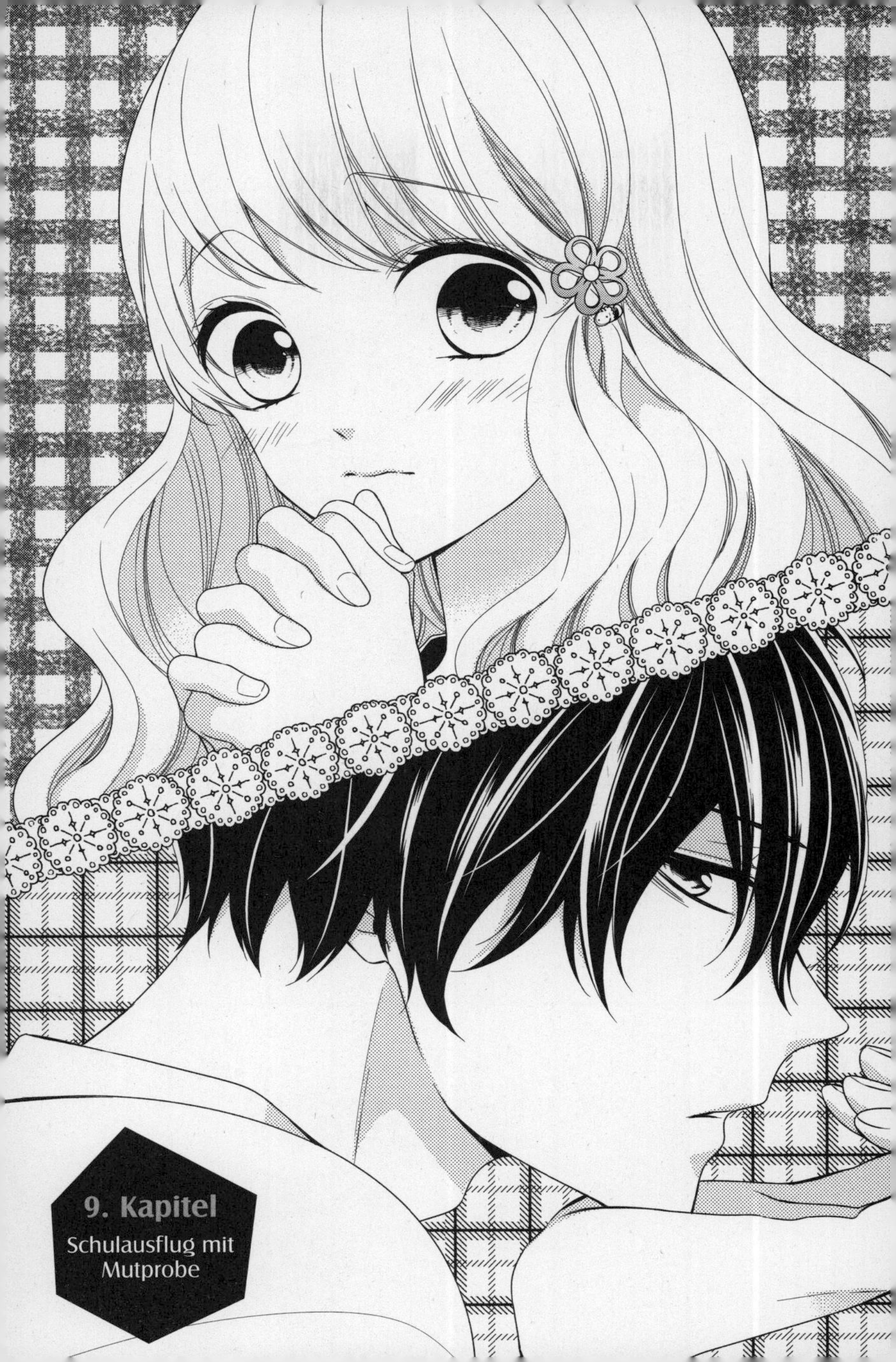
9. Kapitel
Schulausflug mit
Mutprobe

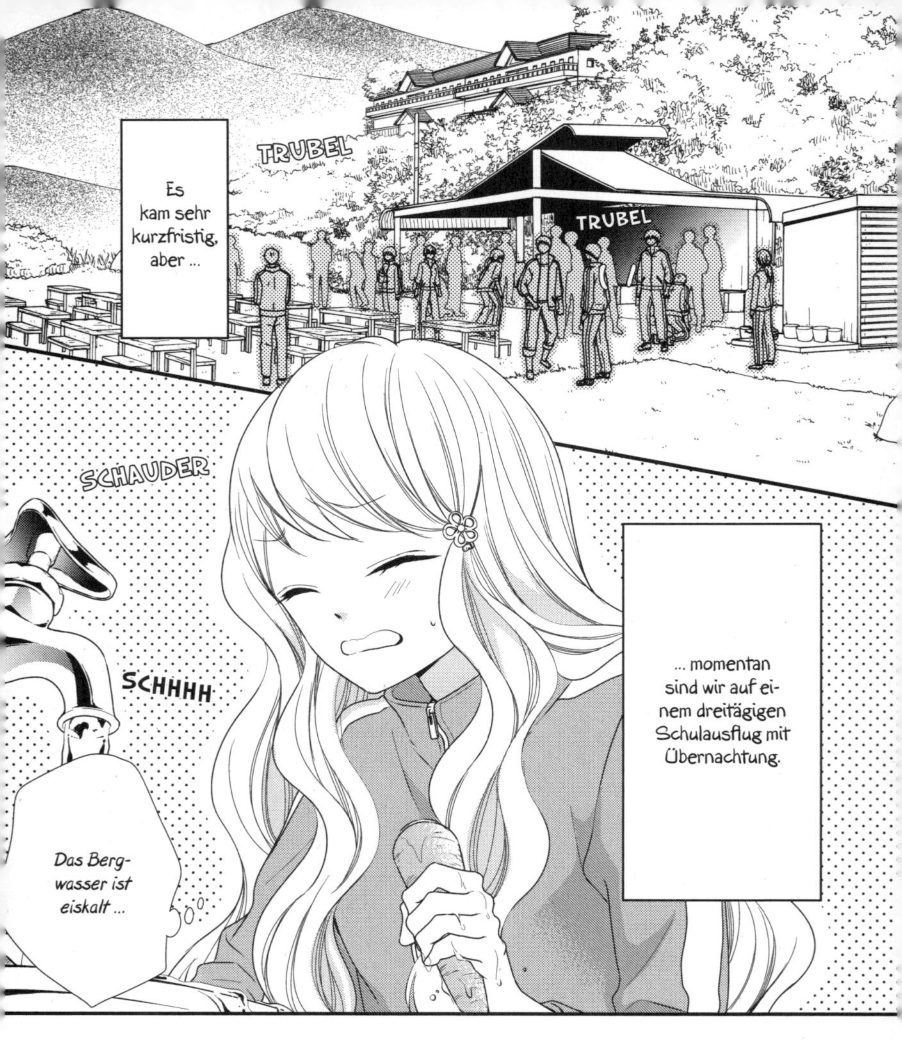

Honey come Honey

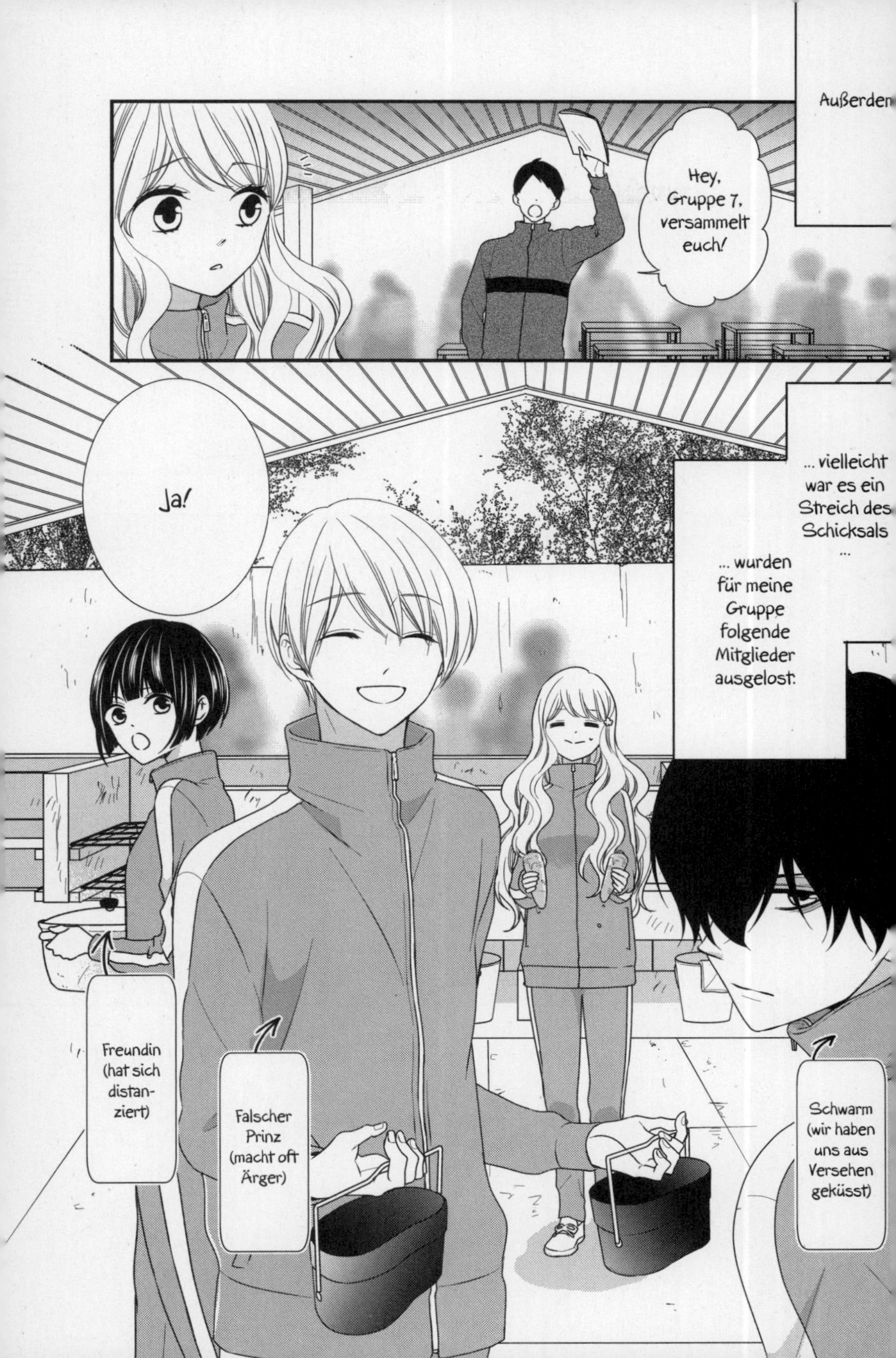
Außerdem
Hey, Gruppe 7, versammelt euch!
... vielleicht war es ein Streich des Schicksals ...
... wurden für meine Gruppe folgende Mitglieder ausgelost:
Ja!
Schwarm (wir haben uns aus Versehen geküsst)
Falscher Prinz (macht oft Ärger)
Freundin (hat sich distanziert)

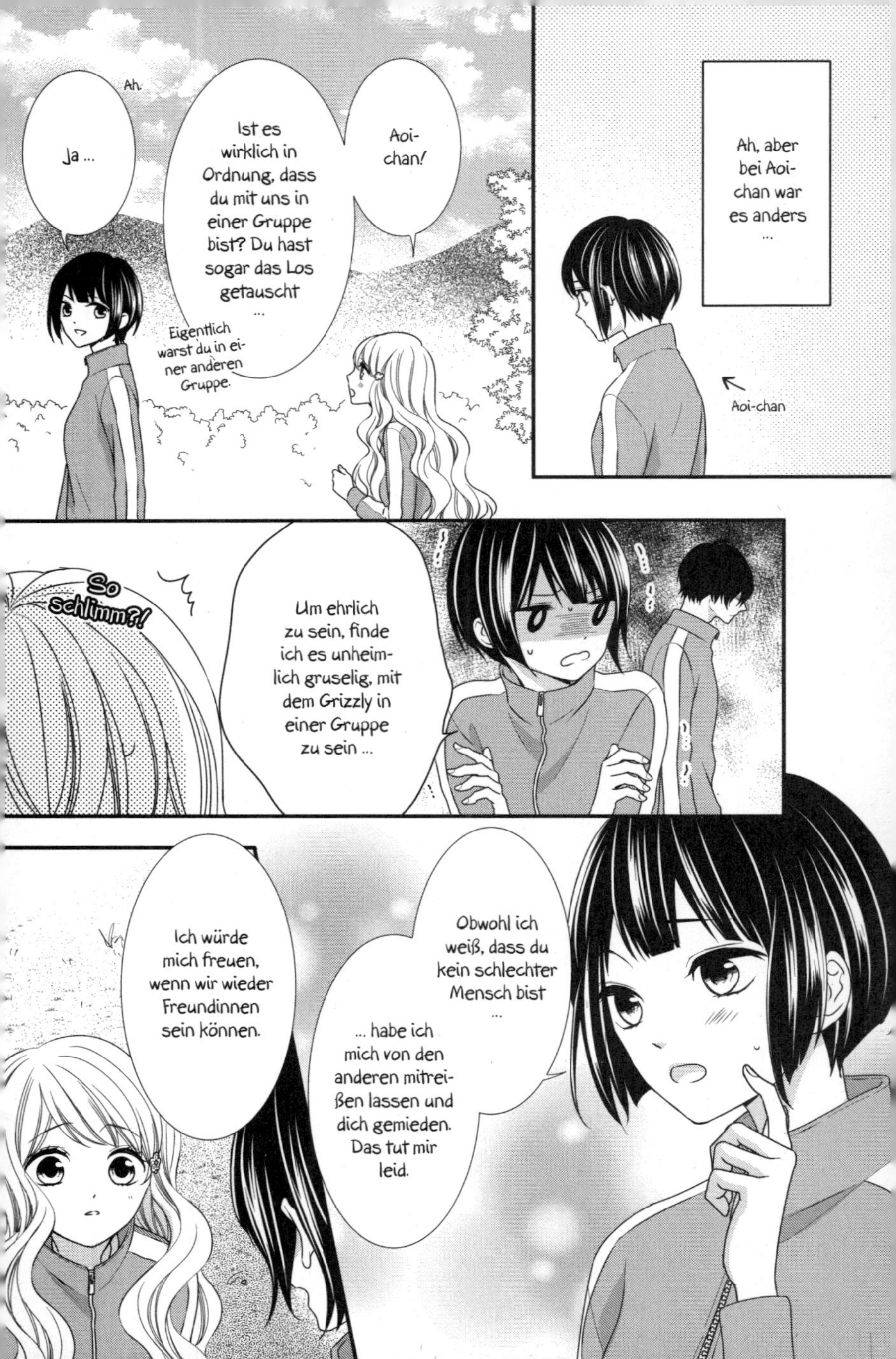
Ah, aber bei Aoi-chan war es anders …
Aoi-chan
Aoi-chan!
Ist es wirklich in Ordnung, dass du mit uns in einer Gruppe bist? Du hast sogar das Los getauscht …
Eigentlich warst du in einer anderen Gruppe.
Ah.
Ja …
Um ehrlich zu sein, finde ich es unheimlich gruselig, mit dem Grizzly in einer Gruppe zu sein …
So schlimm?!
Obwohl ich weiß, dass du kein schlechter Mensch bist …
… habe ich mich von den anderen mitreißen lassen und dich gemieden. Das tut mir leid.
Ich würde mich freuen, wenn wir wieder Freundinnen sein können.

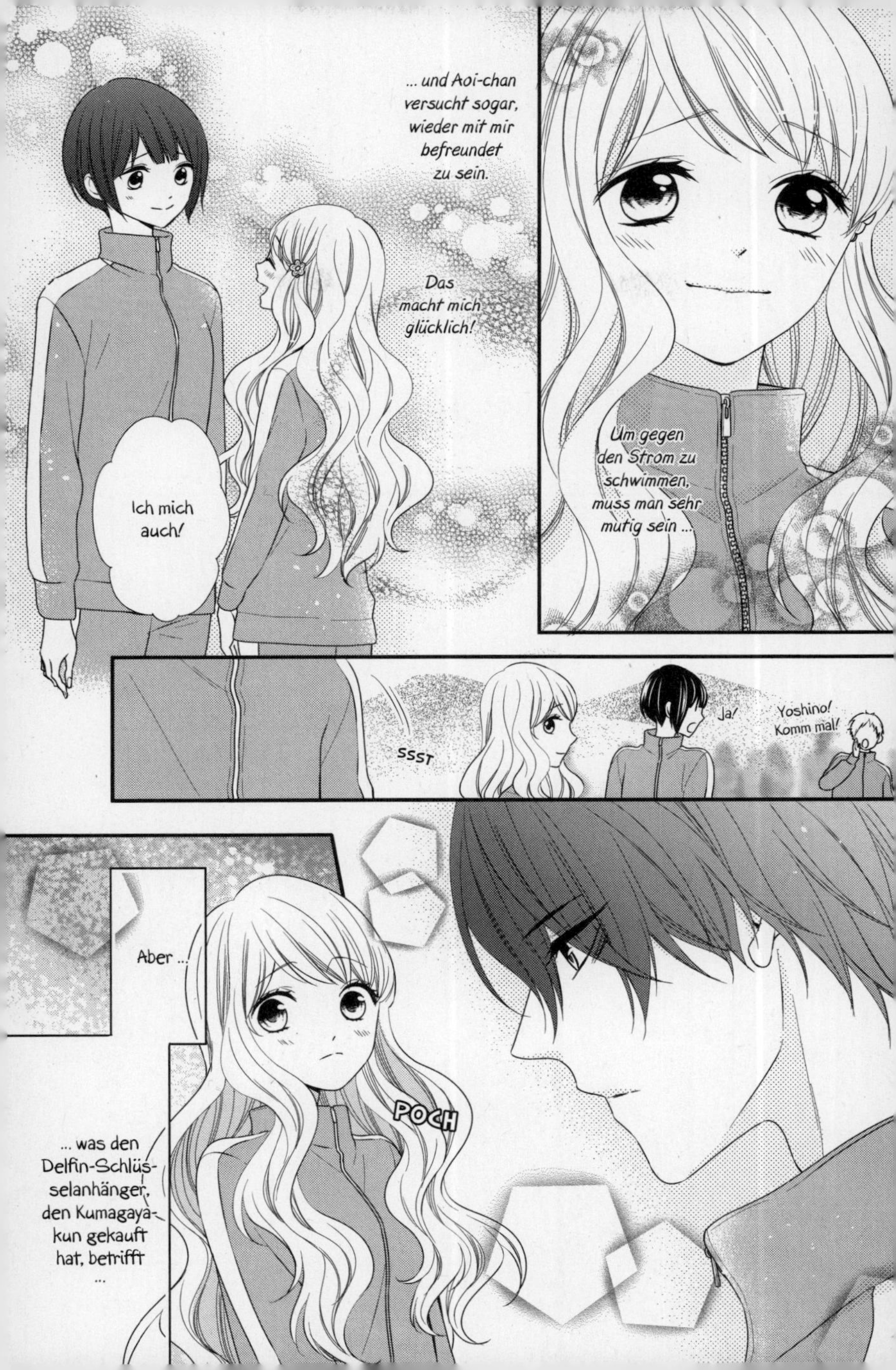
... und Aoi-chan versucht sogar, wieder mit mir befreundet zu sein.
Das macht mich glücklich!
Ich mich auch!
Um gegen den Strom zu schwimmen, muss man sehr mutig sein ...
Yoshino! Komm mal!
Ja!
SSST
Aber ...
POCH
... was den Delfin-Schlüsselanhänger, den Kumagaya-kun gekauft hat, betrifft ...

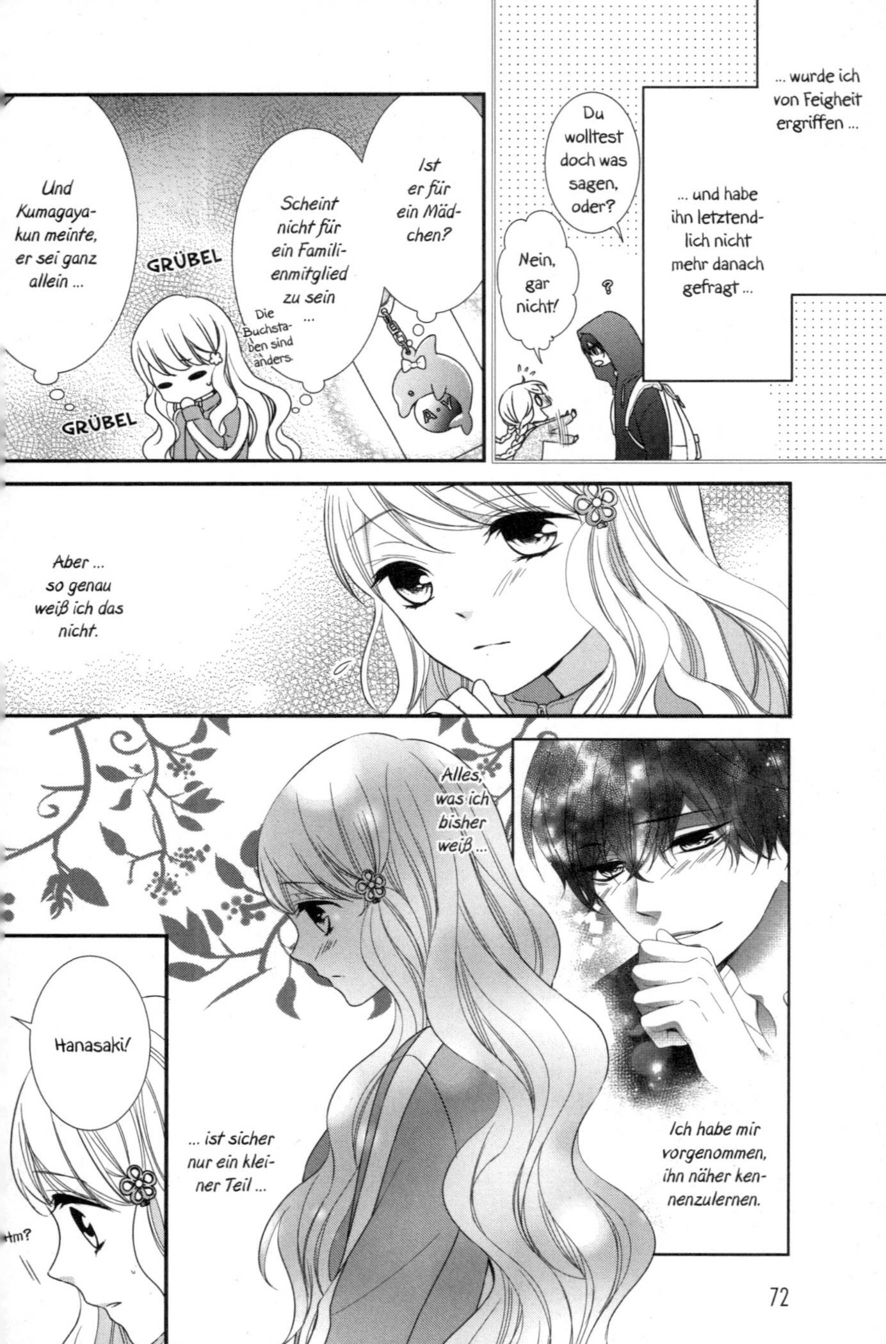

... wurde ich von Feigheit ergriffen ...
Du wolltest doch was sagen, oder?
Nein, gar nicht!
?
... und habe ihn letztendlich nicht mehr danach gefragt ...
Ist er für ein Mädchen?
Scheint nicht für ein Familienmitglied zu sein ...
Die Buchstaben sind anders.
Und Kumagaya-kun meinte, er sei ganz allein ...
GRÜBEL
GRÜBEL
Aber ... so genau weiß ich das nicht.
Alles, was ich bisher weiß ...
... ist sicher nur ein kleiner Teil ...
Ich habe mir vorgenommen, ihn näher kennenzulernen.
Hanasaki!
Hm?

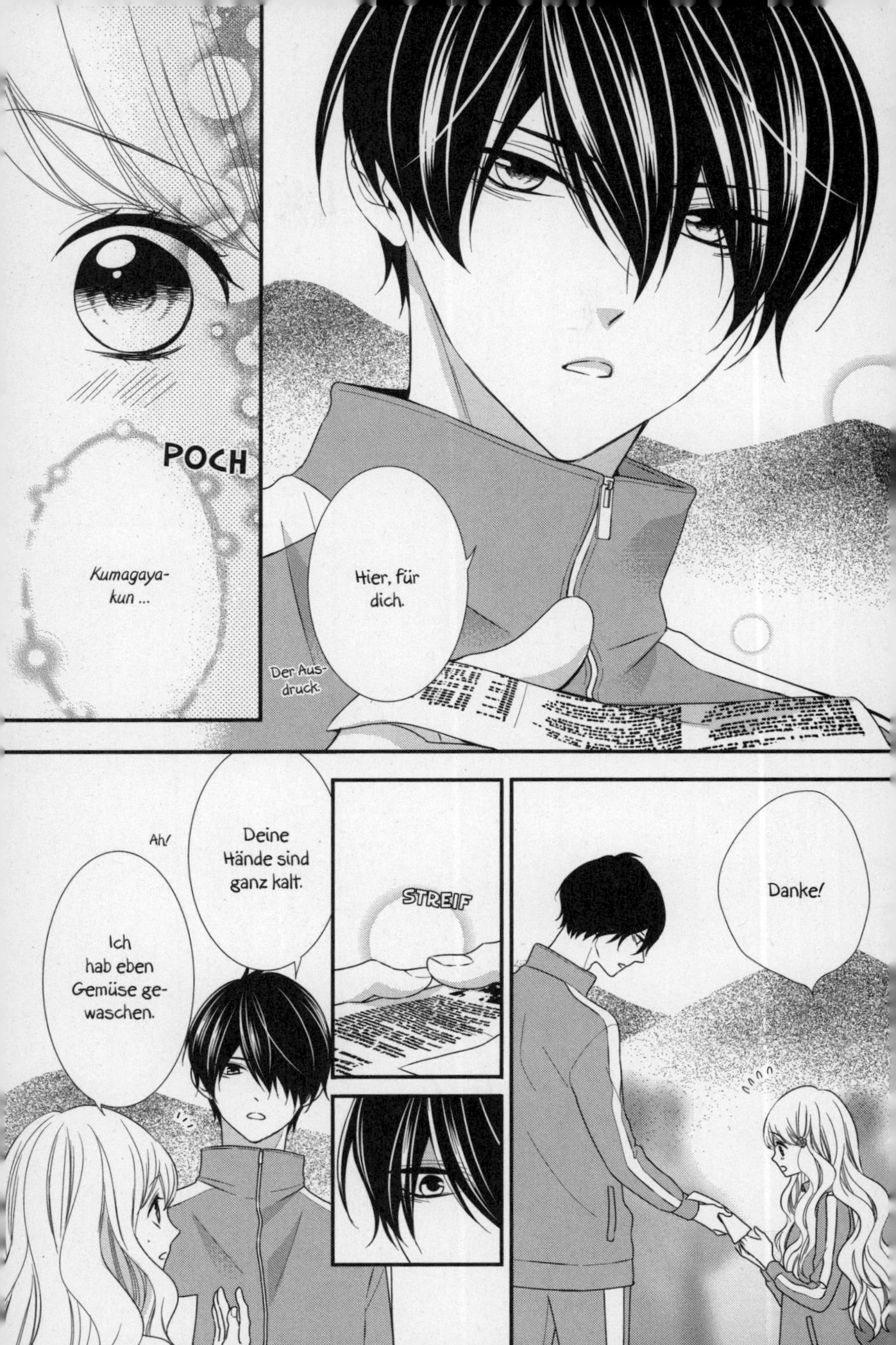

Hier, für dich.
Der Ausdruck.
POCH
Kumagaya-kun ...
Danke!
STREIF
Deine Hände sind ganz kalt.
Ah!
Ich hab eben Gemüse gewaschen.

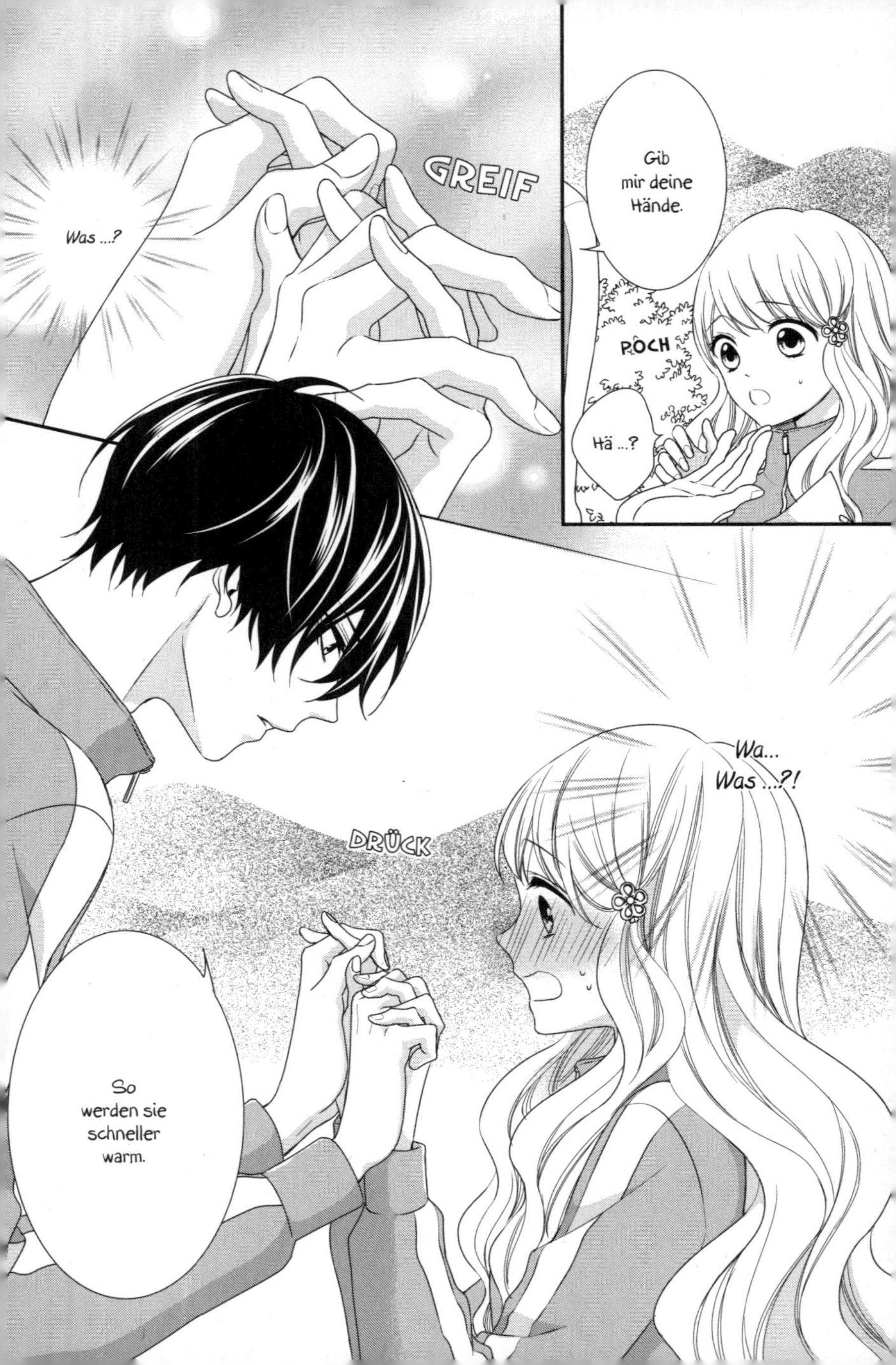

Gib mir deine Hände.
POCH
Hä ...?
GREIF
Was ...?
Wa... Was ...?!
DRÜCK
So werden sie schneller warm.

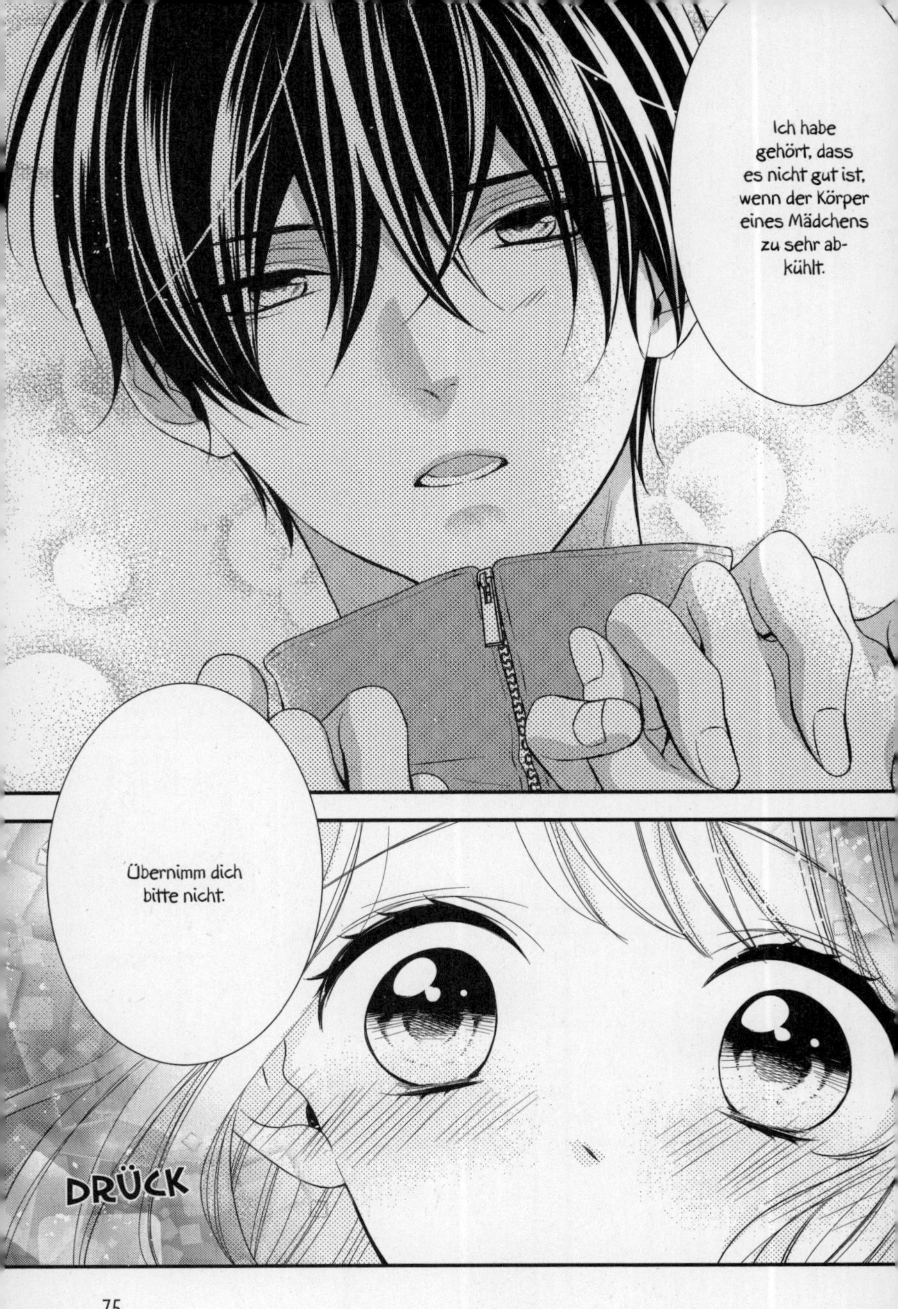
Ich habe gehört, dass es nicht gut ist, wenn der Körper eines Mädchens zu sehr abkühlt.
Übernimm dich bitte nicht.
DRÜCK

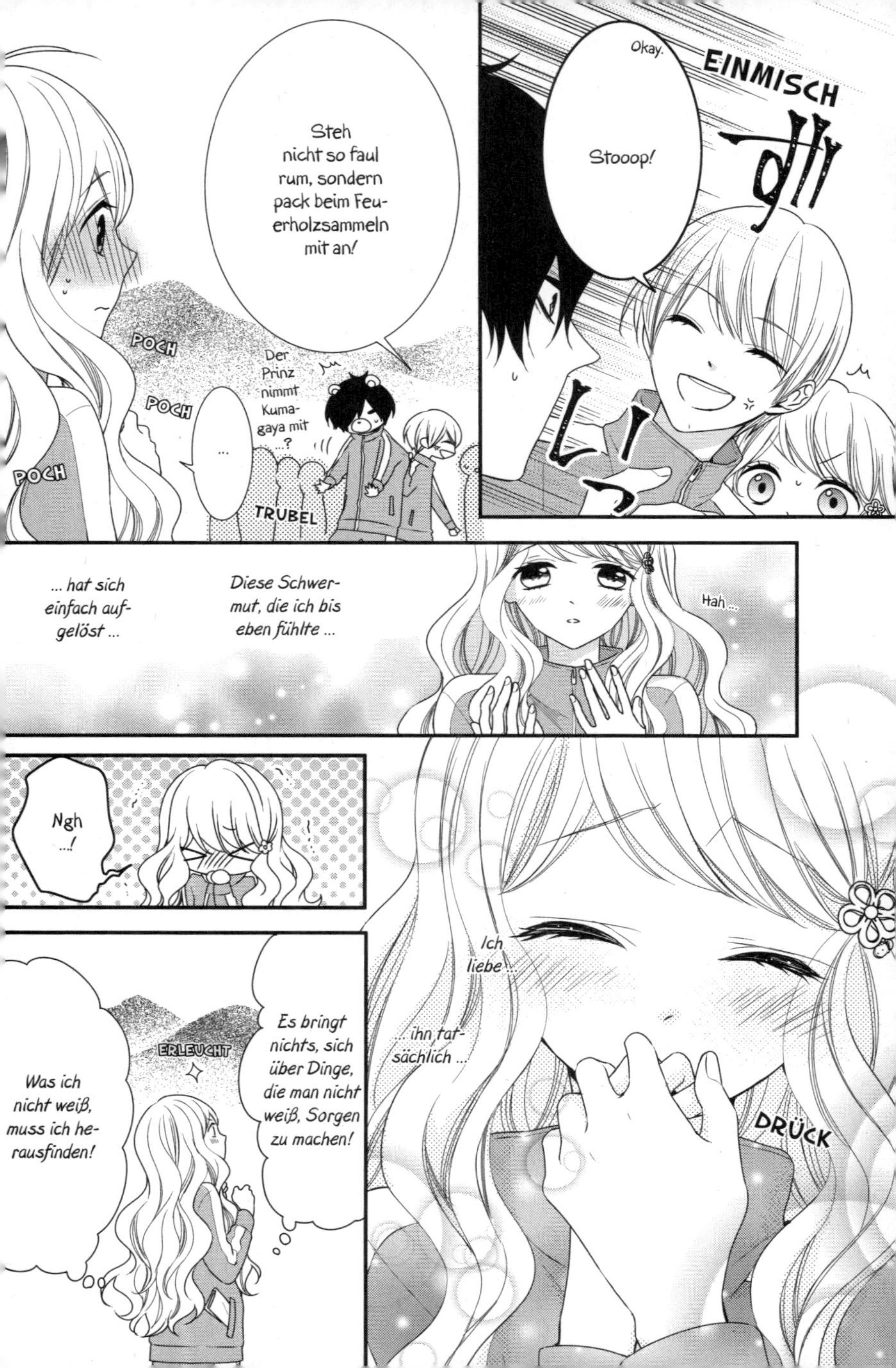
EINMISCH
Okay.
Stooop!
Steh nicht so faul rum, sondern pack beim Feuerholzsammeln mit an!
Der Prinz nimmt Kumagaya mit ...?
TRUBEL
...
POCH
POCH
POCH
Hah ...
Diese Schwermut, die ich bis eben fühlte ...
... hat sich einfach aufgelöst ...
Ngh ...!
Ich liebe ...
... ihn tatsächlich ...
DRÜCK
Es bringt nichts, sich über Dinge, die man nicht weiß, Sorgen zu machen!
ERLEUCHT
Was ich nicht weiß, muss ich herausfinden!

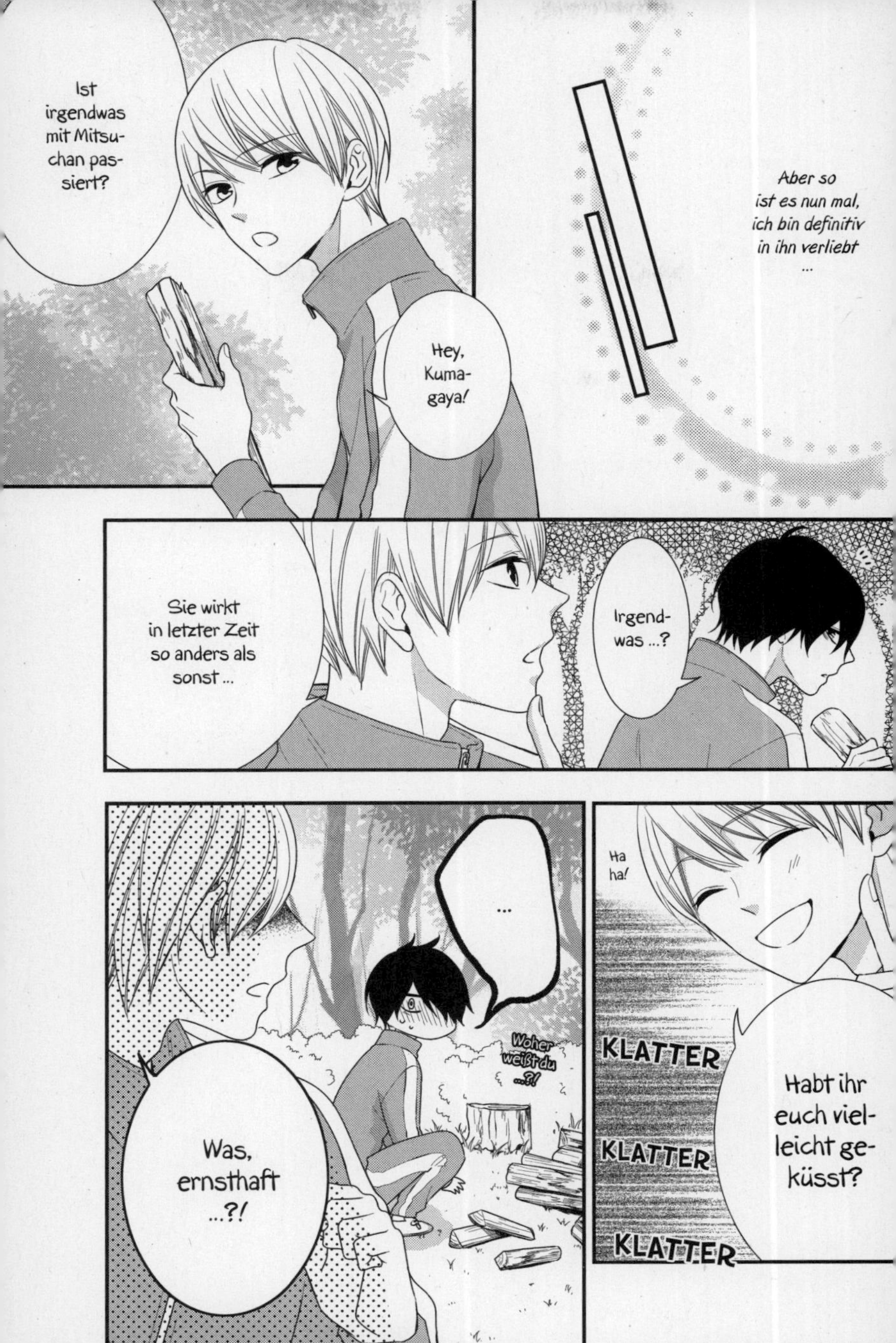
Aber so ist es nun mal, ich bin definitiv in ihn verliebt ...
Hey, Kumagaya!
Ist irgendwas mit Mitsuchan passiert?
Irgendwas ...?
Sie wirkt in letzter Zeit so anders als sonst ...
Ha ha!
Habt ihr euch vielleicht geküsst?
KLATTER
KLATTER
KLATTER
...
Woher weißt du ...?!
Was, ernsthaft ...?!

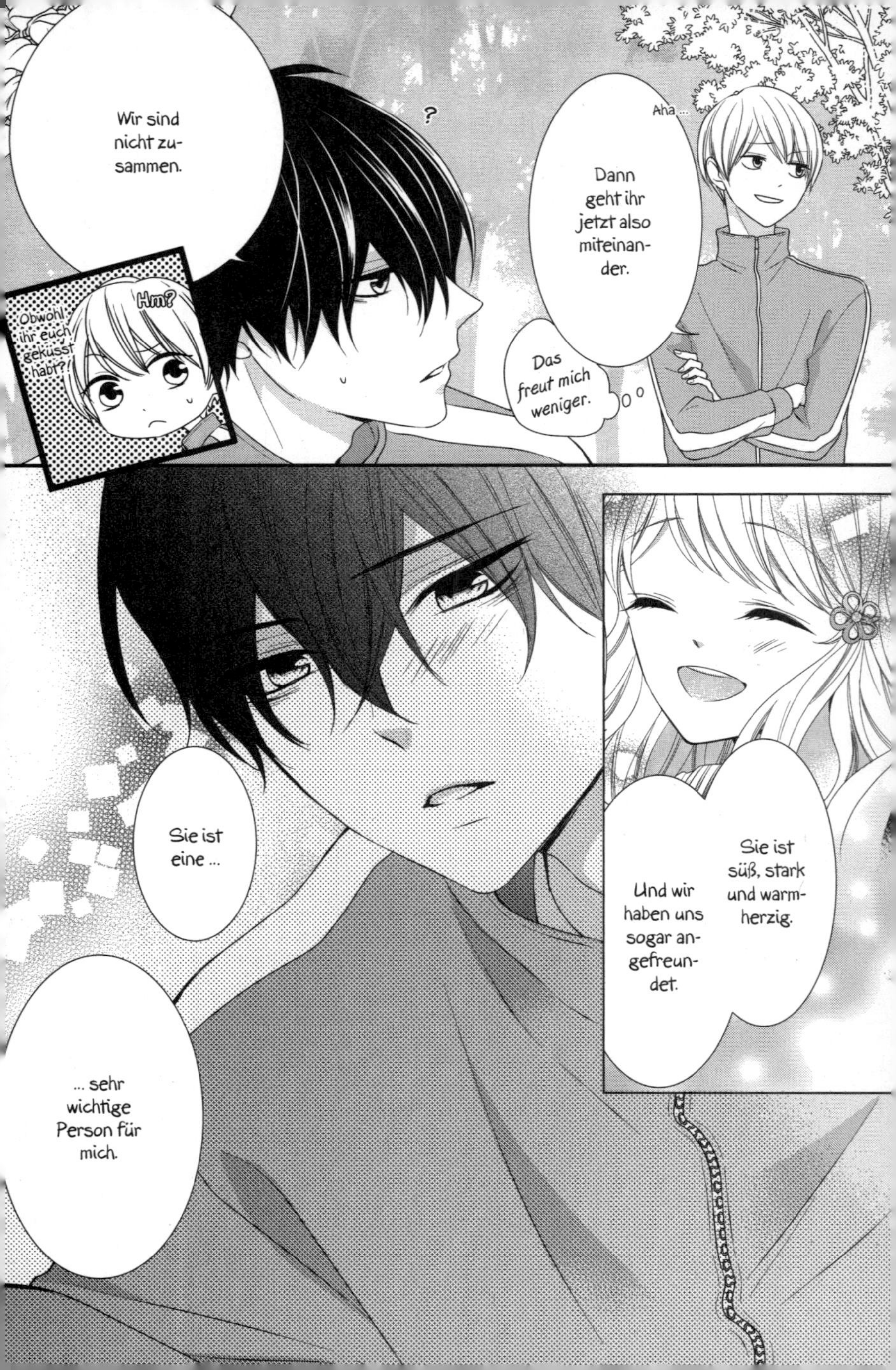
Aha …
Dann geht ihr jetzt also miteinander.
Das freut mich weniger.
?
Wir sind nicht zusammen.
Hm?
Obwohl ihr euch geküsst habt?
Sie ist süß, stark und warmherzig.
Und wir haben uns sogar angefreundet.
Sie ist eine …
… sehr wichtige Person für mich.

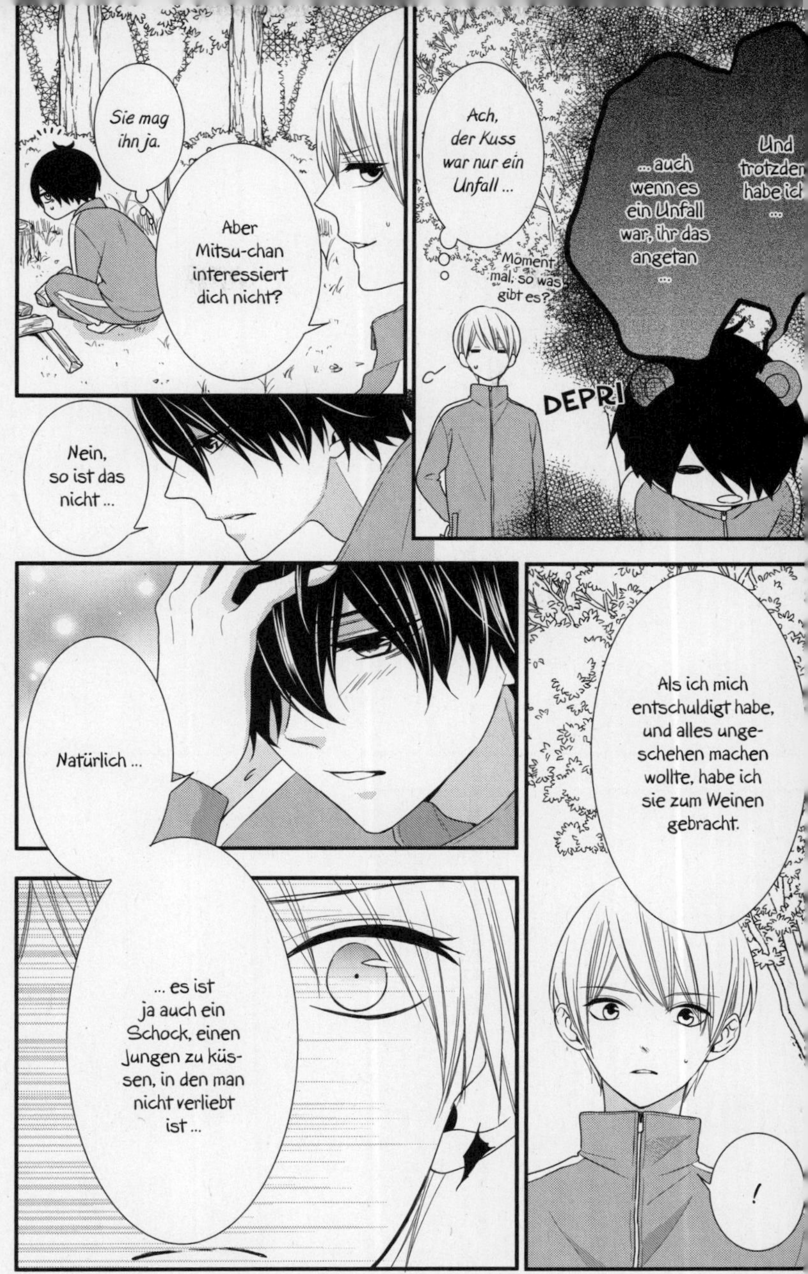

Und trotzdem habe ich ...
... auch wenn es ein Unfall war, ihr das angetan ...
DEPRI
Ach, der Kuss war nur ein Unfall ...
Moment mal, so was gibt es?
Sie mag ihn ja.
Aber Mitsu-chan interessiert dich nicht?
Nein, so ist das nicht ...
Als ich mich entschuldigt habe, und alles ungeschehen machen wollte, habe ich sie zum Weinen gebracht.
Natürlich ...
!
... es ist ja auch ein Schock, einen Jungen zu küssen, in den man nicht verliebt ist ...

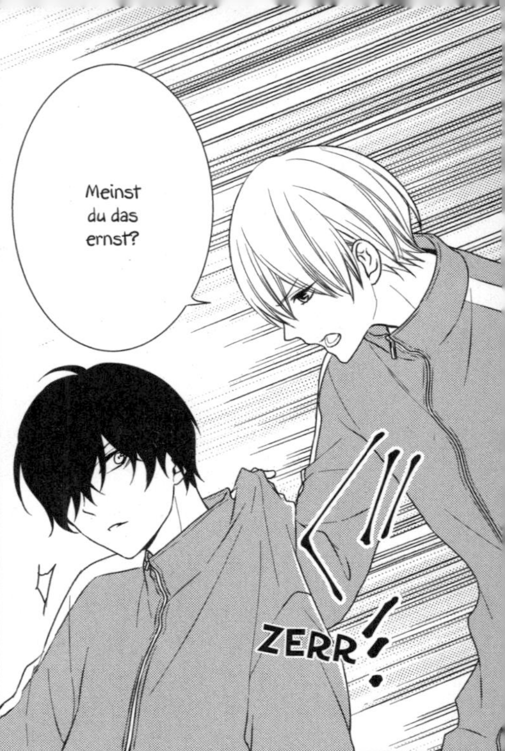
Meinst du das ernst?
ZERR!

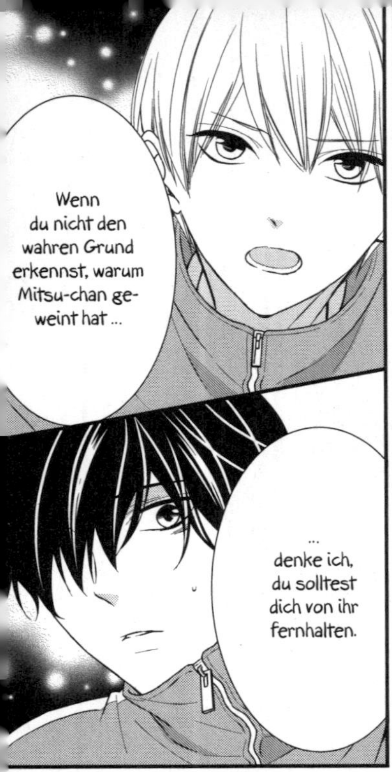
Wenn du nicht den wahren Grund erkennst, warum Mitsu-chan geweint hat ...
... denke ich, du solltest dich von ihr fernhalten.

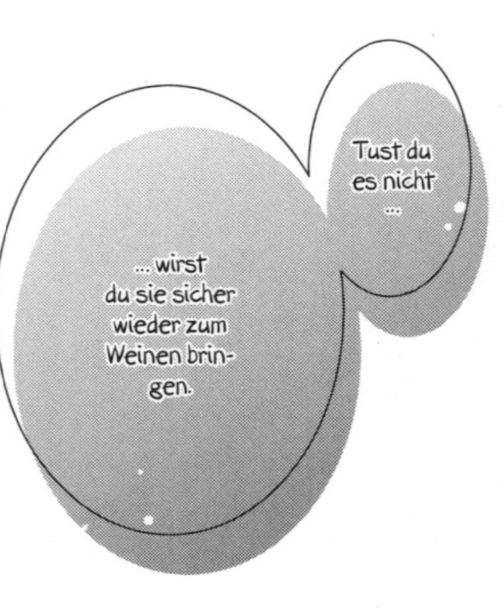
Tust du es nicht ...
... wirst du sie sicher wieder zum Weinen bringen.

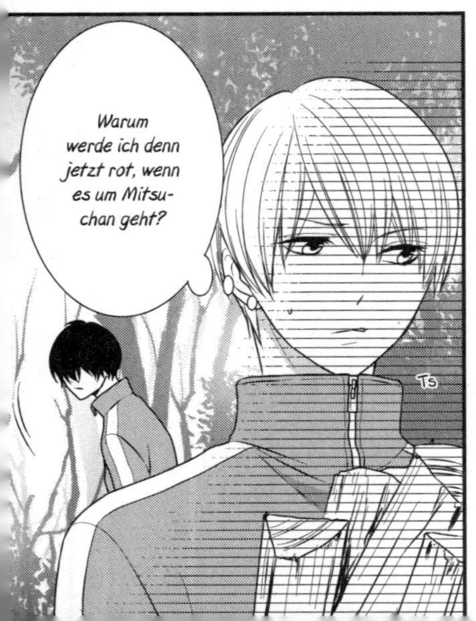
Warum werde ich denn jetzt rot, wenn es um Mitsu-chan geht?
Ts

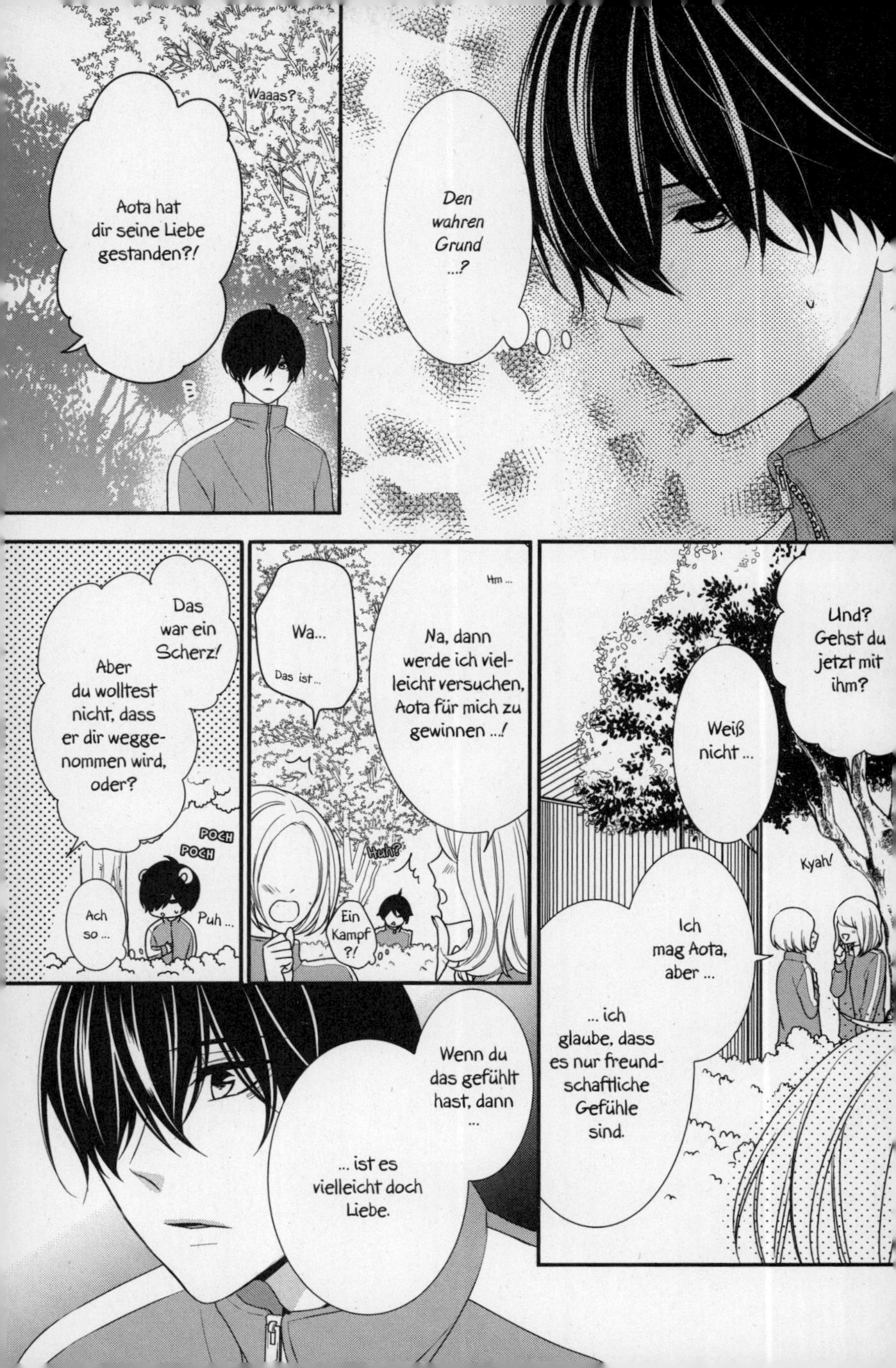
Den wahren Grund ...?
Waaas?
Aota hat dir seine Liebe gestanden?!
Und? Gehst du jetzt mit ihm?
Weiß nicht ...
Kyah!
Hm ...
Na, dann werde ich vielleicht versuchen, Aota für mich zu gewinnen ...!
Wa...
Das ist...
Huh?
Ein Kampf?!
Das war ein Scherz!
Aber du wolltest nicht, dass er dir weggenommen wird, oder?
POCH
POCH
Puh ...
Ach so ...
Ich mag Aota, aber ...
... ich glaube, dass es nur freundschaftliche Gefühle sind.
Wenn du das gefühlt hast, dann ...
... ist es vielleicht doch Liebe.

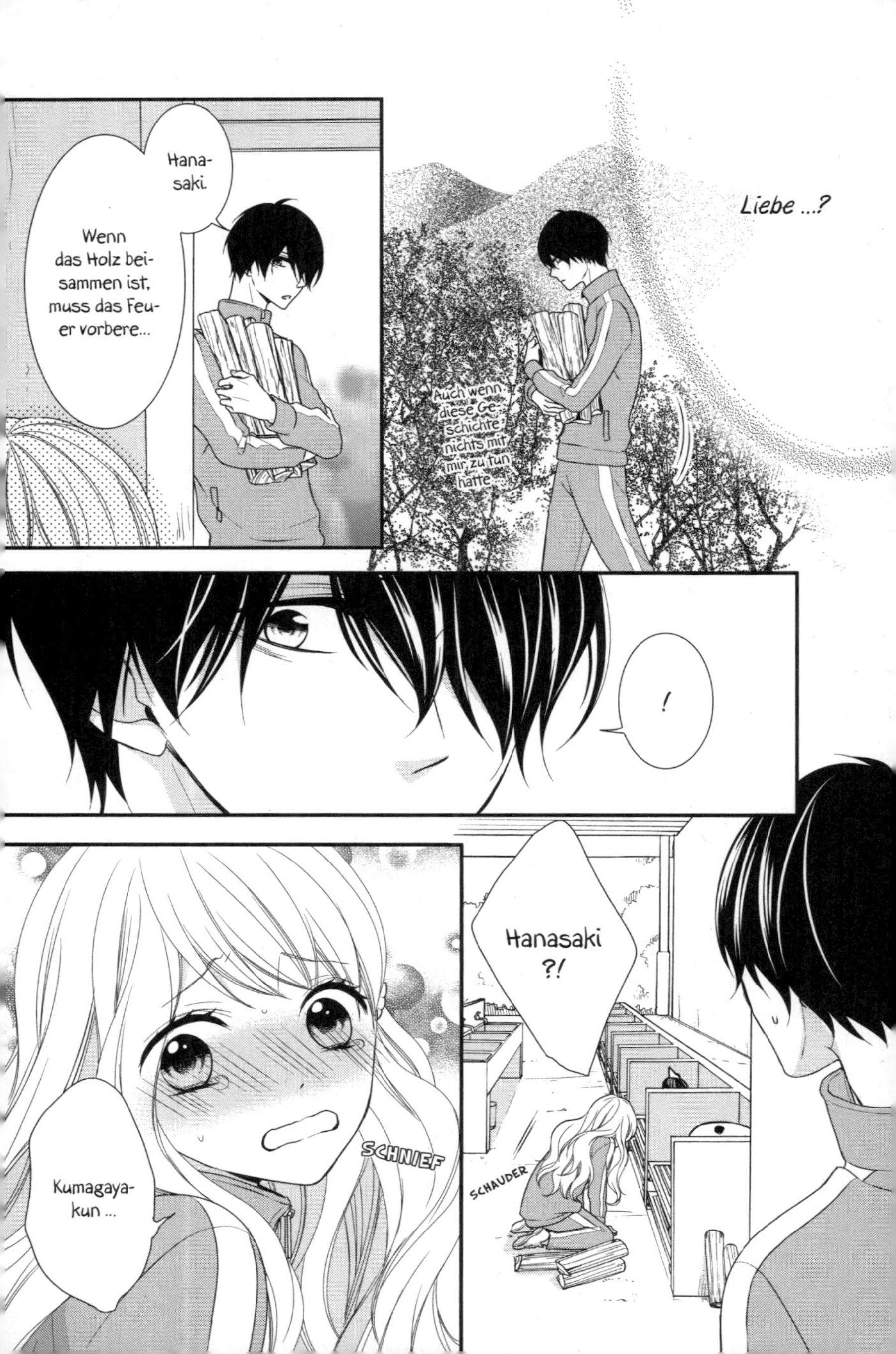

Liebe ...?
Auch wenn diese Geschichte nichts mit mir zu tun hatte
Hanasaki.
Wenn das Holz beisammen ist, muss das Feuer vorbere...
!
Hanasaki ?!
SCHAUDER
SCHNIEF
Kumagaya-kun ...

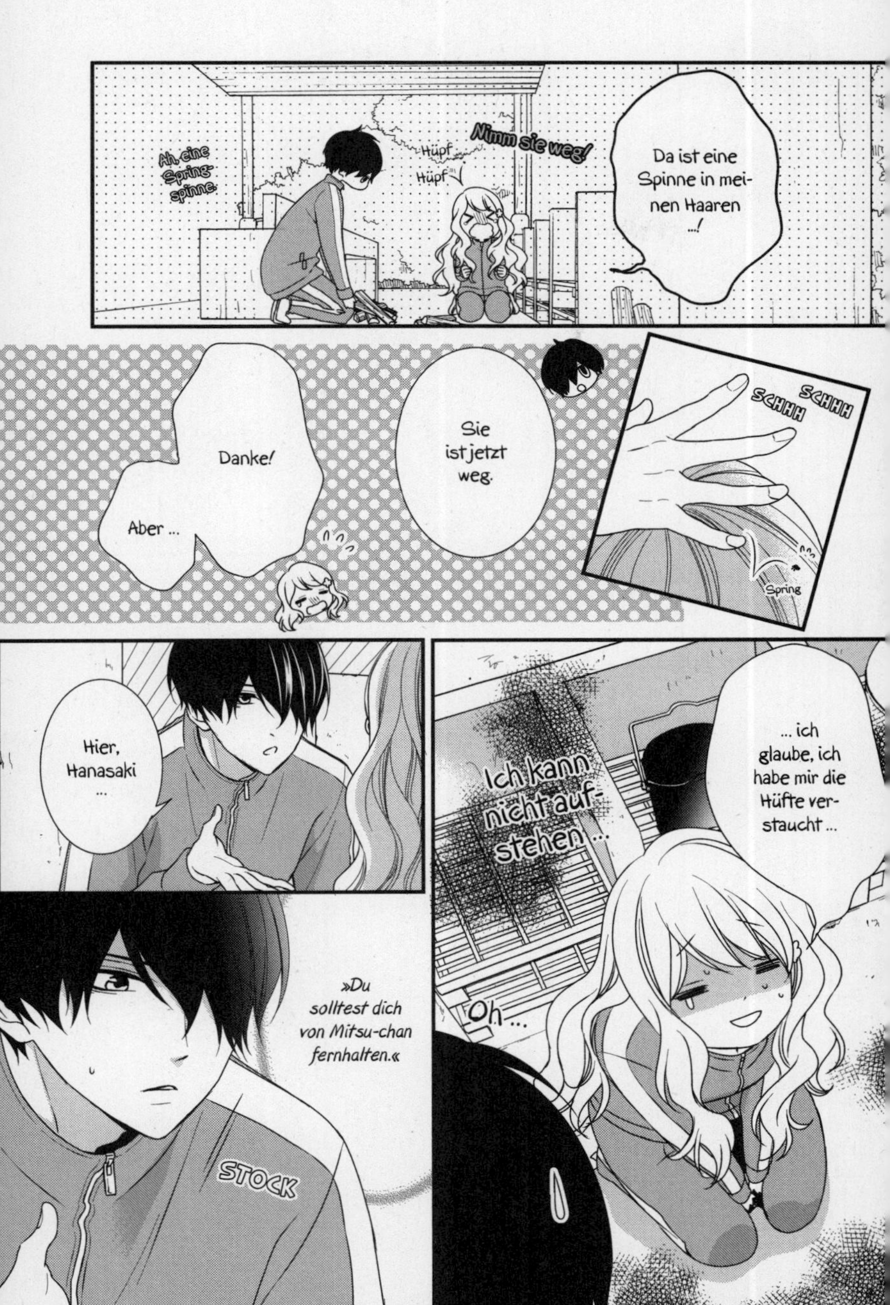

Da ist eine Spinne in meinen Haaren ...!
Nimm sie weg!
Hüpf
Hüpf
Ah, eine Springspinne.
SCHHH
SCHHH
Spring
Sie ist jetzt weg.
Danke!
Aber ...
... ich glaube, ich habe mir die Hüfte verstaucht ...
Ich kann nicht aufstehen ...
Oh ...
Hier, Hanasaki ...
»Du solltest dich von Mitsu-chan fernhalten.«
STOCK

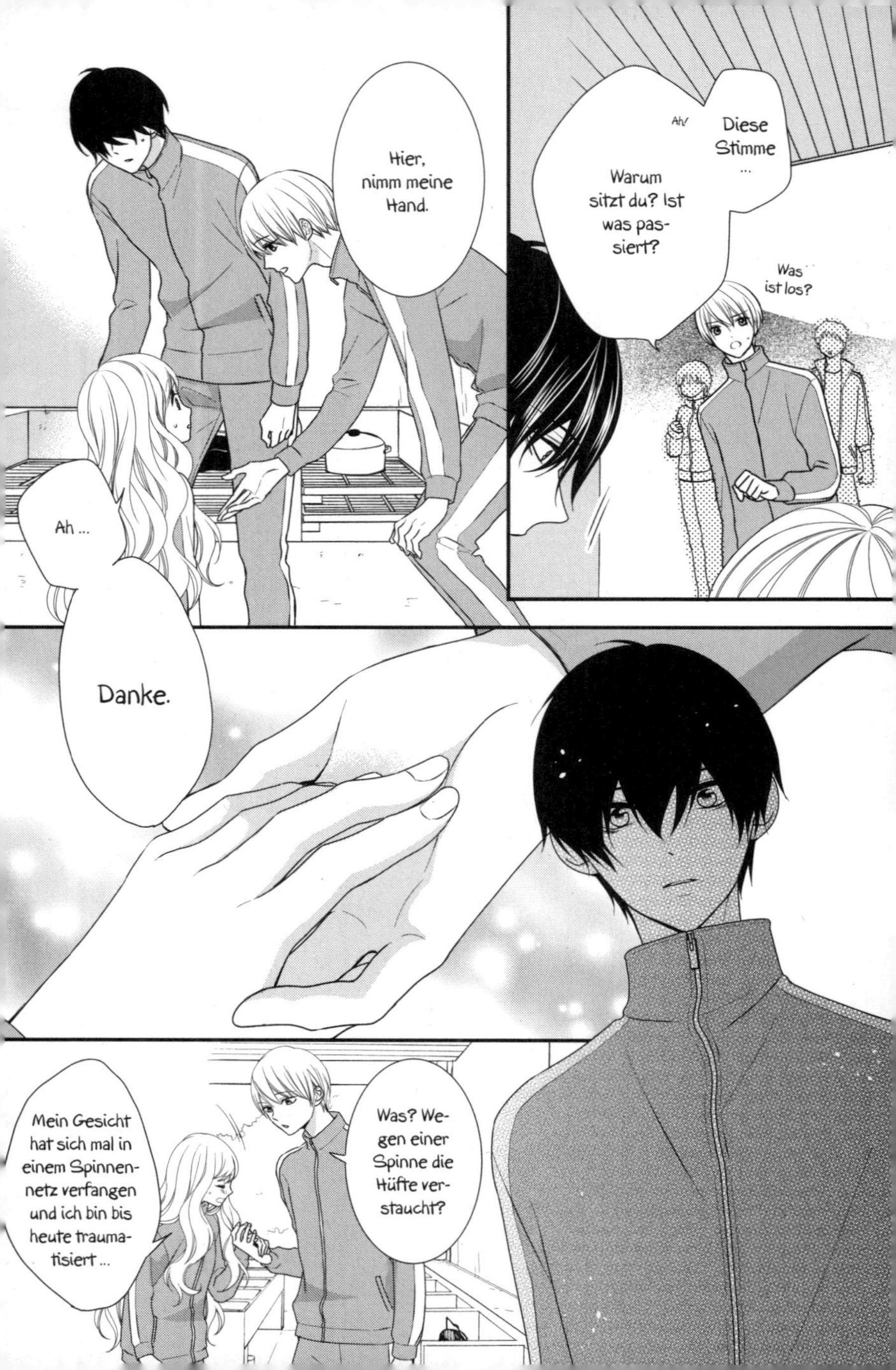

Diese Stimme ...
Ah!
Warum sitzt du? Ist was passiert?
Was ist los?
Hier, nimm meine Hand.
Ah ...
Danke.
Was? Wegen einer Spinne die Hüfte verstaucht?
Mein Gesicht hat sich mal in einem Spinnennetz verfangen und ich bin bis heute traumatisiert ...

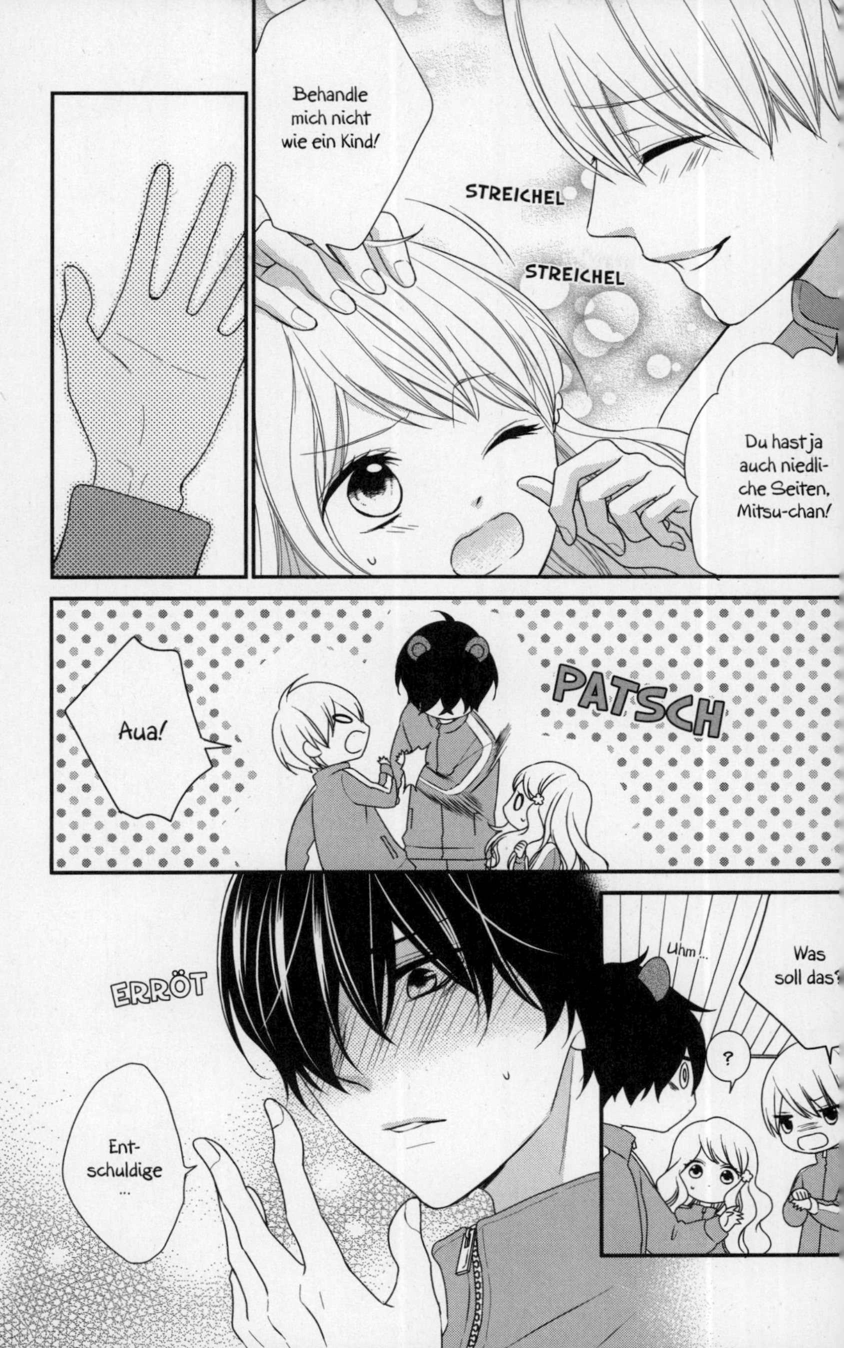
Du hast ja auch niedliche Seiten, Mitsu-chan!
STREICHEL
STREICHEL
Behandle mich nicht wie ein Kind!
PATSCH
Aua!
Was soll das?
Uhm ...
?
ERRÖT
Entschuldige ...

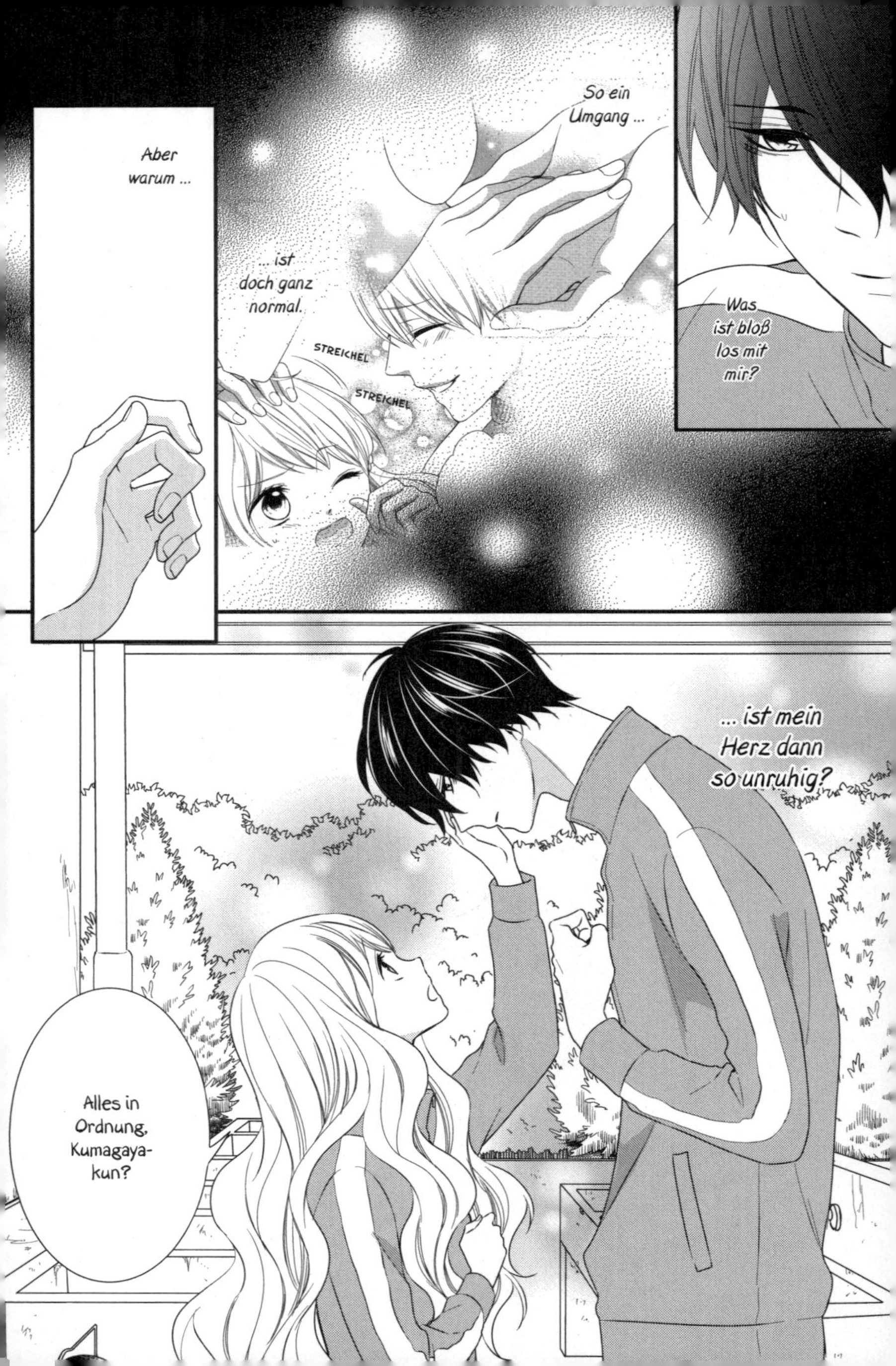
Was ist bloß los mit mir?
So ein Umgang ...
... ist doch ganz normal.
STREICHEL
STREICHEL
Aber warum ...
... ist mein Herz dann so unruhig?
Alles in Ordnung, Kumagaya-kun?

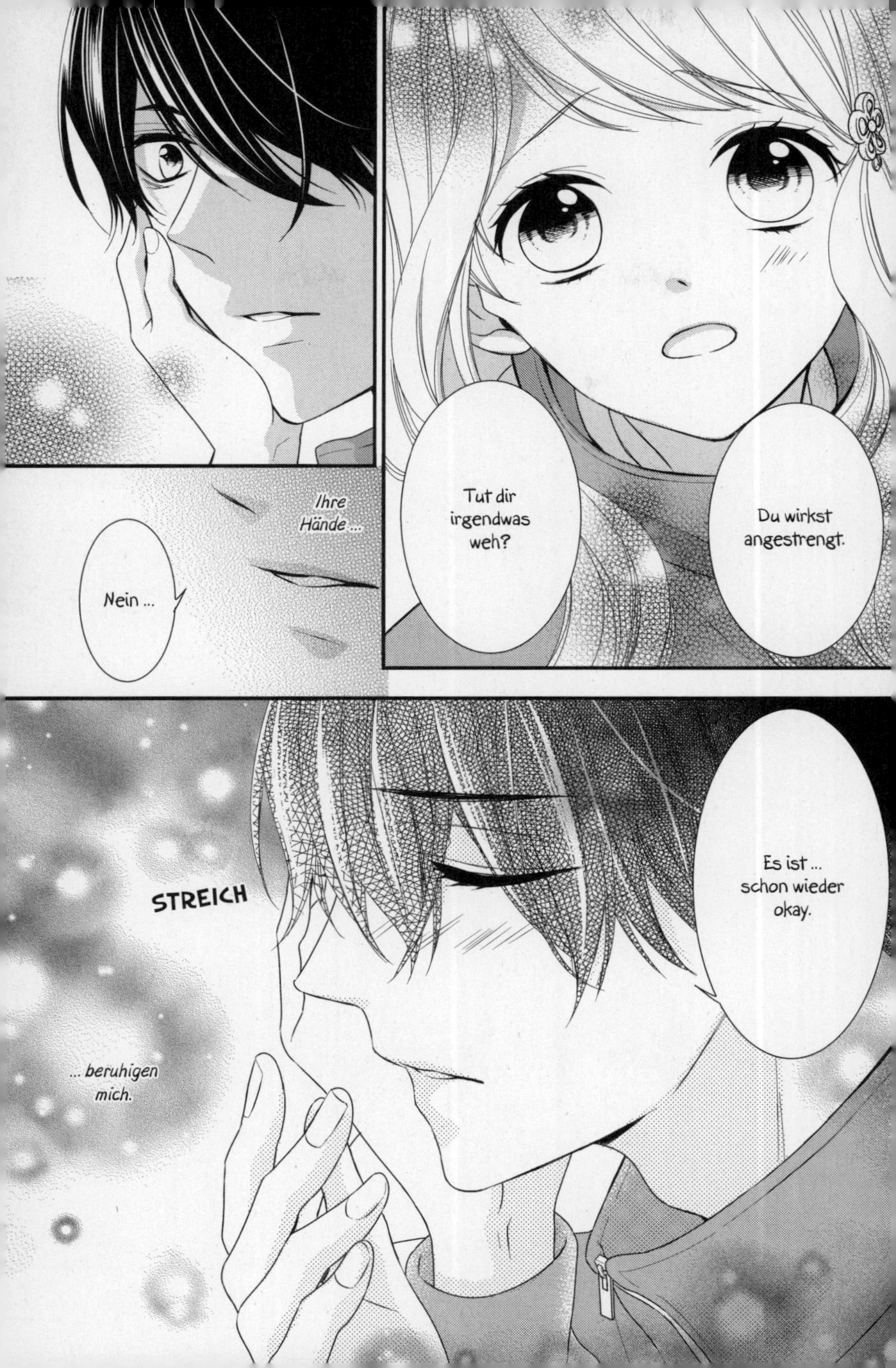

Du wirkst angestrengt.

Tut dir irgendwas weh?

Ihre Hände ...

Nein ...

Es ist ... schon wieder okay.

STREICH

... beruhigen mich.

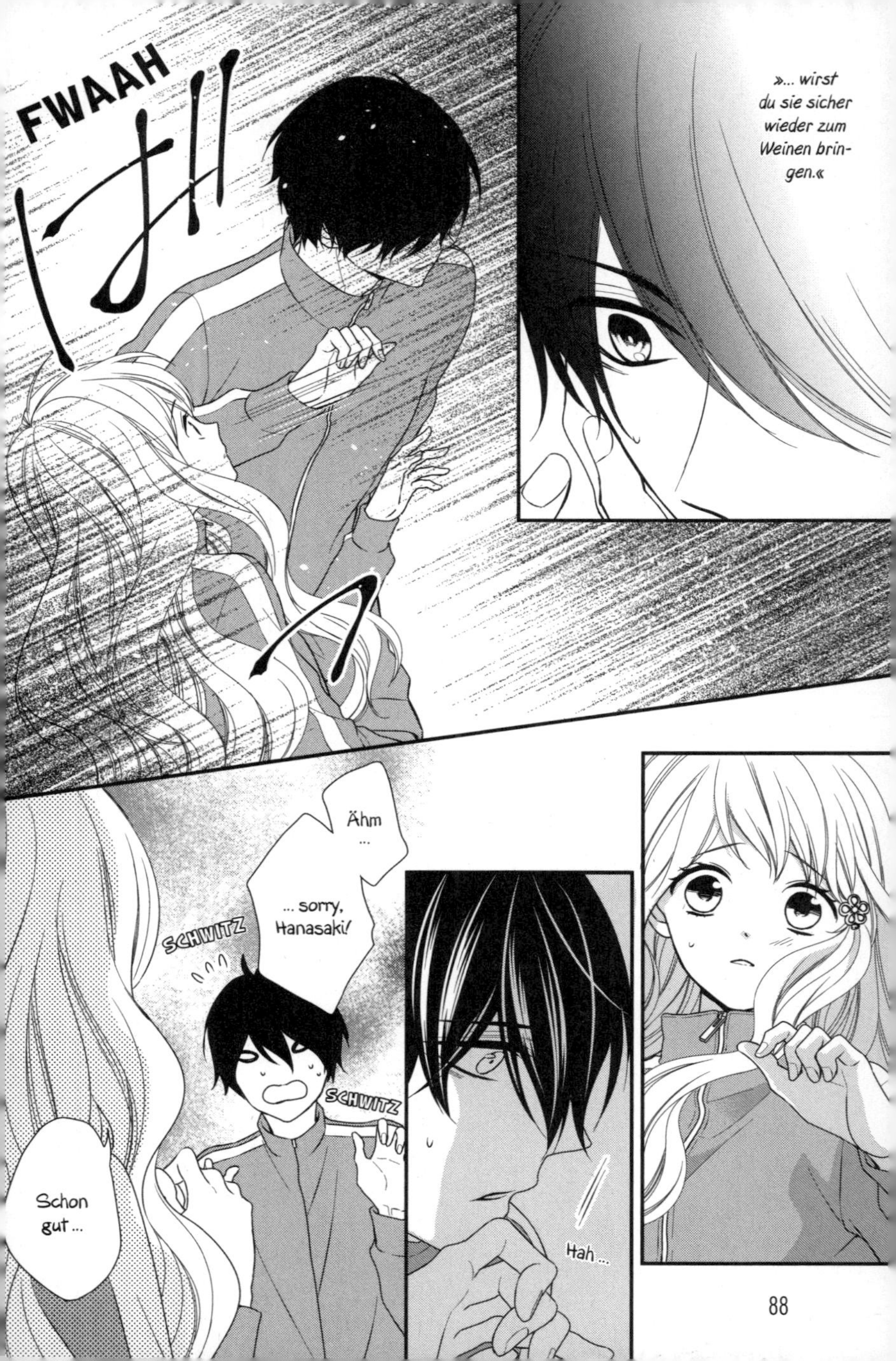
FWAAH
»... wirst du sie sicher wieder zum Weinen bringen.«
Ähm ...
... sorry, Hanasaki!
SCHWITZ
SCHWITZ
Schon gut ...
Hah ...

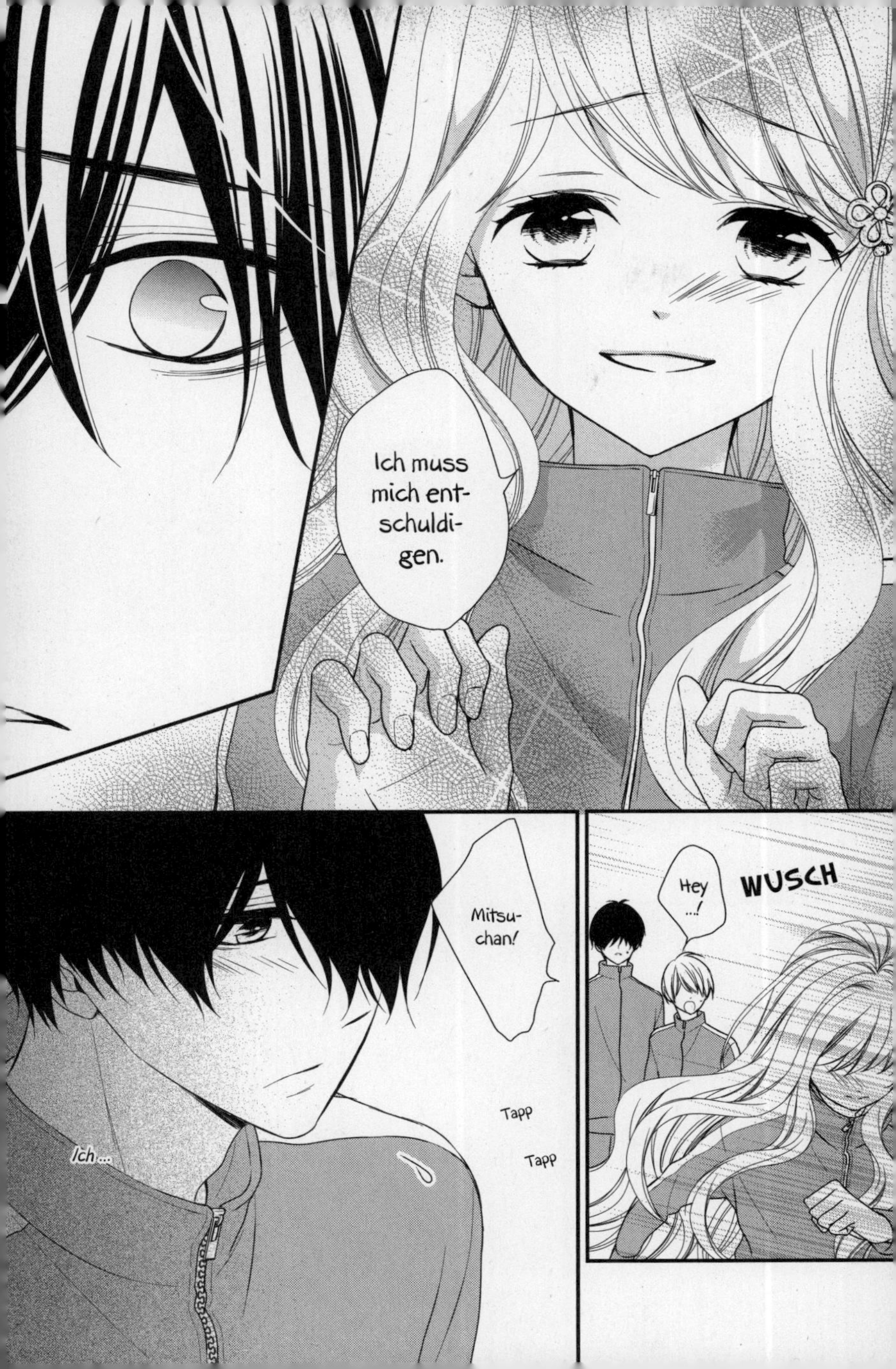
Ich muss mich ent-schuldi-gen.
WUSCH
Hey ...!
Mitsu-chan!
Tapp
Tapp
Ich ...

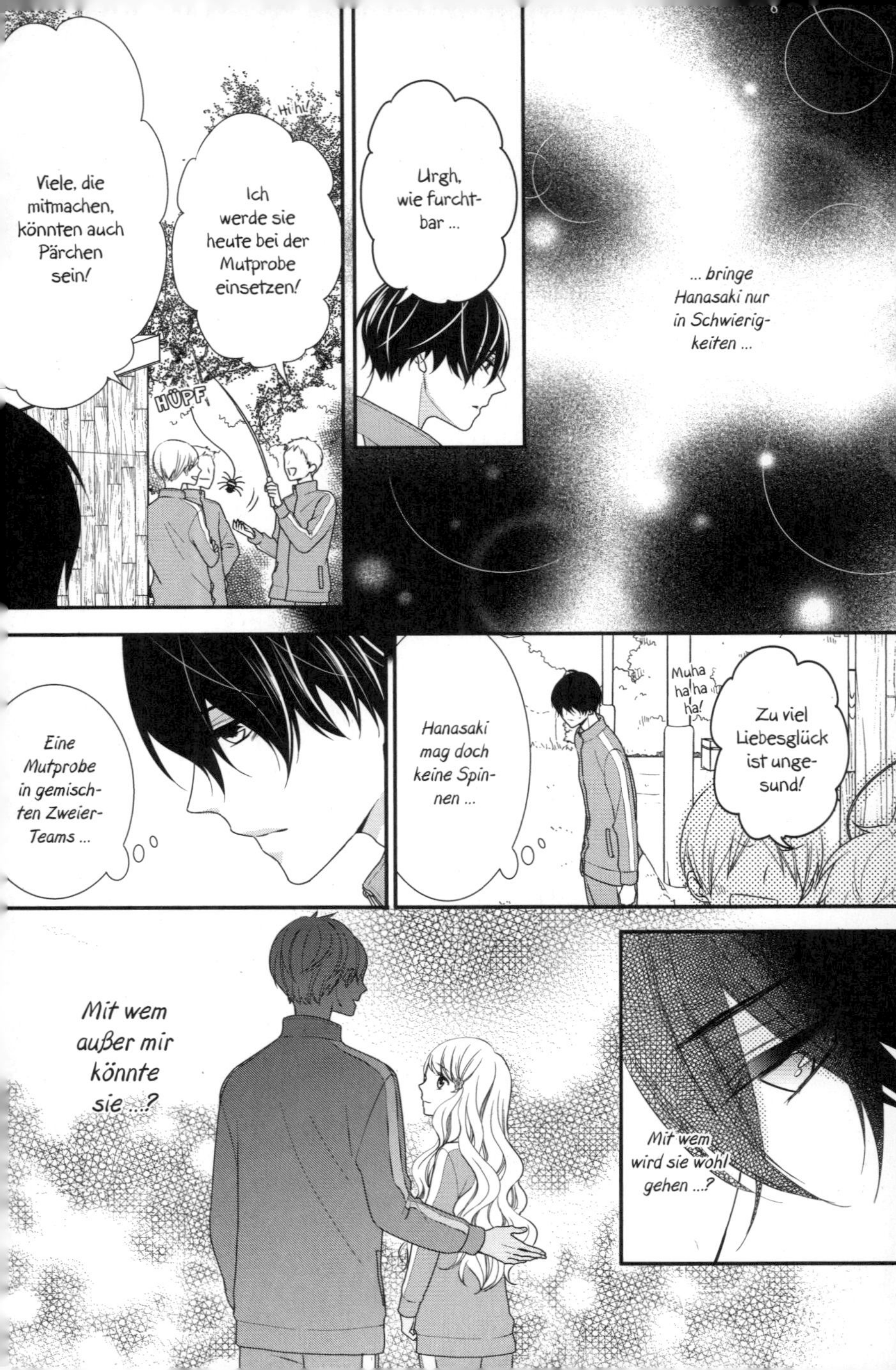
... bringe Hanasaki nur in Schwierigkeiten ...
Urgh, wie furchtbar ...
Hi hi!
Ich werde sie heute bei der Mutprobe einsetzen!
HÜPF
Viele, die mitmachen, könnten auch Pärchen sein!
Muha ha ha ha!
Zu viel Liebesglück ist ungesund!
Hanasaki mag doch keine Spinnen ...
Eine Mutprobe in gemischten Zweier-Teams ...
Mit wem wird sie wohl gehen ...?
Mit wem außer mir könnte sie ...?

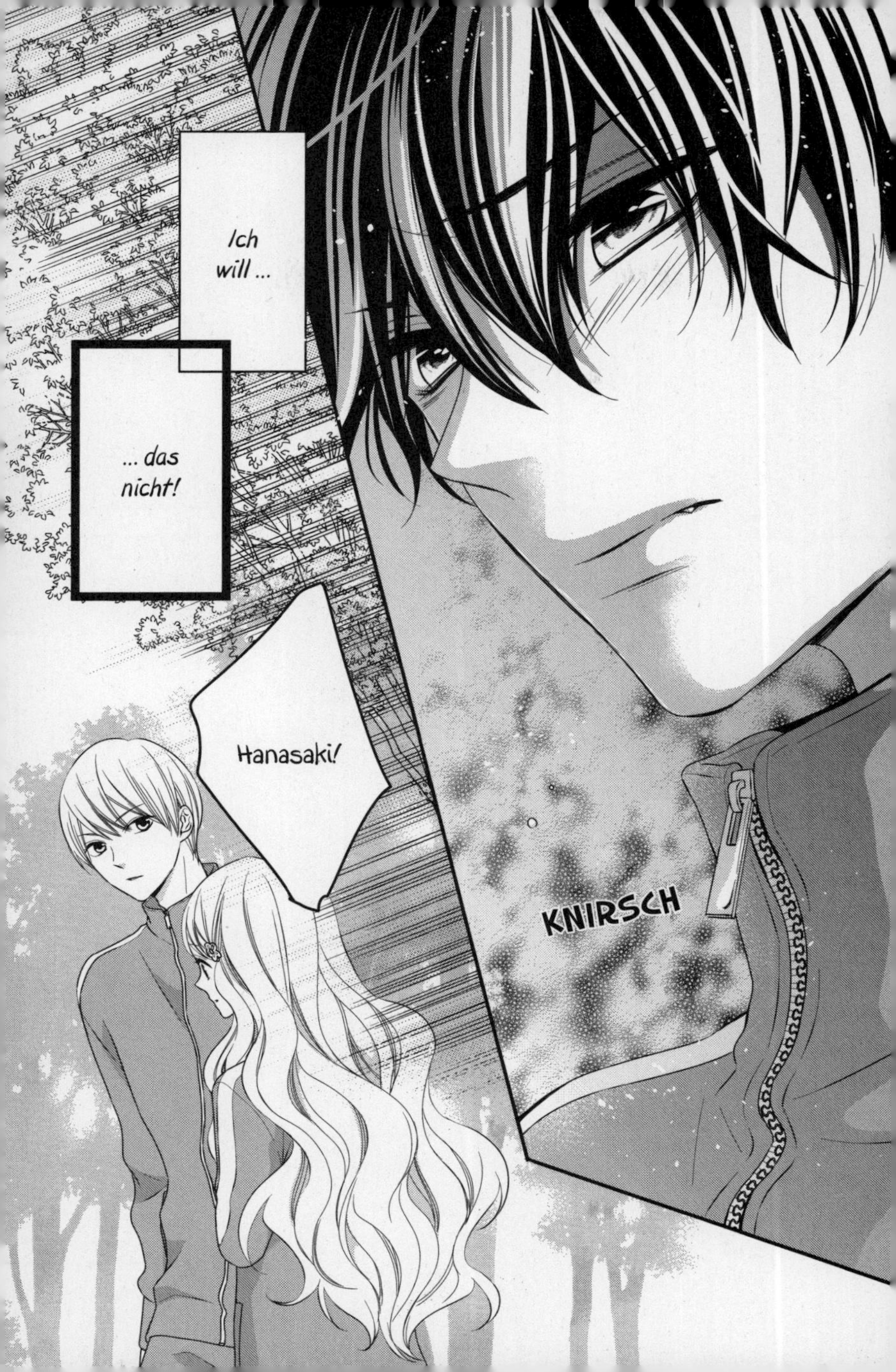
Ich will ...
... das nicht!
Hanasaki!
KNIRSCH

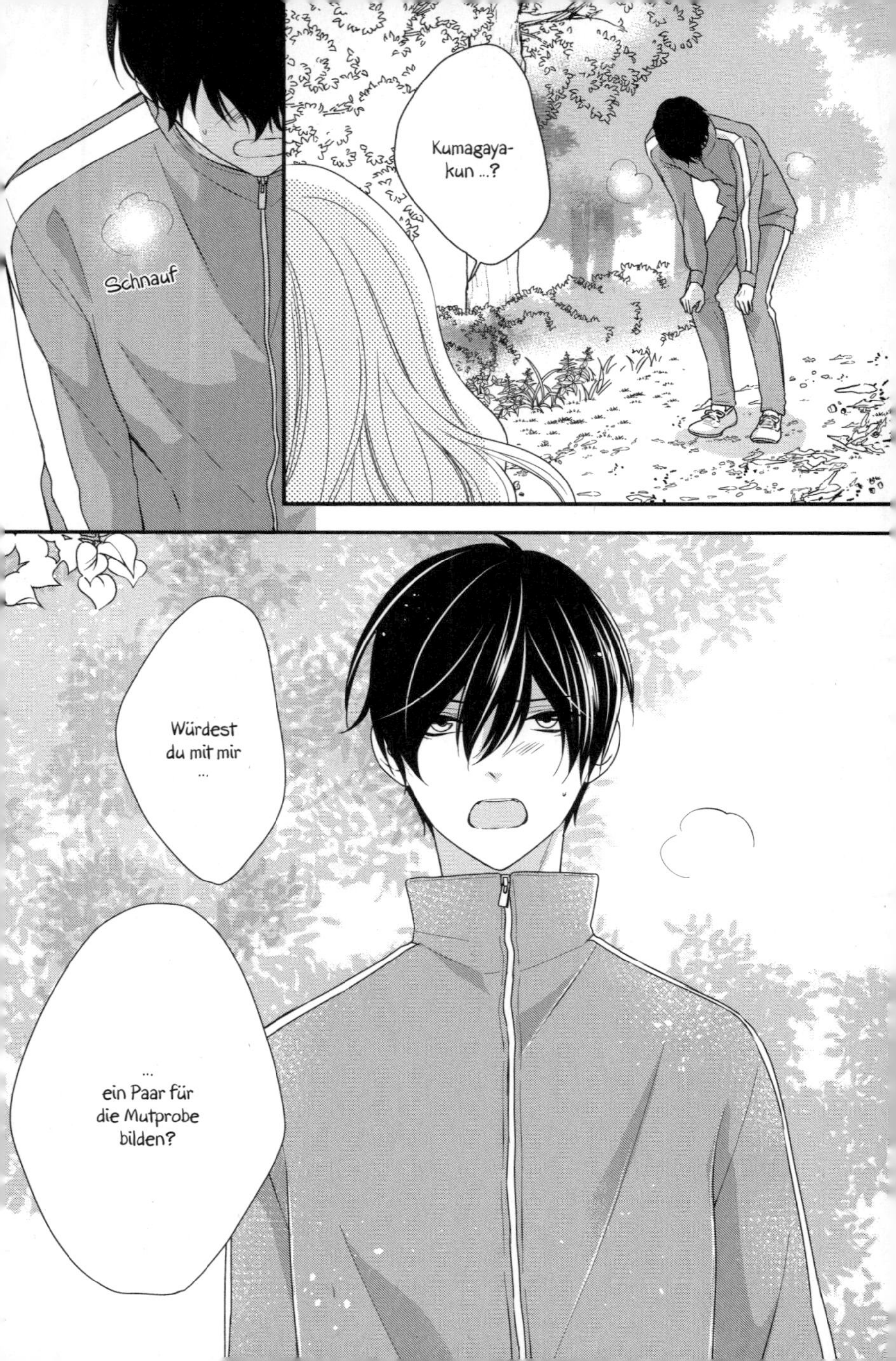
Kumagaya-kun …?
Schnauf
Würdest du mit mir …
… ein Paar für die Mutprobe bilden?

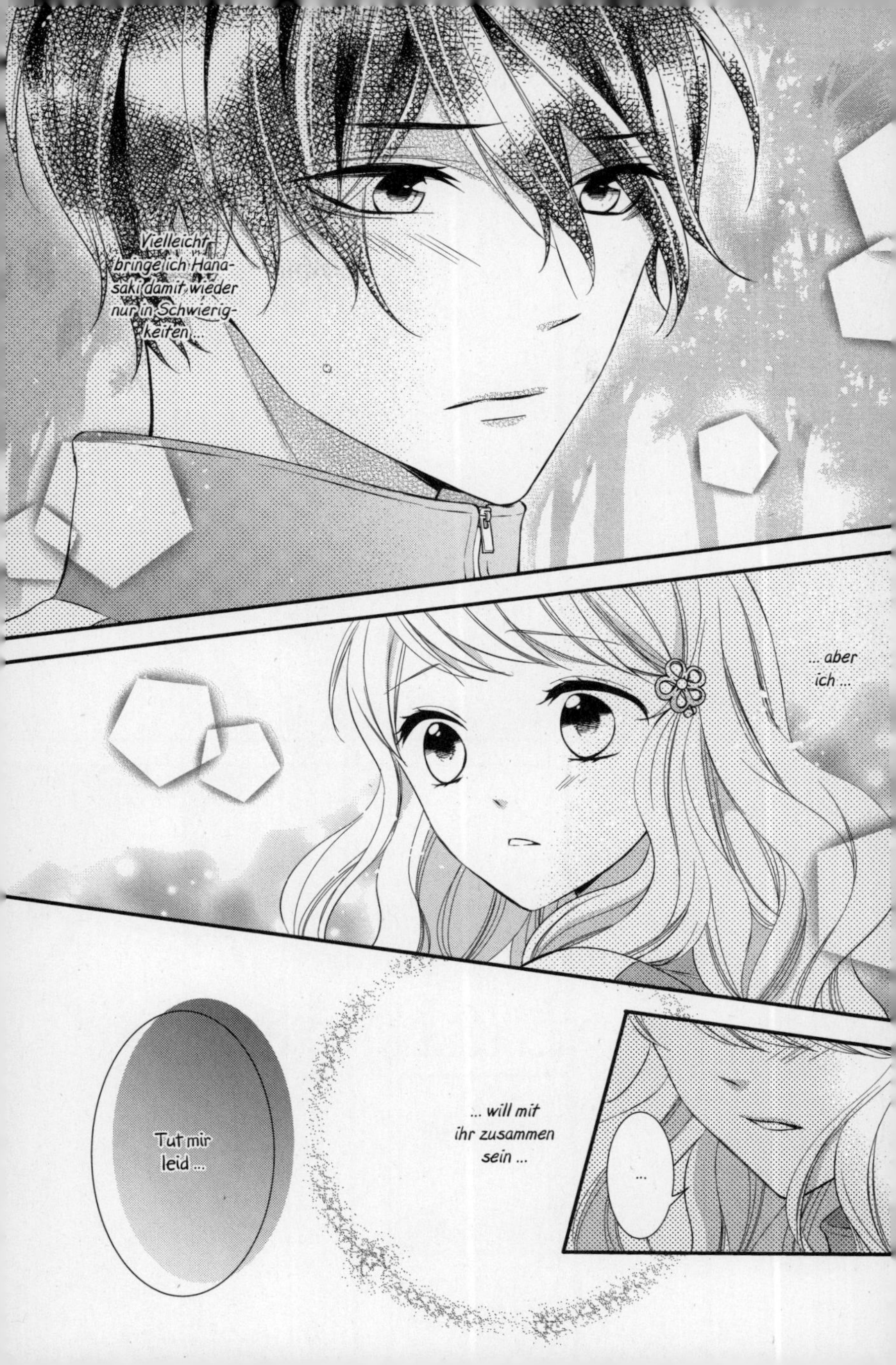

Vielleicht bringe ich Hanasaki damit wieder nur in Schwierigkeiten ...
... aber ich ...
... will mit ihr zusammen sein ...
...
Tut mir leid ...

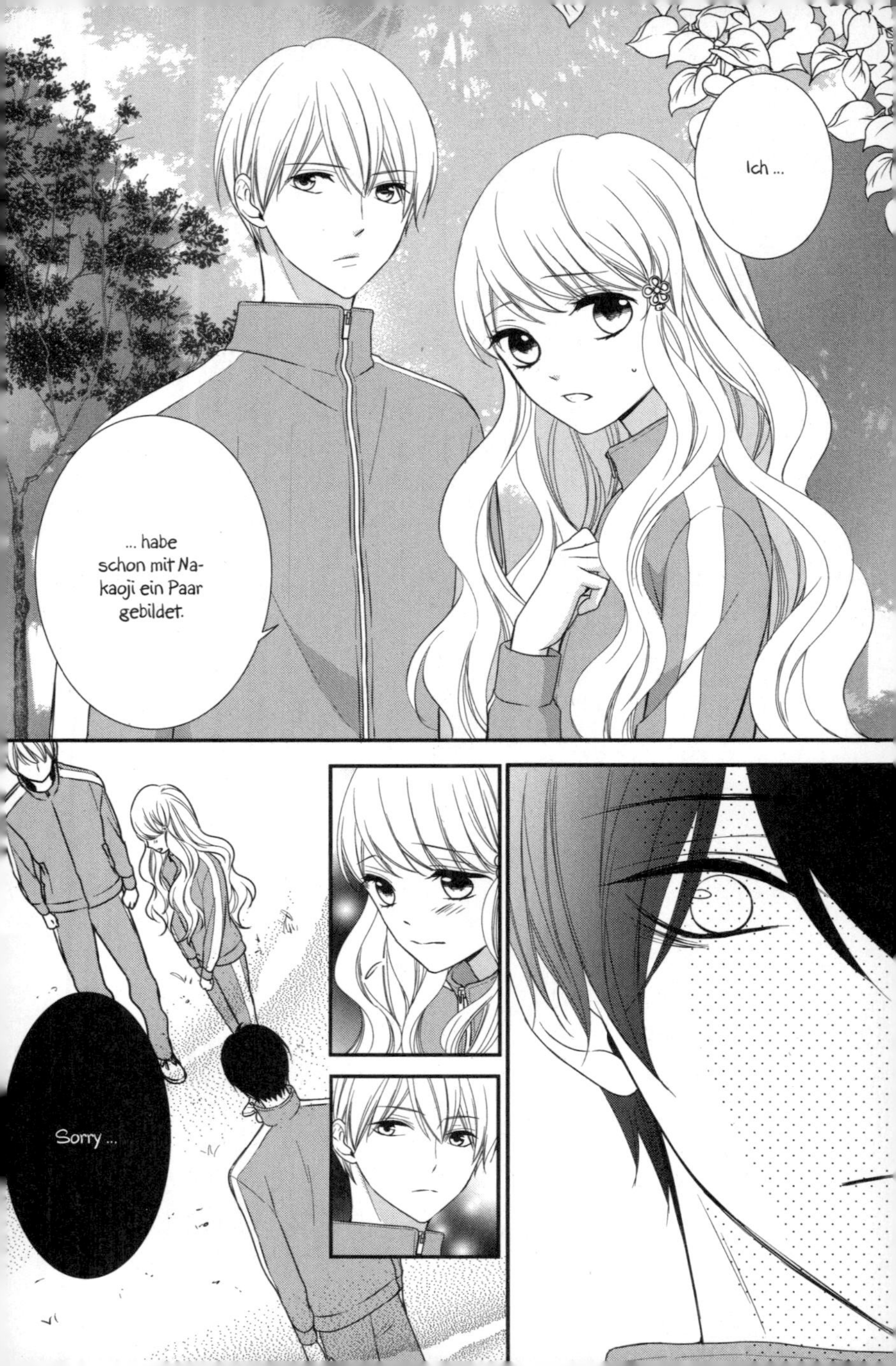
Ich ...
... habe schon mit Nakaoji ein Paar gebildet.
Sorry ...

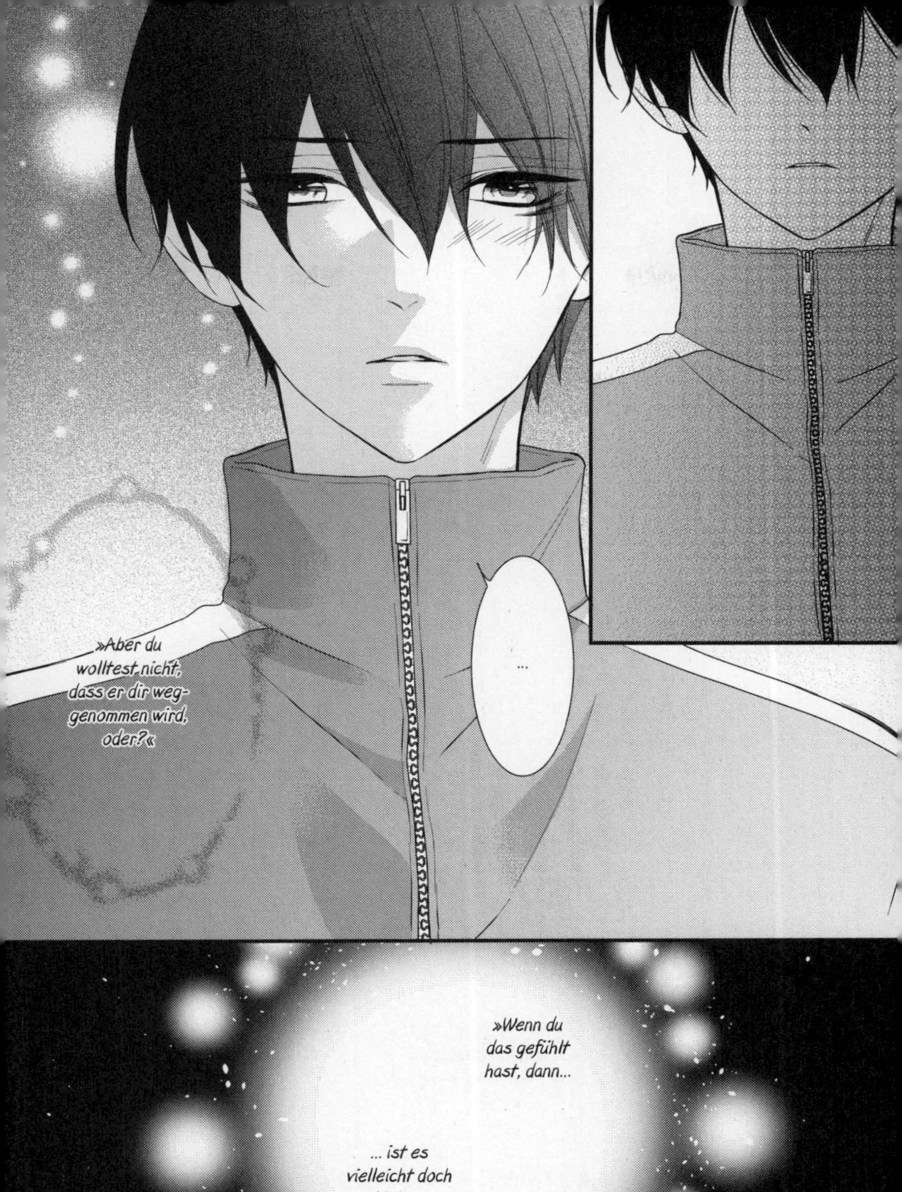
...
»Aber du wolltest nicht, dass er dir weggenommen wird, oder?«
»Wenn du das gefühlt hast, dann...
... ist es vielleicht doch Liebe.«

Grober, ursprünglicher Charakterentwurf

Mitsu Hanasaki (1. Jahr Oberstufe)

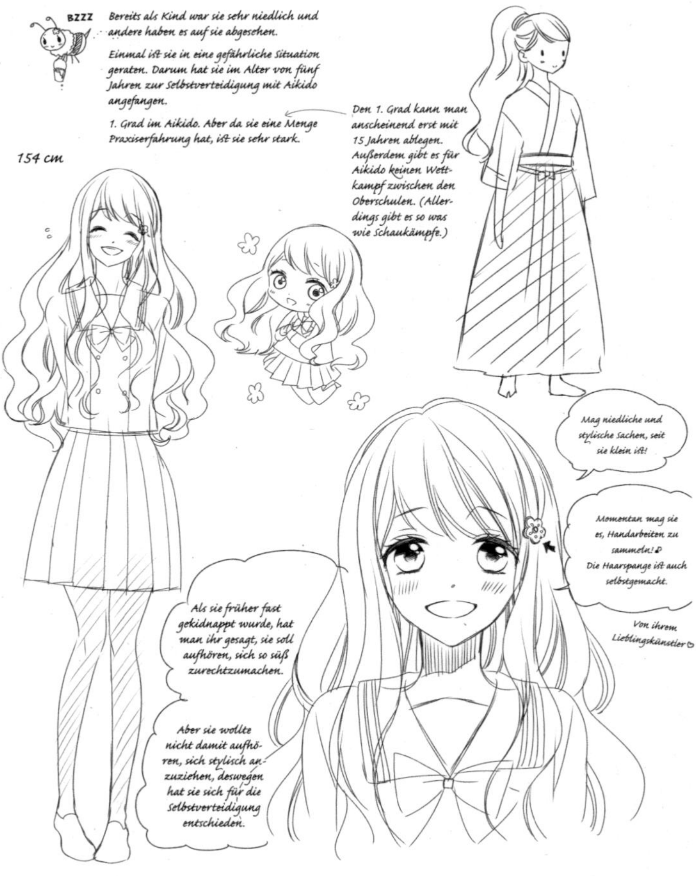

Auch wenn sich ihre Größe und die Klassenstufe verändert haben, hat sich Mitsu selbst nicht verändert.

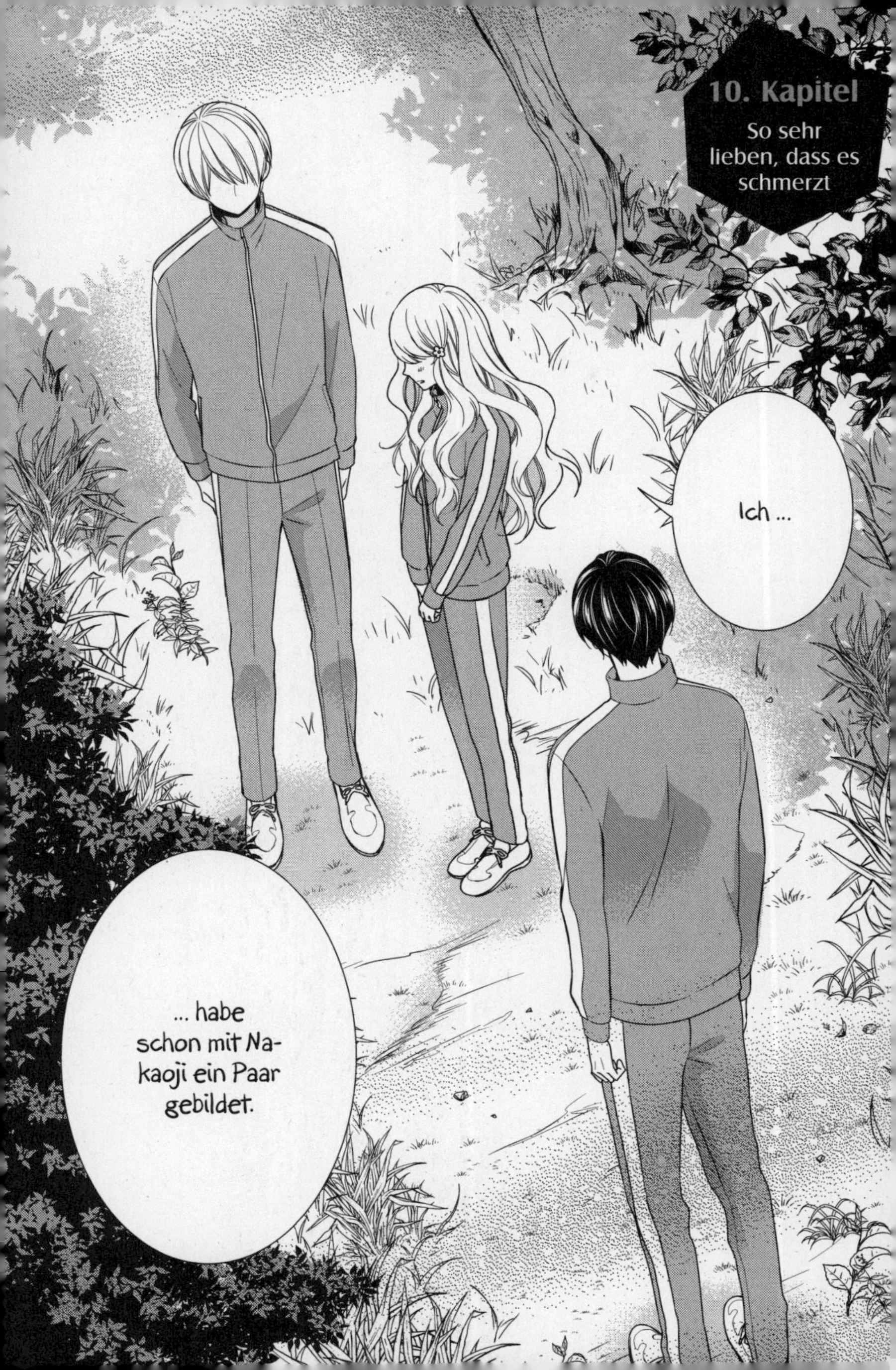
10. Kapitel
So sehr lieben, dass es schmerzt
Ich …
… habe schon mit Nakaoji ein Paar gebildet.

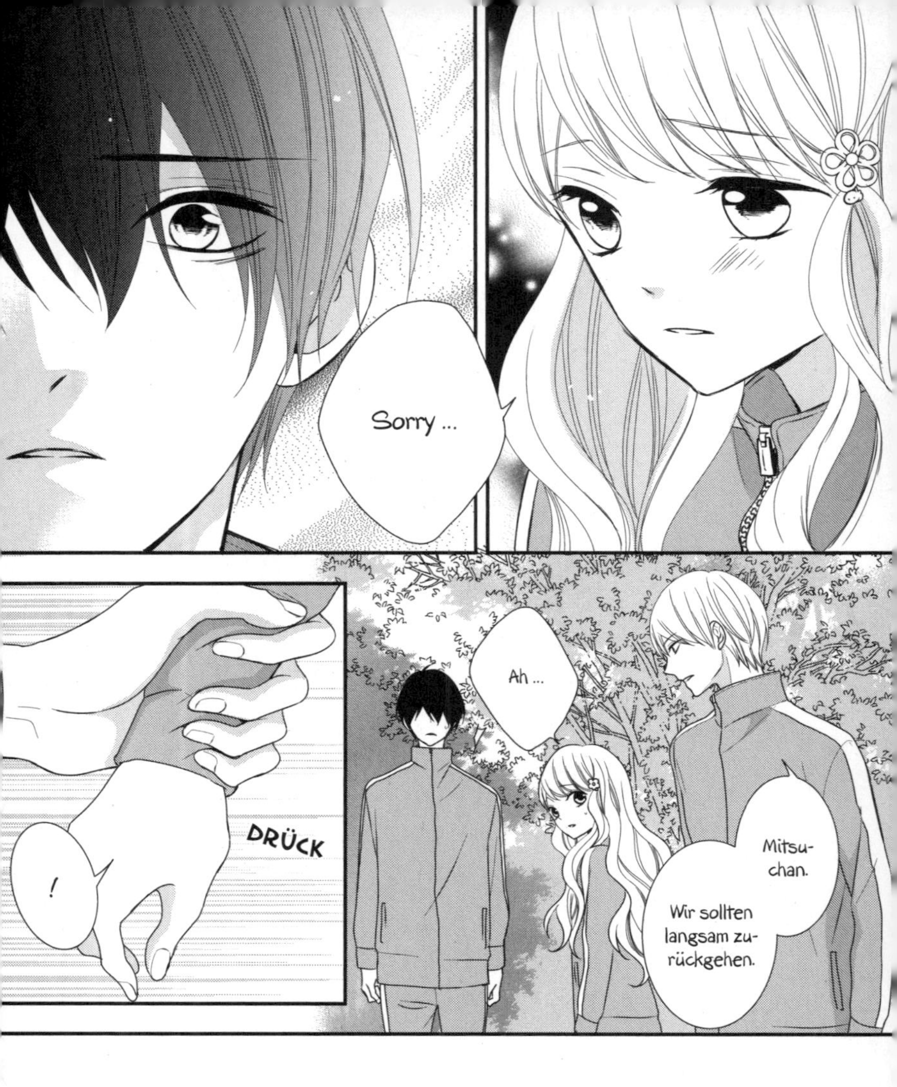

Honey come Honey

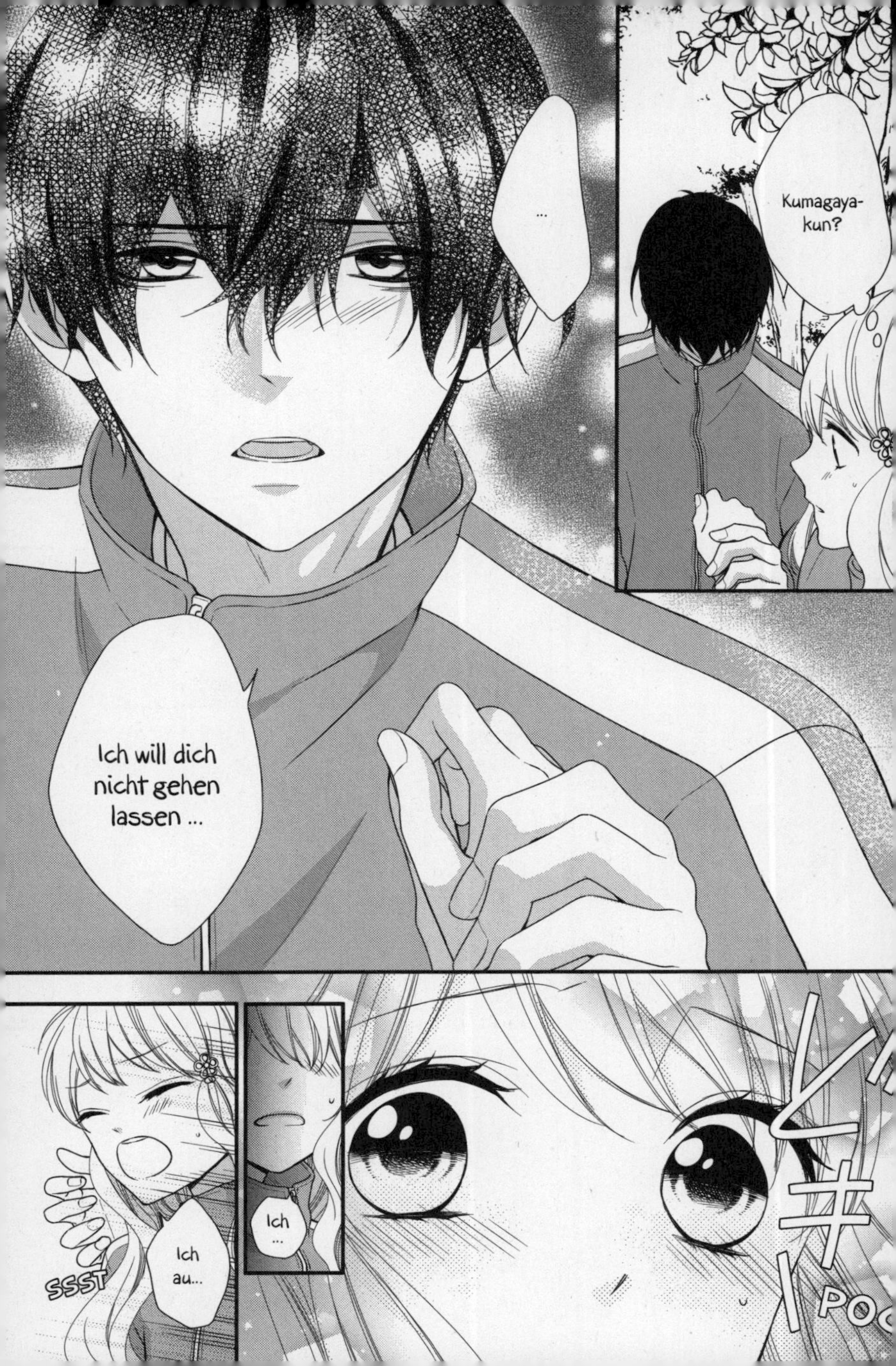
Kumagaya-
kun?
...
Ich will dich
nicht gehen
lassen ...
POC
Ich
...
Ich
au...
SSST

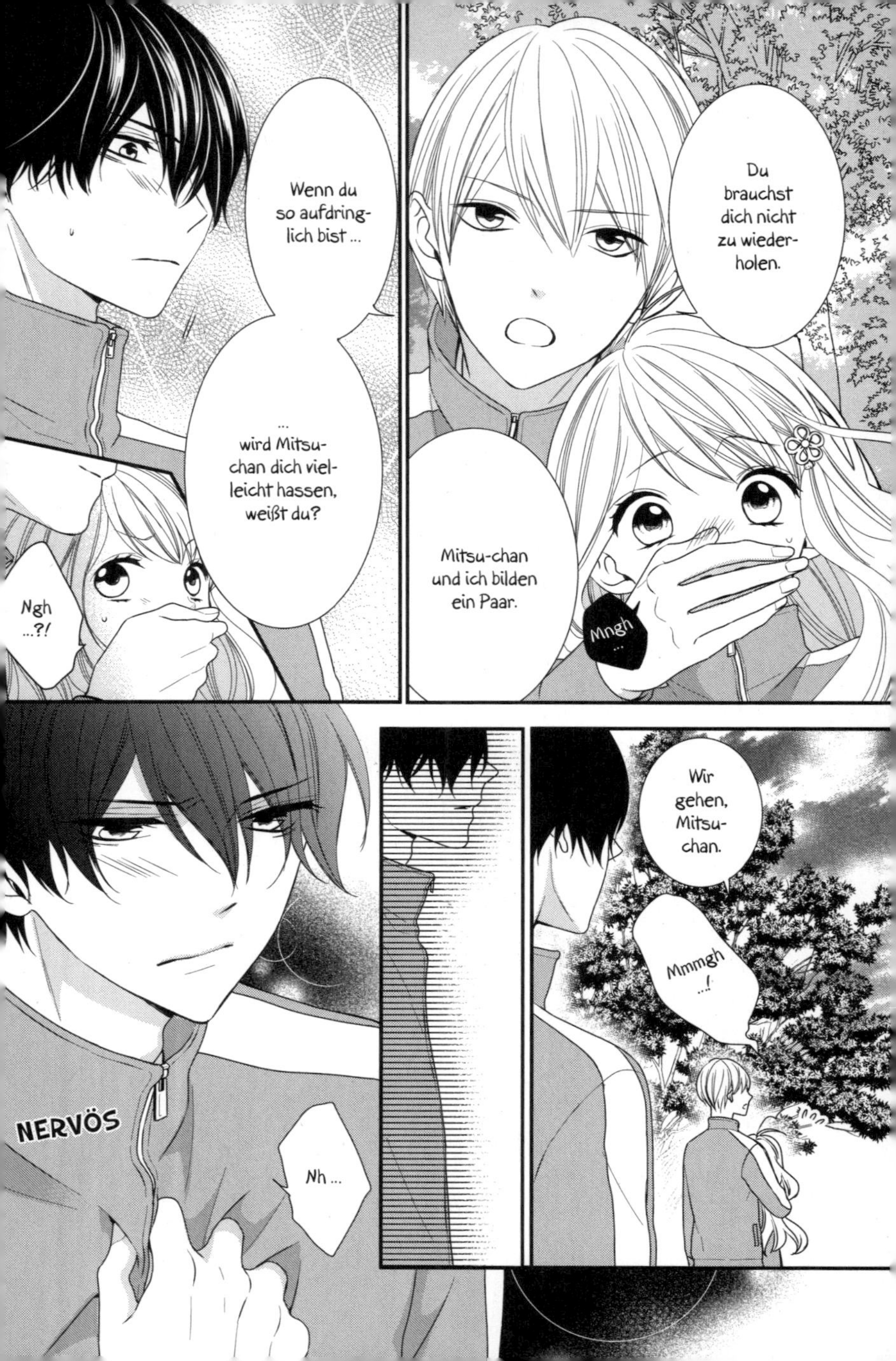
Du brauchst dich nicht zu wiederholen.
Mitsu-chan und ich bilden ein Paar.
Mngh …
Wenn du so aufdringlich bist …
… wird Mitsu-chan dich vielleicht hassen, weißt du?
Ngh …?!
Wir gehen, Mitsu-chan.
Mmmgh …!
NERVÖS
Nh …

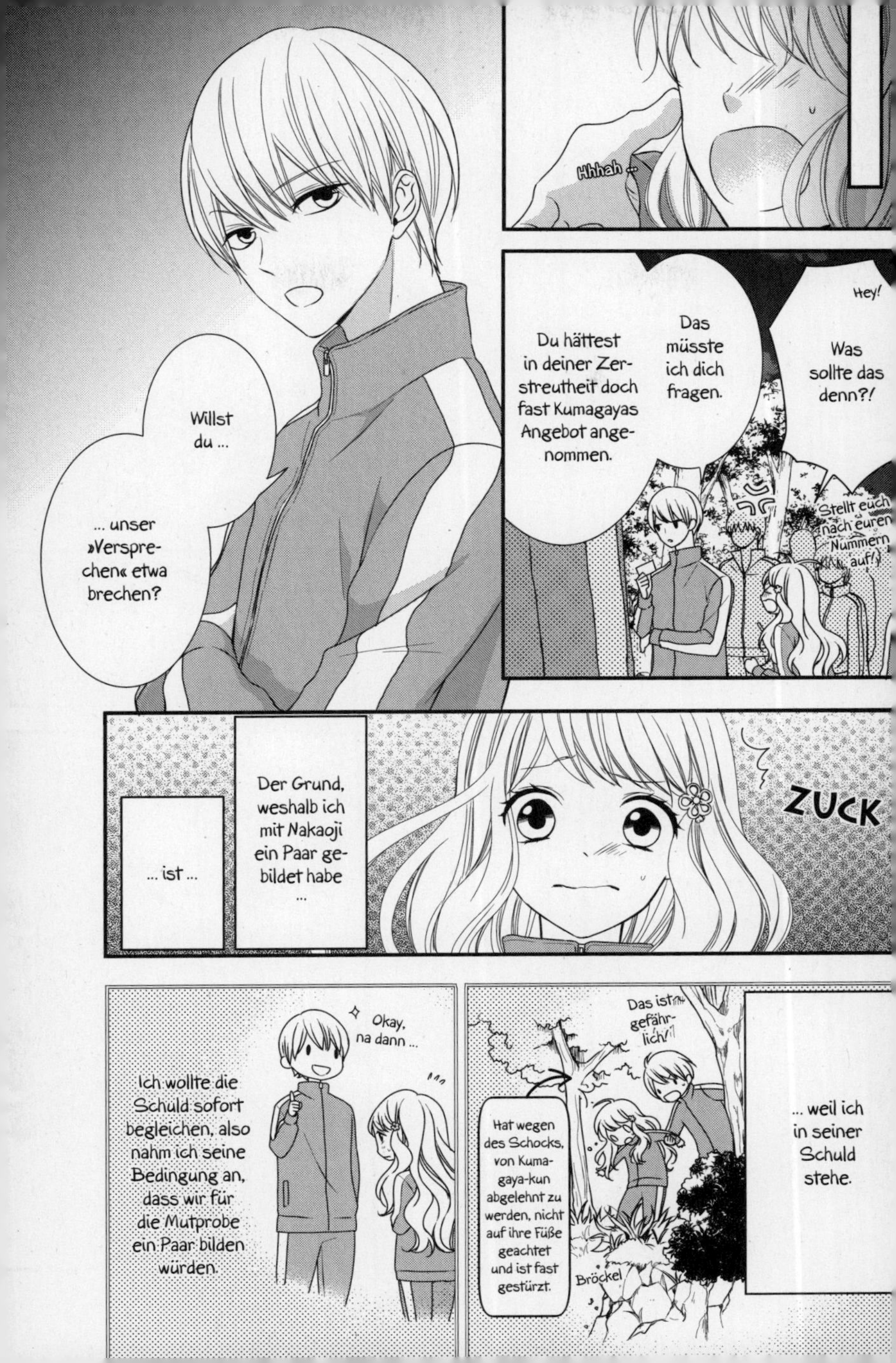

Hhhah ...

Hey!

Was sollte das denn?!

Stellt euch nach euren Nummern auf!

Das müsste ich dich fragen.

Du hättest in deiner Zerstreutheit doch fast Kumagayas Angebot angenommen.

Willst du ...

... unser »Versprechen« etwa brechen?

ZUCK

Der Grund, weshalb ich mit Nakaoji ein Paar gebildet habe ...

... ist ...

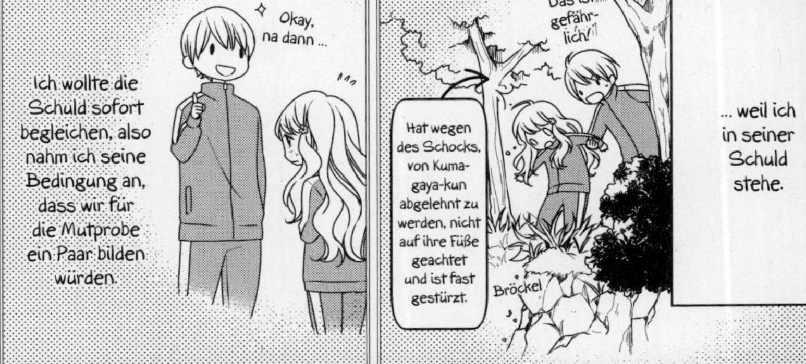

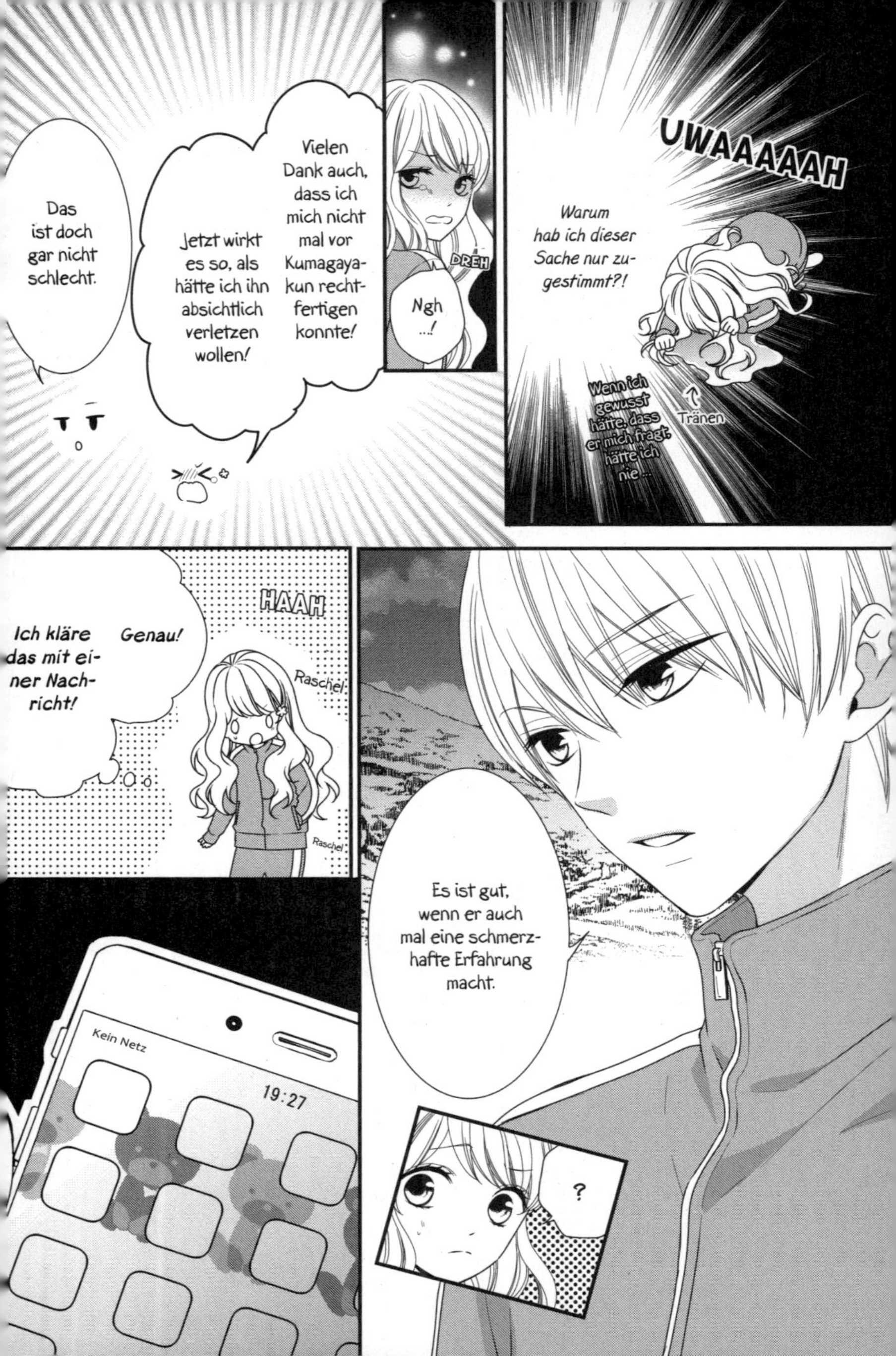
UWAAAAAAH
Warum hab ich dieser Sache nur zugestimmt?!
Wenn ich gewusst hätte, dass er mich fragt, hätte ich nie …
Tränen
DREH
Ngh …!
Vielen Dank auch, dass ich mich nicht mal vor Kumagaya-kun rechtfertigen konnte!
Jetzt wirkt es so, als hätte ich ihn absichtlich verletzen wollen!
Das ist doch gar nicht schlecht.
HAAH
Raschel
Raschel
Genau!
Ich kläre das mit einer Nachricht!
Es ist gut, wenn er auch mal eine schmerzhafte Erfahrung macht.
?
Kein Netz
19:27

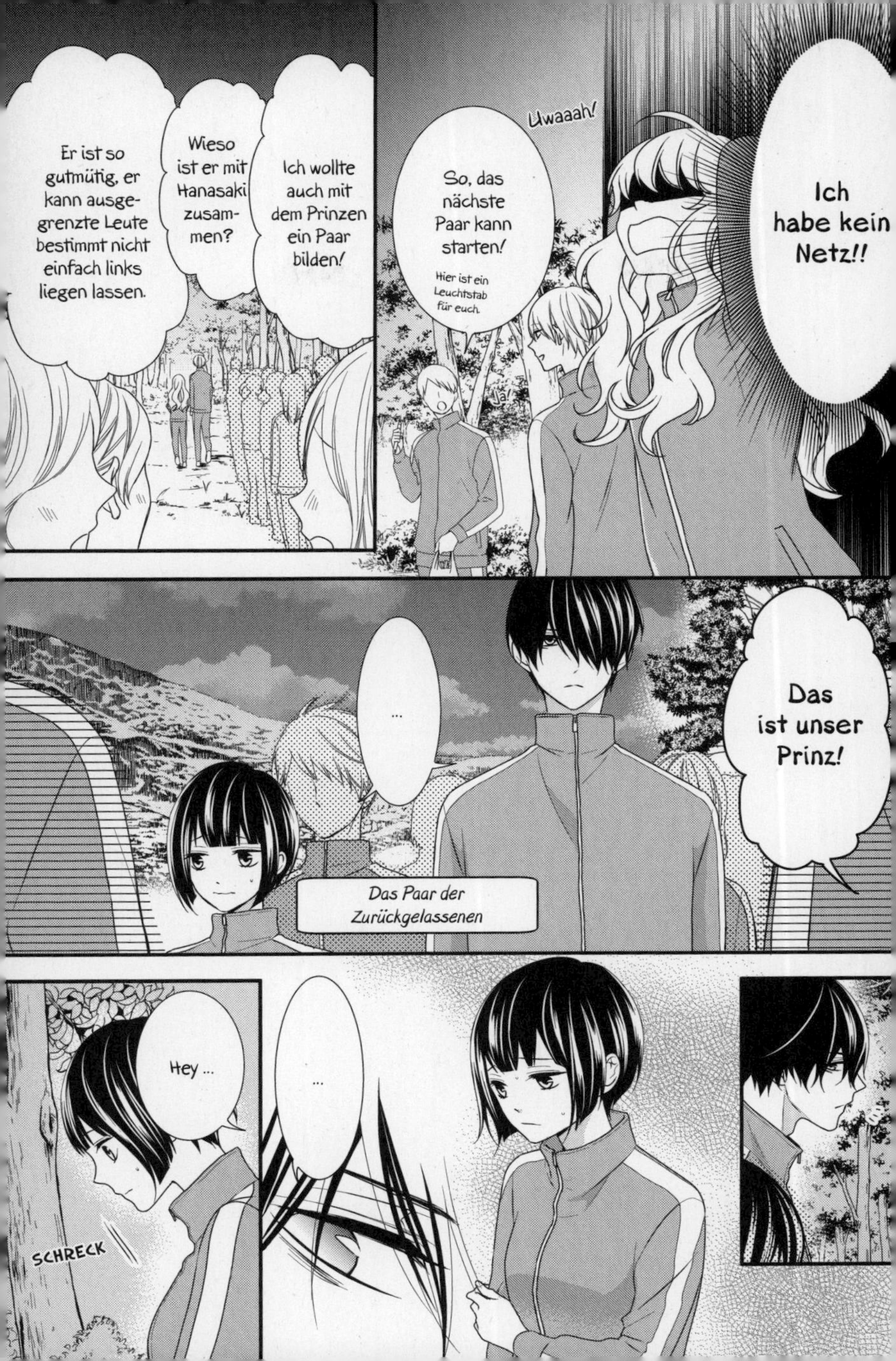
Ich habe kein Netz!!
Uwaaah!
So, das nächste Paar kann starten!
Hier ist ein Leuchtstab für euch.
Ja!
Ich wollte auch mit dem Prinzen ein Paar bilden!
Wieso ist er mit Hanasaki zusammen?
Er ist so gutmütig, er kann ausgegrenzte Leute bestimmt nicht einfach links liegen lassen.
Das ist unser Prinz!
...
Das Paar der Zurückgelassenen
...
Hey ...
SCHRECK

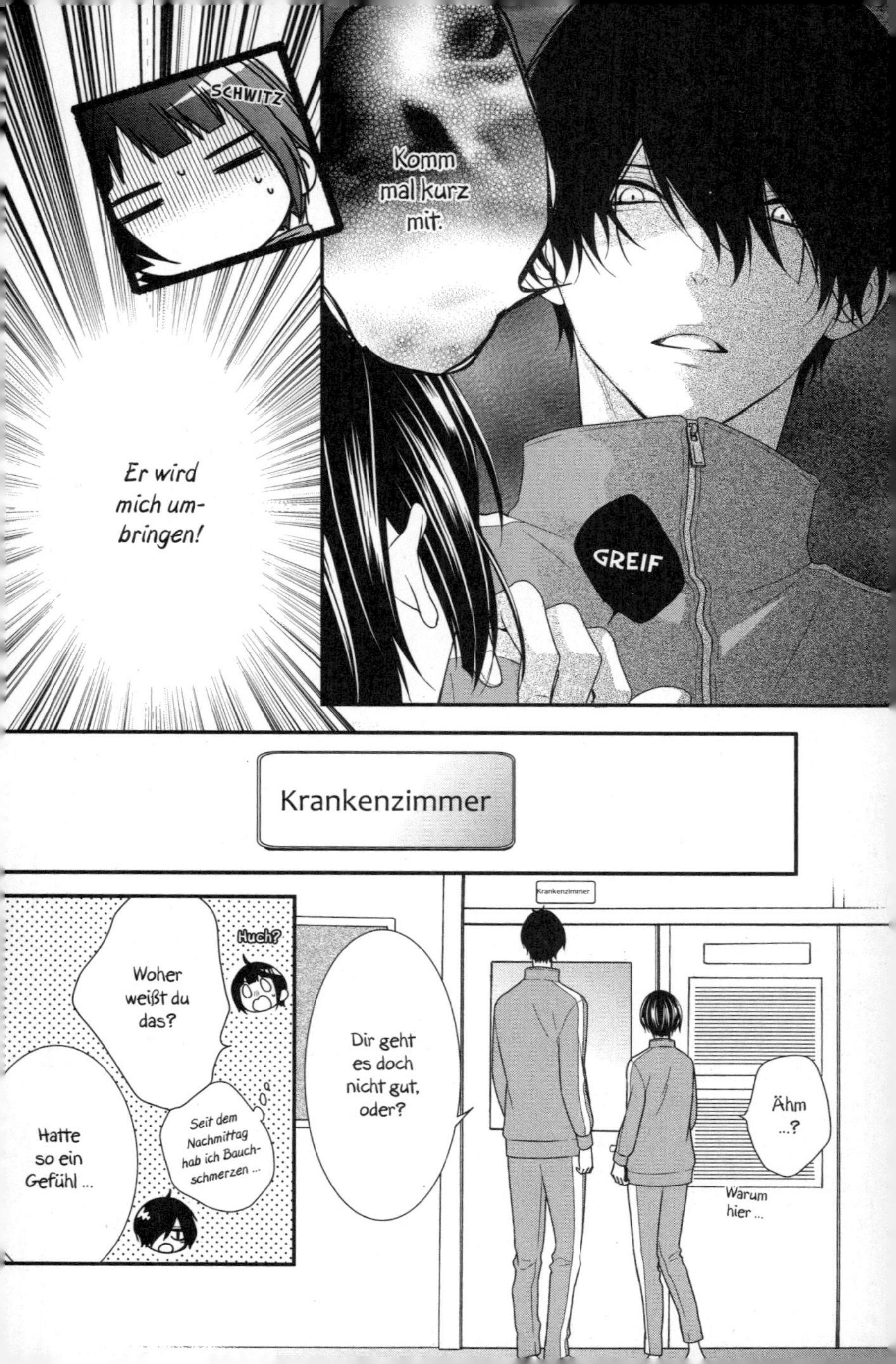

Komm mal kurz mit.

GREIF

SCHWITZ

Er wird mich umbringen!

Krankenzimmer

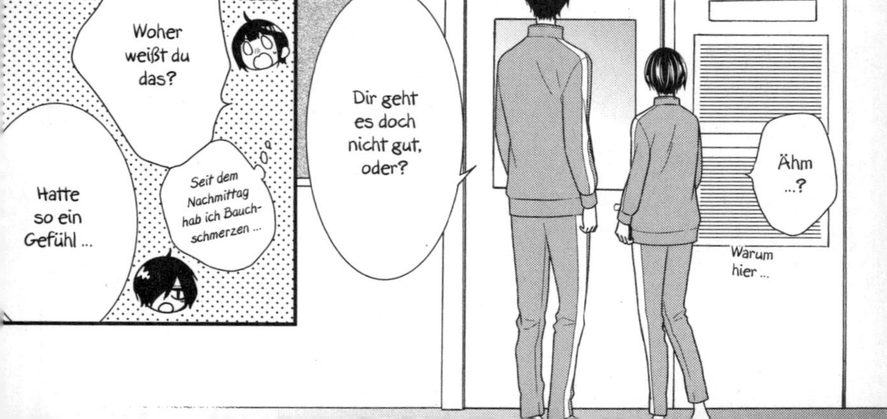

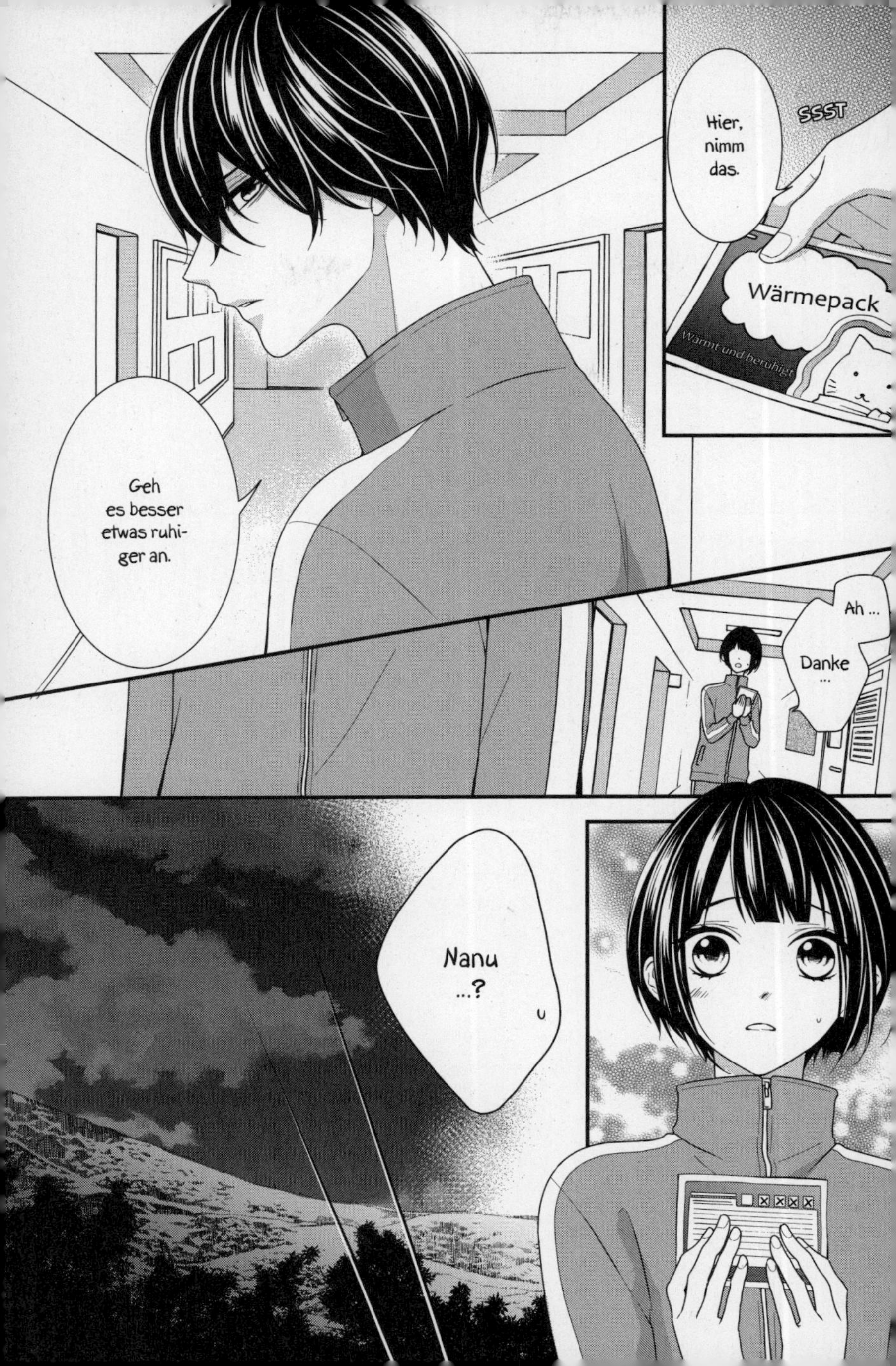
SSST
Hier, nimm das.
Wärmepack
Wärmt und beruhigt
Geh es besser etwas ruhiger an.
Ah ...
Danke ...
Nanu ...?

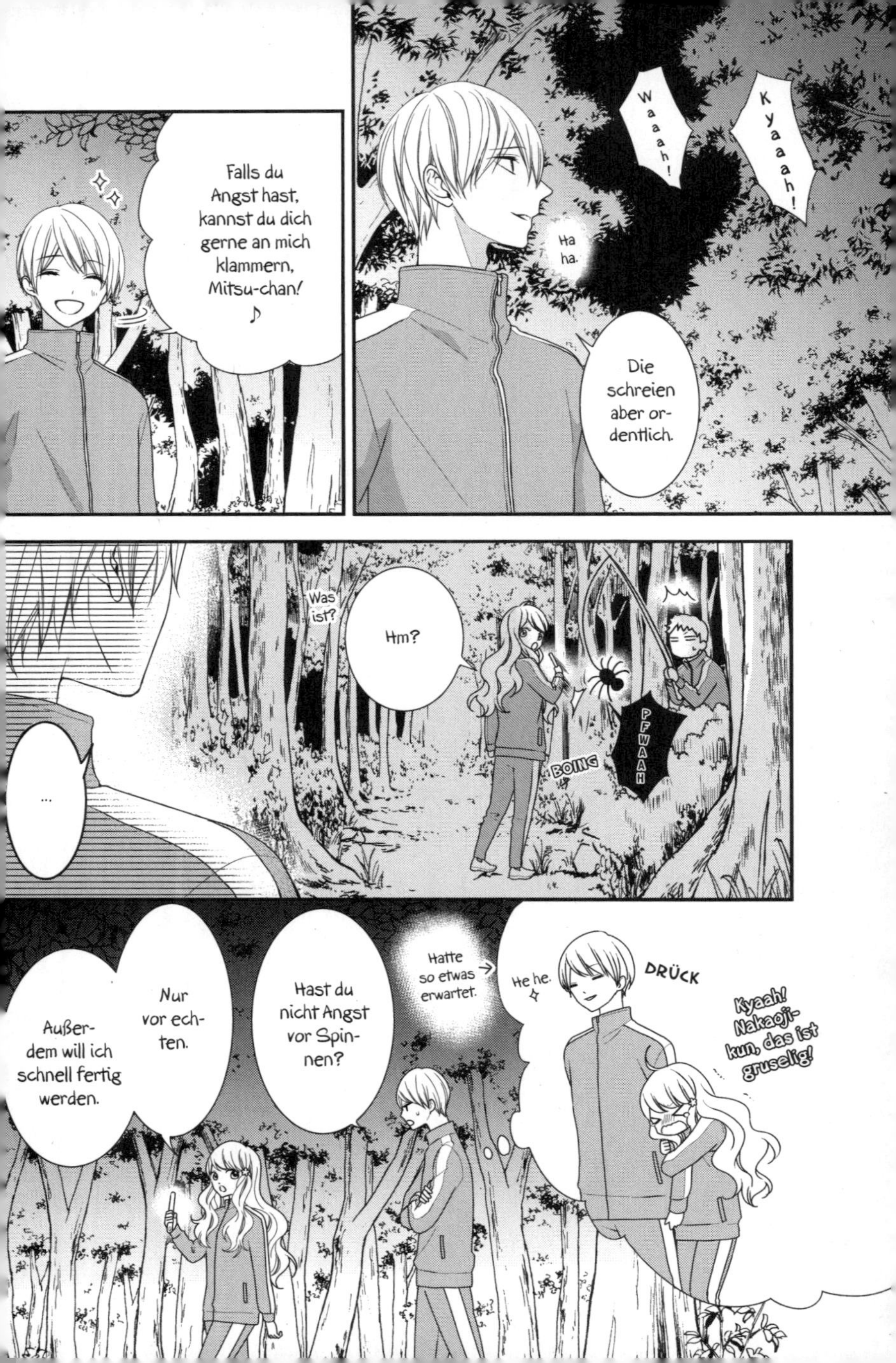

Kyaaah!
Waaah!
Ha ha.
Die schreien aber ordentlich.
Falls du Angst hast, kannst du dich gerne an mich klammern, Mitsu-chan! ♪
PFWAAAH
BOING
Hm?
Was ist?
...
Kyaah! Nakaoji-kun, das ist gruselig!
DRÜCK
He he.
Hatte so etwas erwartet.
Hast du nicht Angst vor Spinnen?
Nur vor echten.
Außerdem will ich schnell fertig werden.

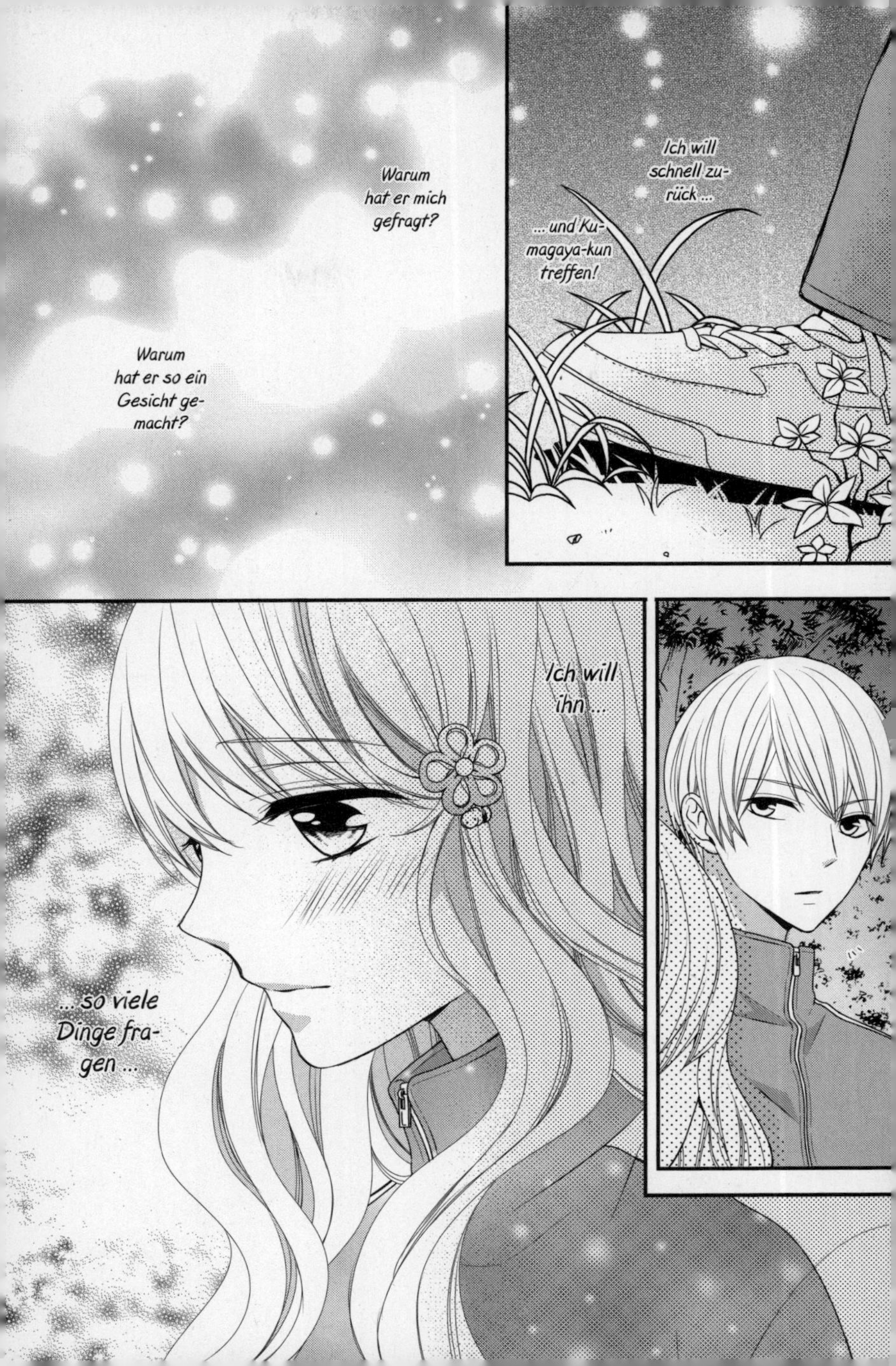

Ich will schnell zurück ...

... und Kumagaya-kun treffen!

Warum hat er mich gefragt?

Warum hat er so ein Gesicht gemacht?

Ich will ihn ...

... so viele Dinge fragen ...

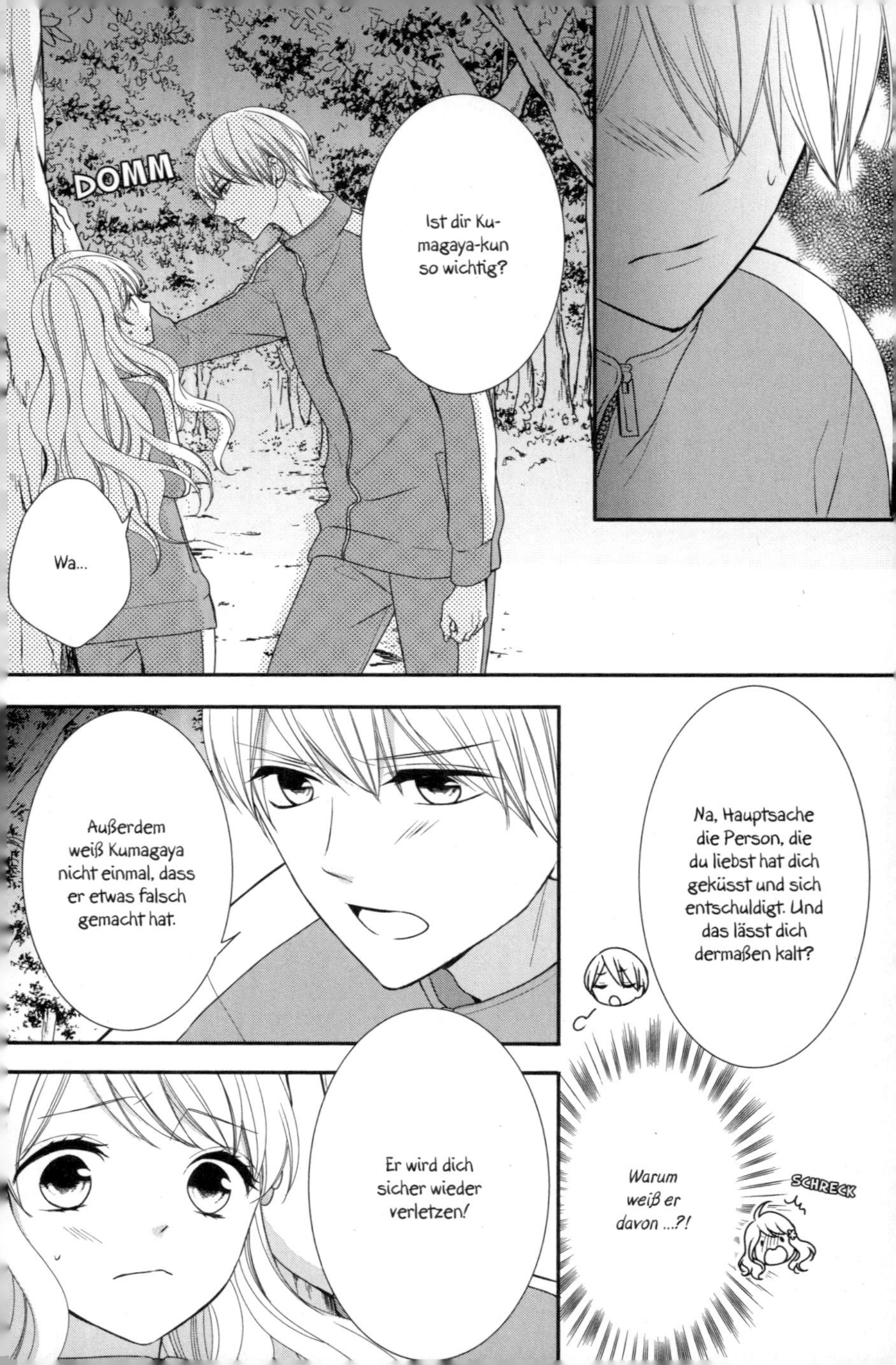
DOMM
Ist dir Ku-magaya-kun so wichtig?
Wa...
Na, Hauptsache die Person, die du liebst hat dich geküsst und sich entschuldigt. Und das lässt dich dermaßen kalt?
Außerdem weiß Kumagaya nicht einmal, dass er etwas falsch gemacht hat.
Warum weiß er davon ...?!
SCHRECK
Er wird dich sicher wieder verletzen!

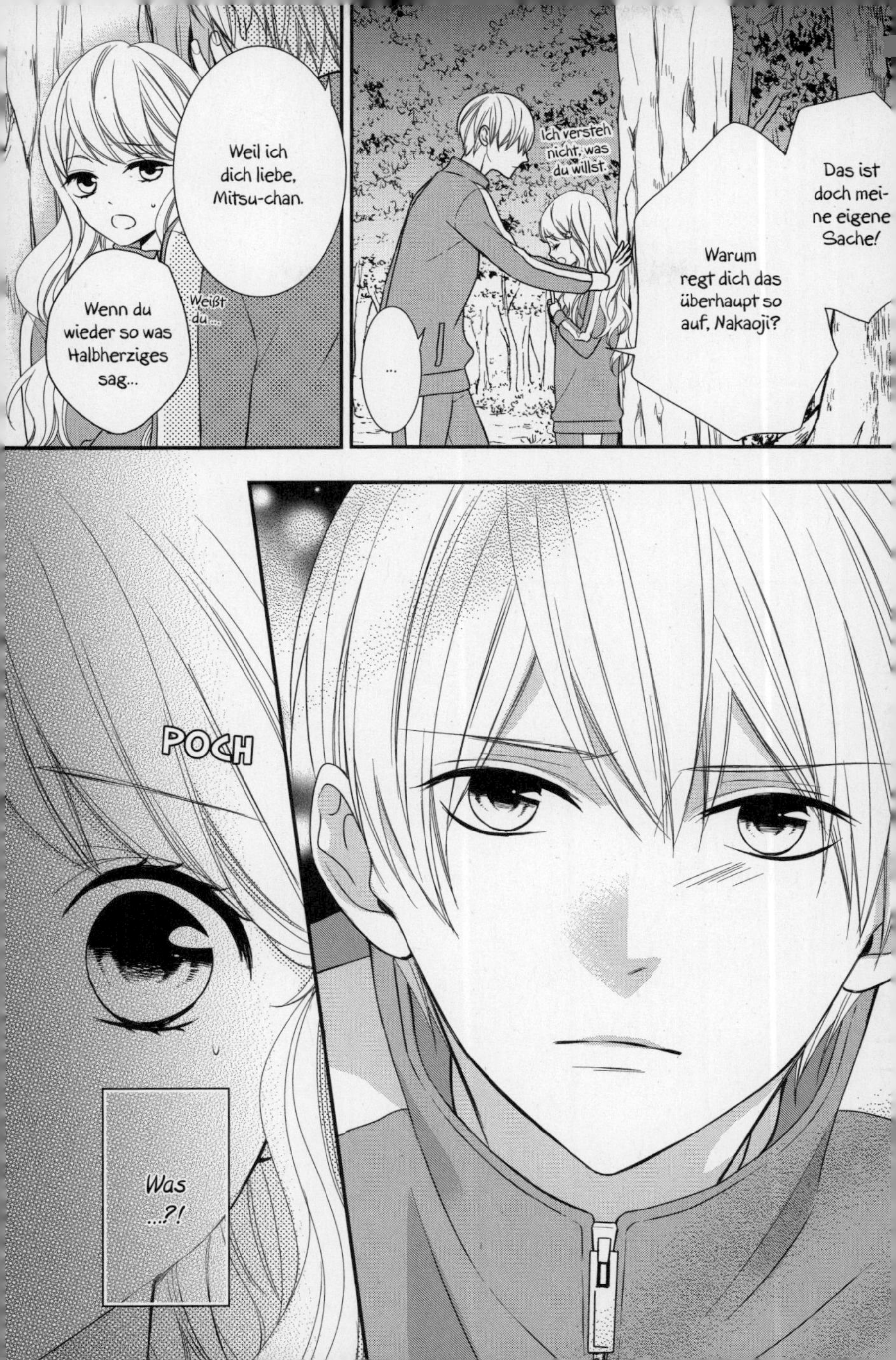
Das ist doch meine eigene Sache!
Warum regt dich das überhaupt so auf, Nakaoji?
Ich versteh nicht, was du willst.
...
Weil ich dich liebe, Mitsu-chan.
Weißt du...
Wenn du wieder so was Halbherziges sag...
POCH
Was ...?!

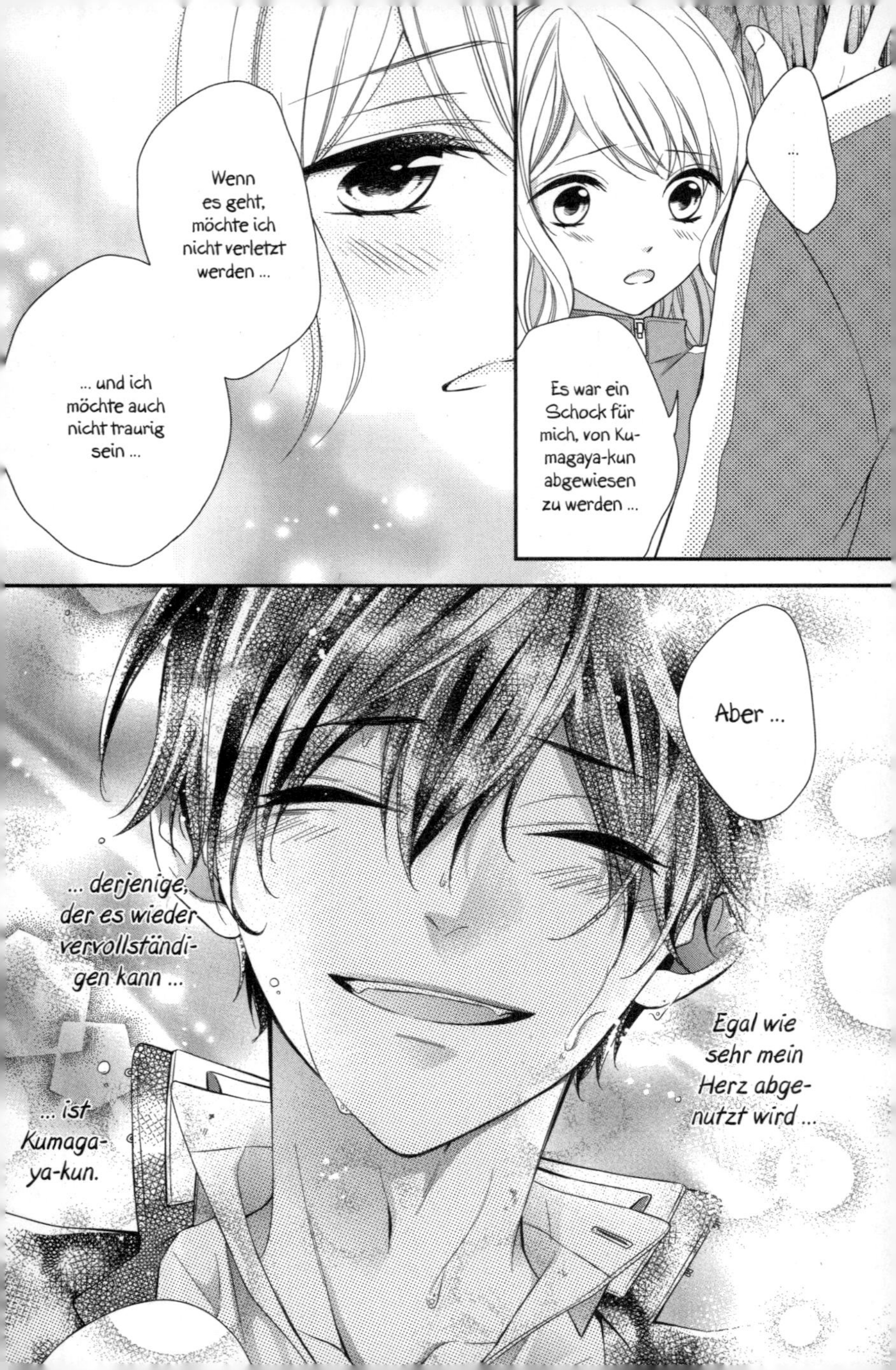

Es war ein Schock für mich, von Kumagaya-kun abgewiesen zu werden ...

Wenn es geht, möchte ich nicht verletzt werden ...

... und ich möchte auch nicht traurig sein ...

Aber ...

Egal wie sehr mein Herz abgenutzt wird ...

... derjenige, der es wieder vervollständigen kann ...

... ist Kumagaya-kun.

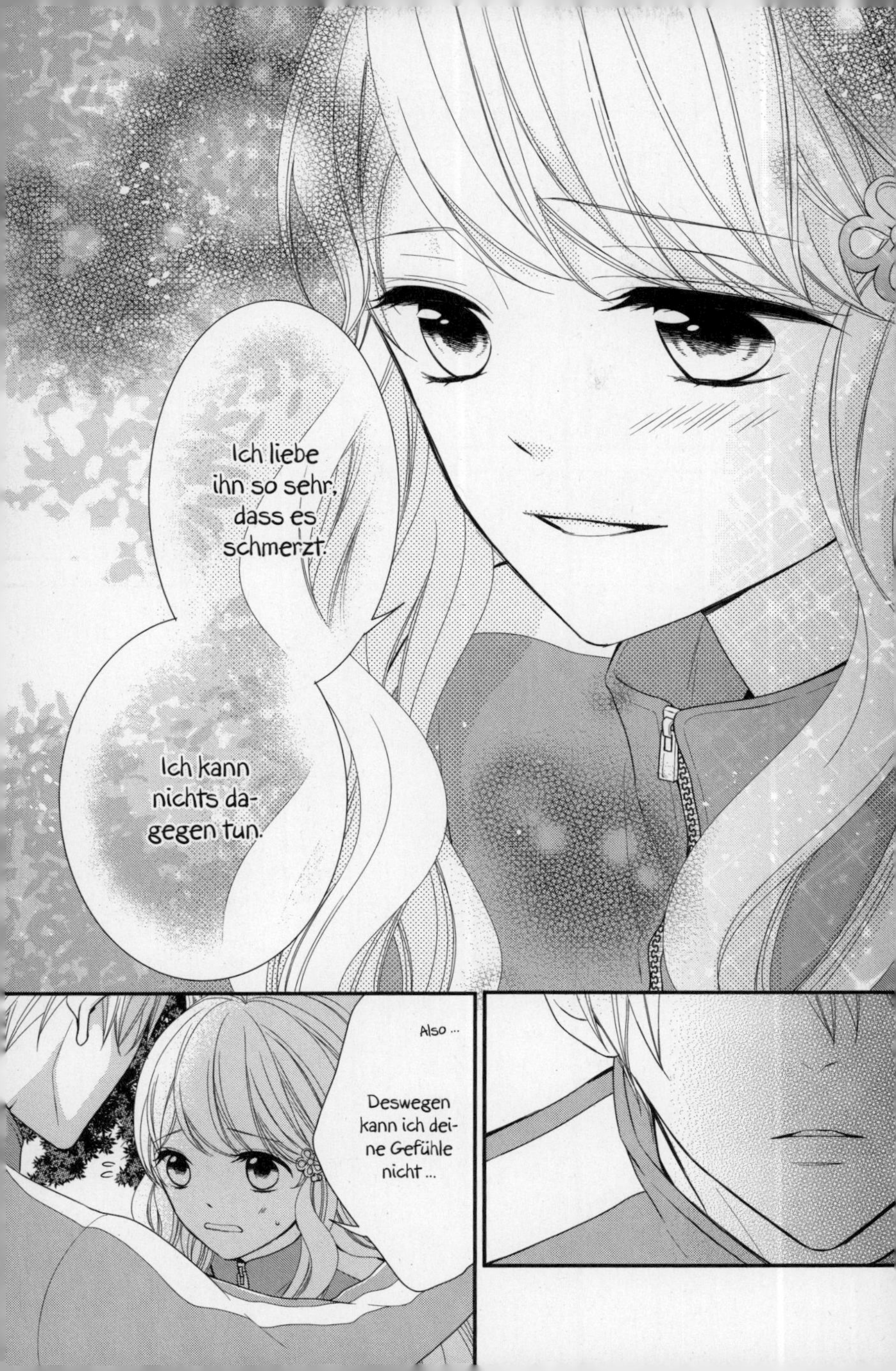
Ich liebe ihn so sehr, dass es schmerzt.
Ich kann nichts dagegen tun.
Also ...
Deswegen kann ich deine Gefühle nicht ...

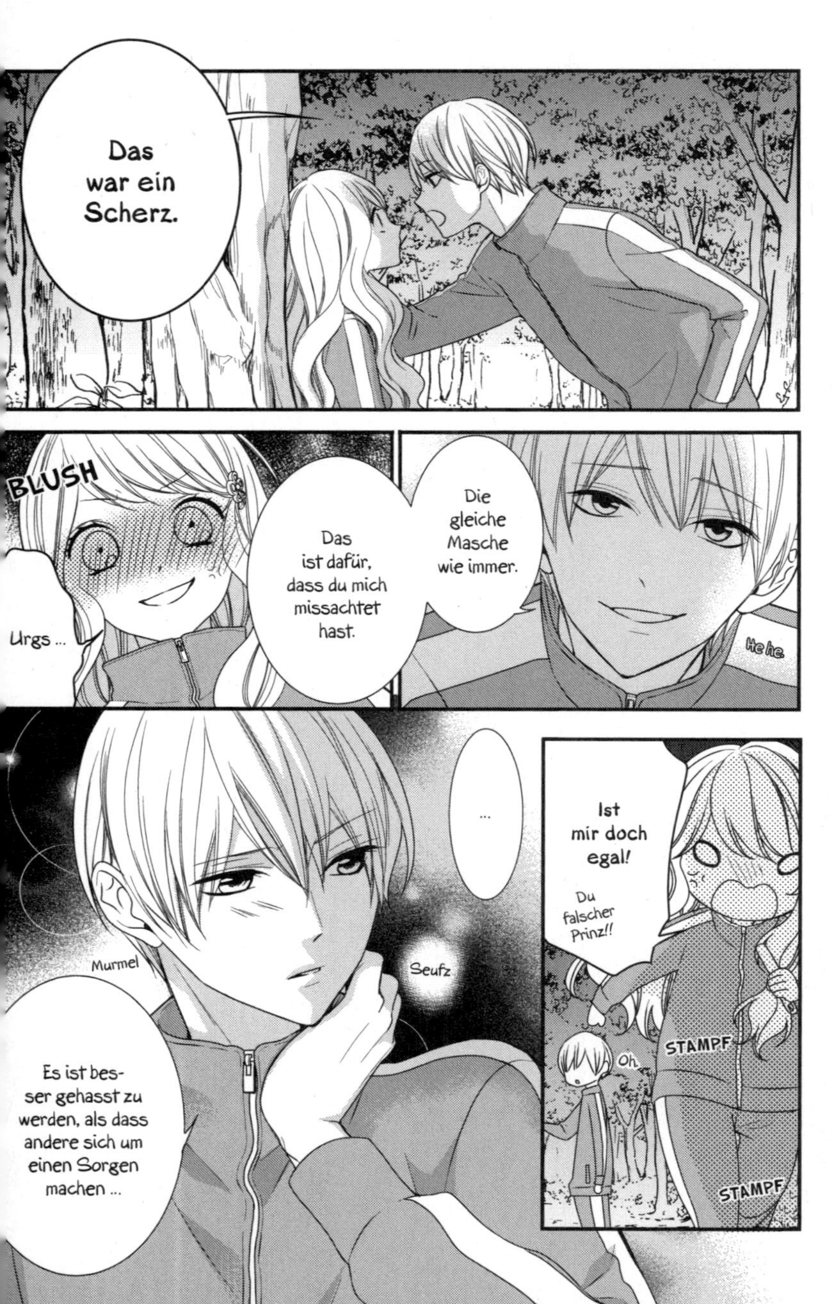
Das war ein Scherz.
Die gleiche Masche wie immer.
He he.
BLUSH
Das ist dafür, dass du mich missachtet hast.
Urgs ...
Ist mir doch egal!
Du falscher Prinz!!
STAMPF
Oh.
STAMPF
...
Seufz
Murmel
Es ist besser gehasst zu werden, als dass andere sich um einen Sorgen machen ...

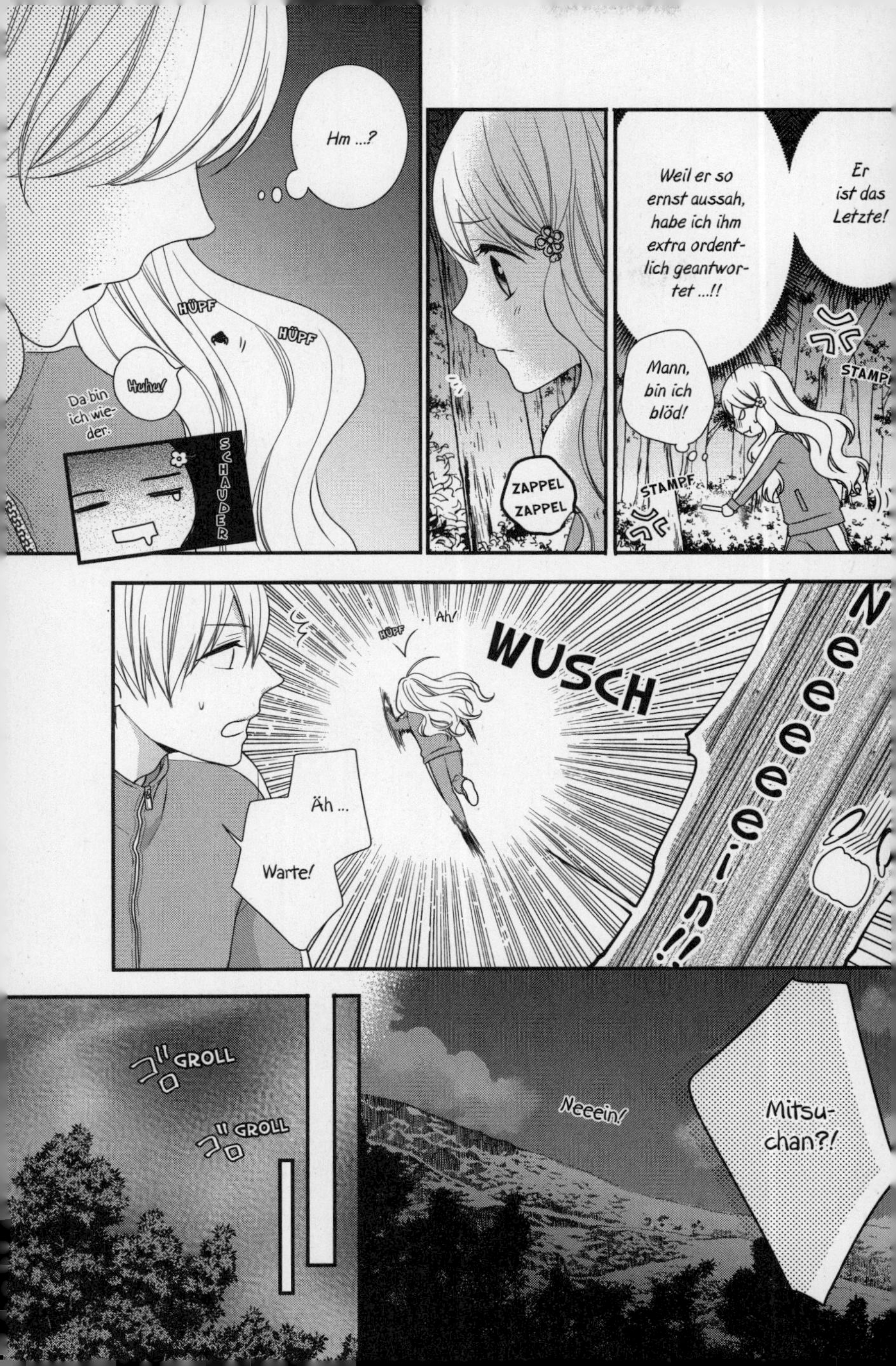

Er ist das Letzte!
Weil er so ernst aussah, habe ich ihm extra ordentlich geantwortet ...!!
STAMPF
Mann, bin ich blöd!
STAMPF
ZAPPEL ZAPPEL
Hm ...?
HÜPF
HÜPF
Huhu!
Da bin ich wieder.
SCHAUDER

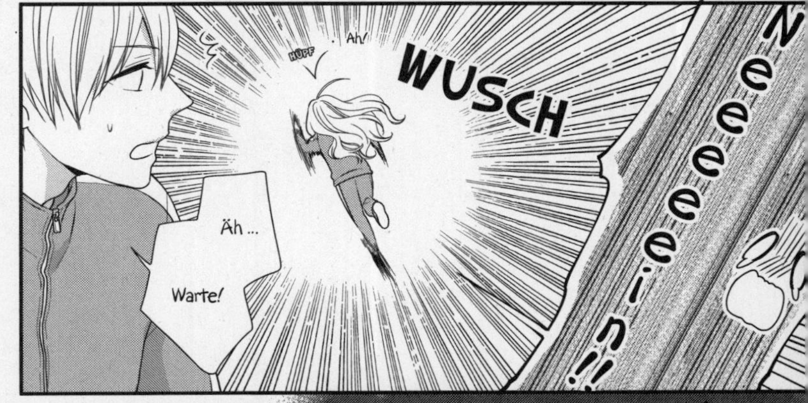

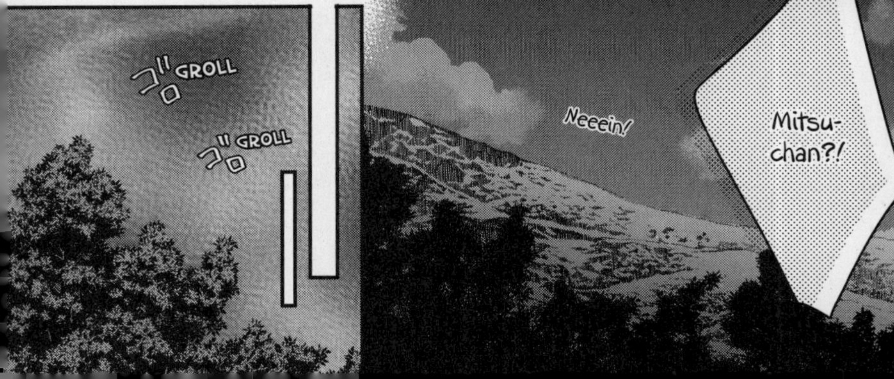

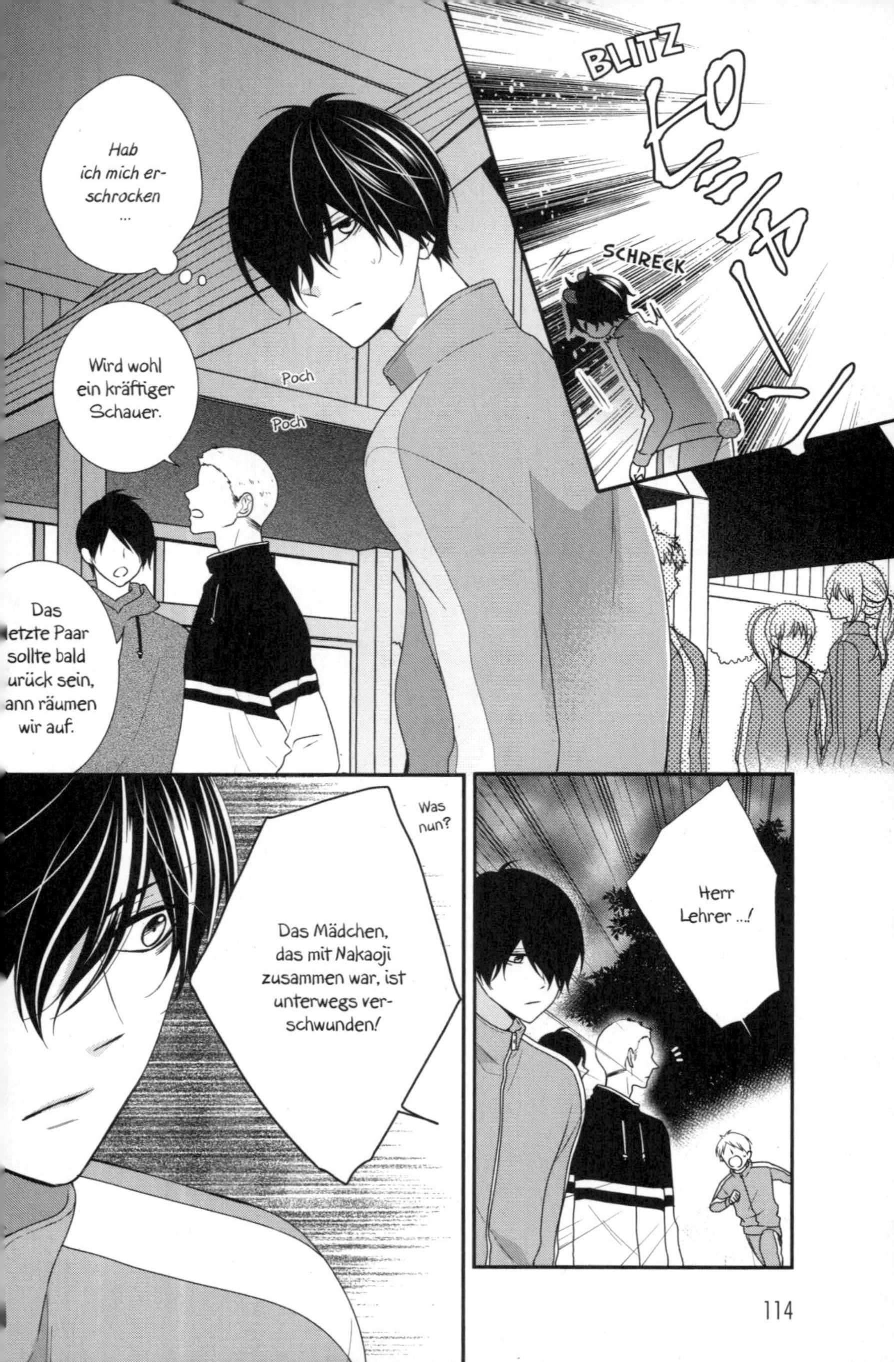
BLITZ
SCHRECK
Hab ich mich erschrocken ...
Poch
Poch
Wird wohl ein kräftiger Schauer.
Das letzte Paar sollte bald zurück sein, dann räumen wir auf.
Herr Lehrer ...!
Das Mädchen, das mit Nakaoji zusammen war, ist unterwegs verschwunden!
Was nun?

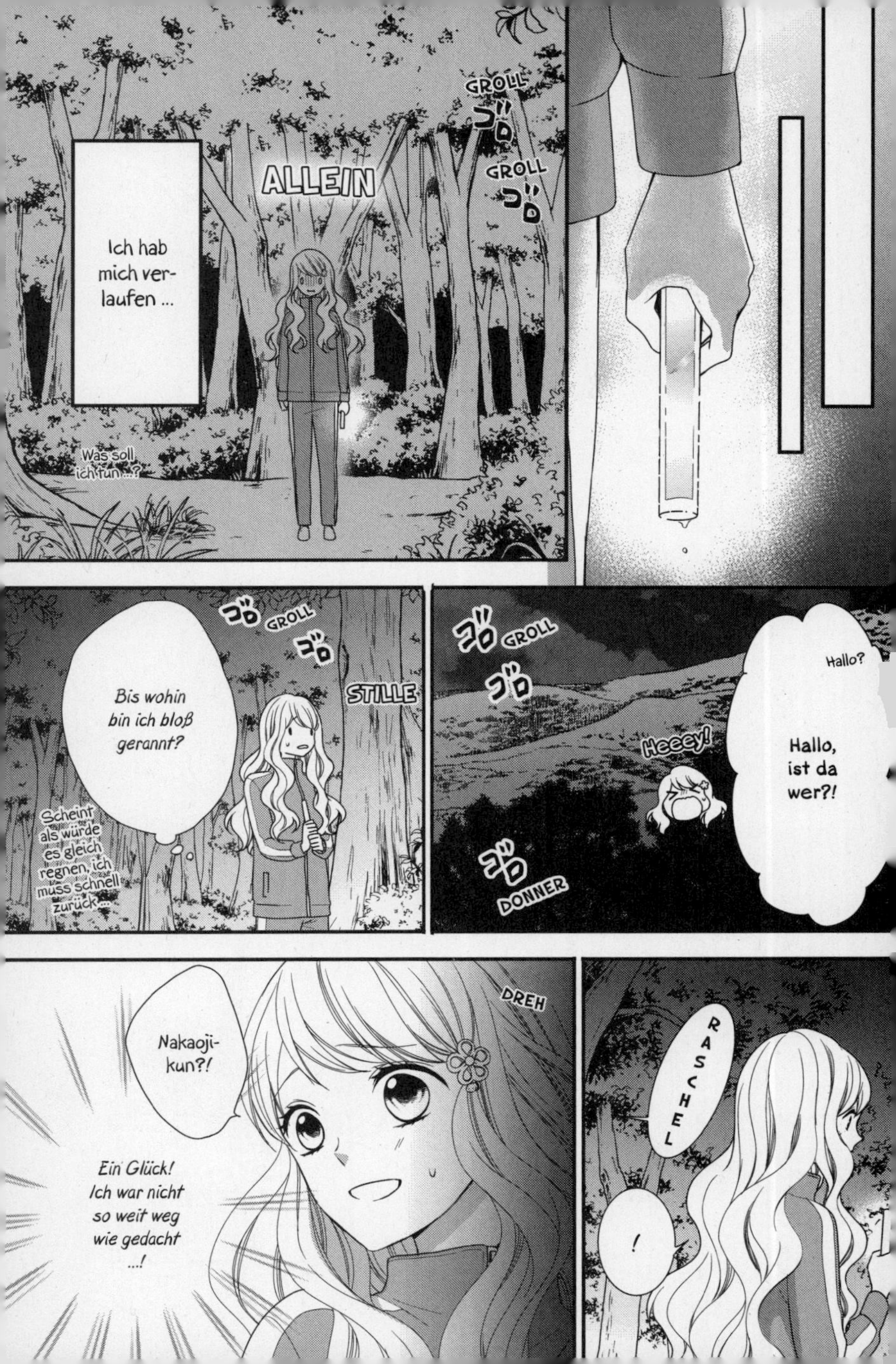

GROLL
ゴロ
GROLL
ゴロ
ALLEIN
Ich hab mich verlaufen ...
Was soll ich tun ...?

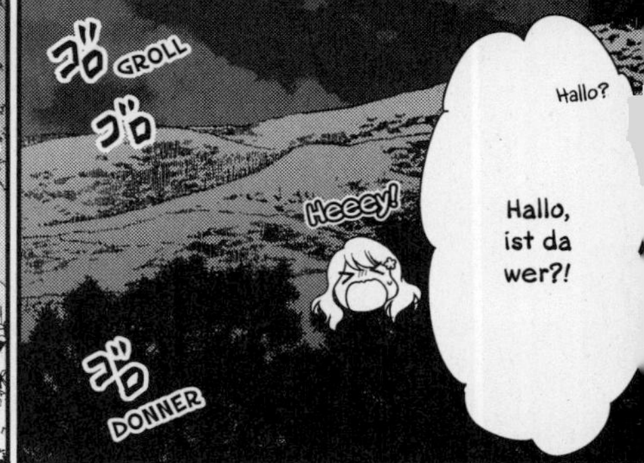

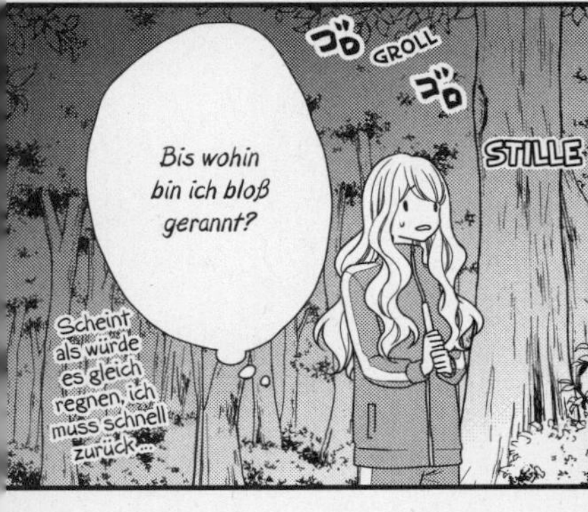

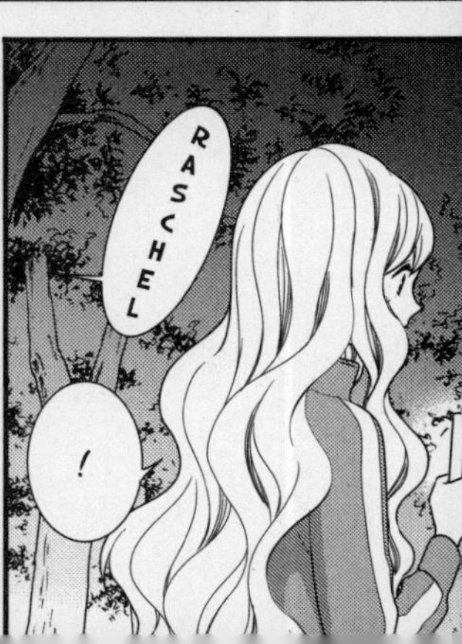

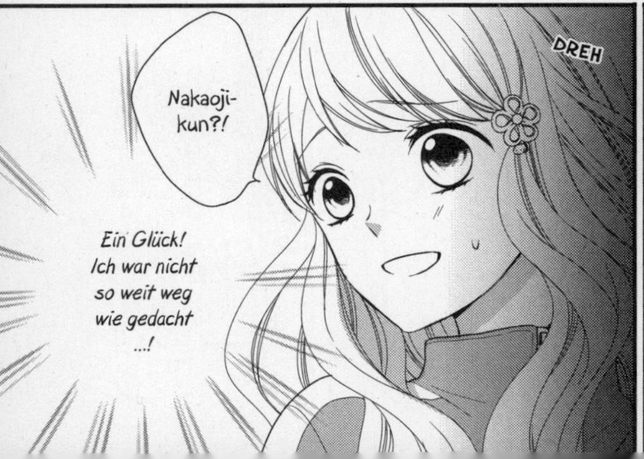

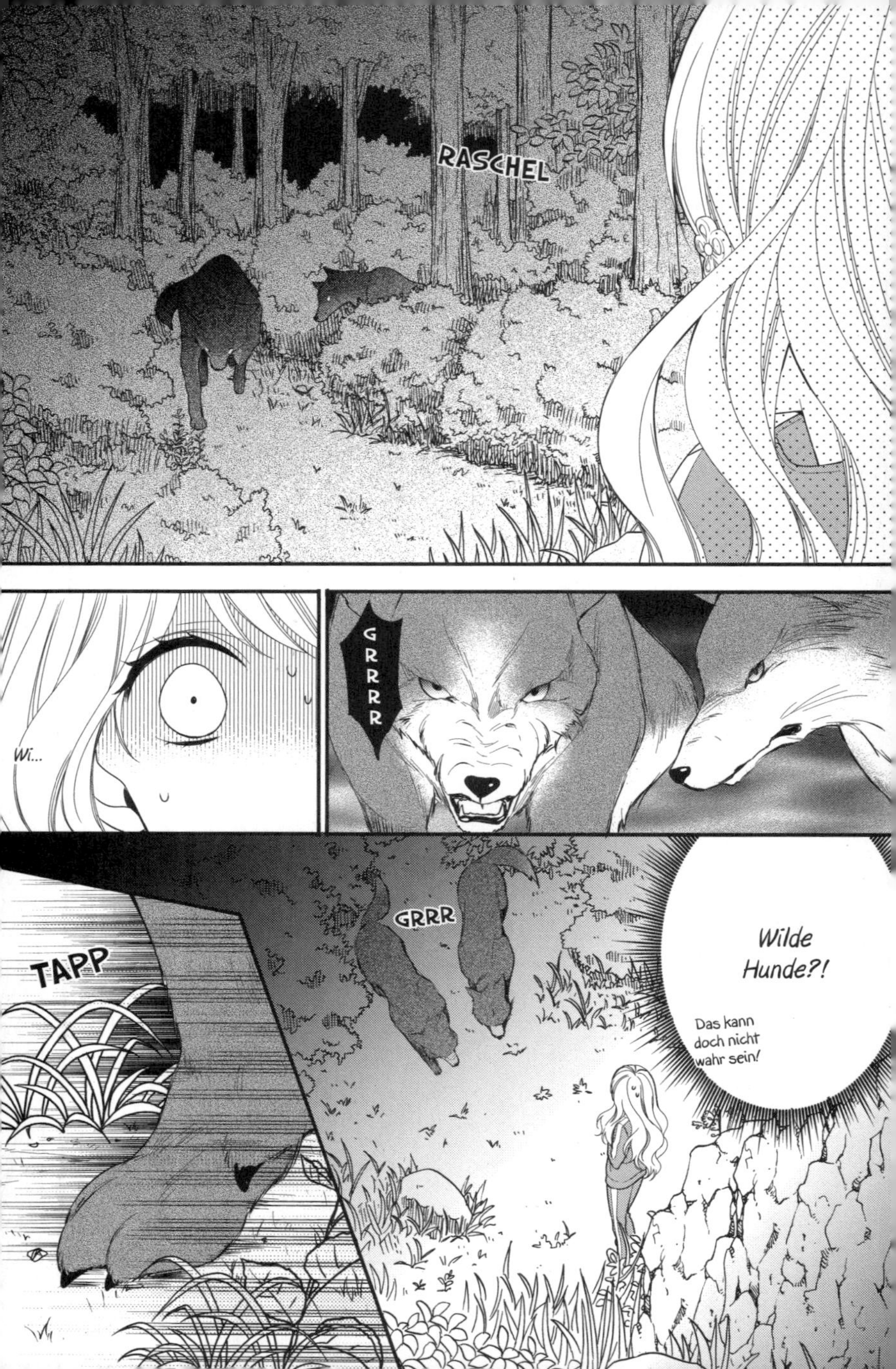
RASCHEL
GRRRR
Wi...
Wilde Hunde?!
Das kann doch nicht wahr sein!
GRRR
TAPP

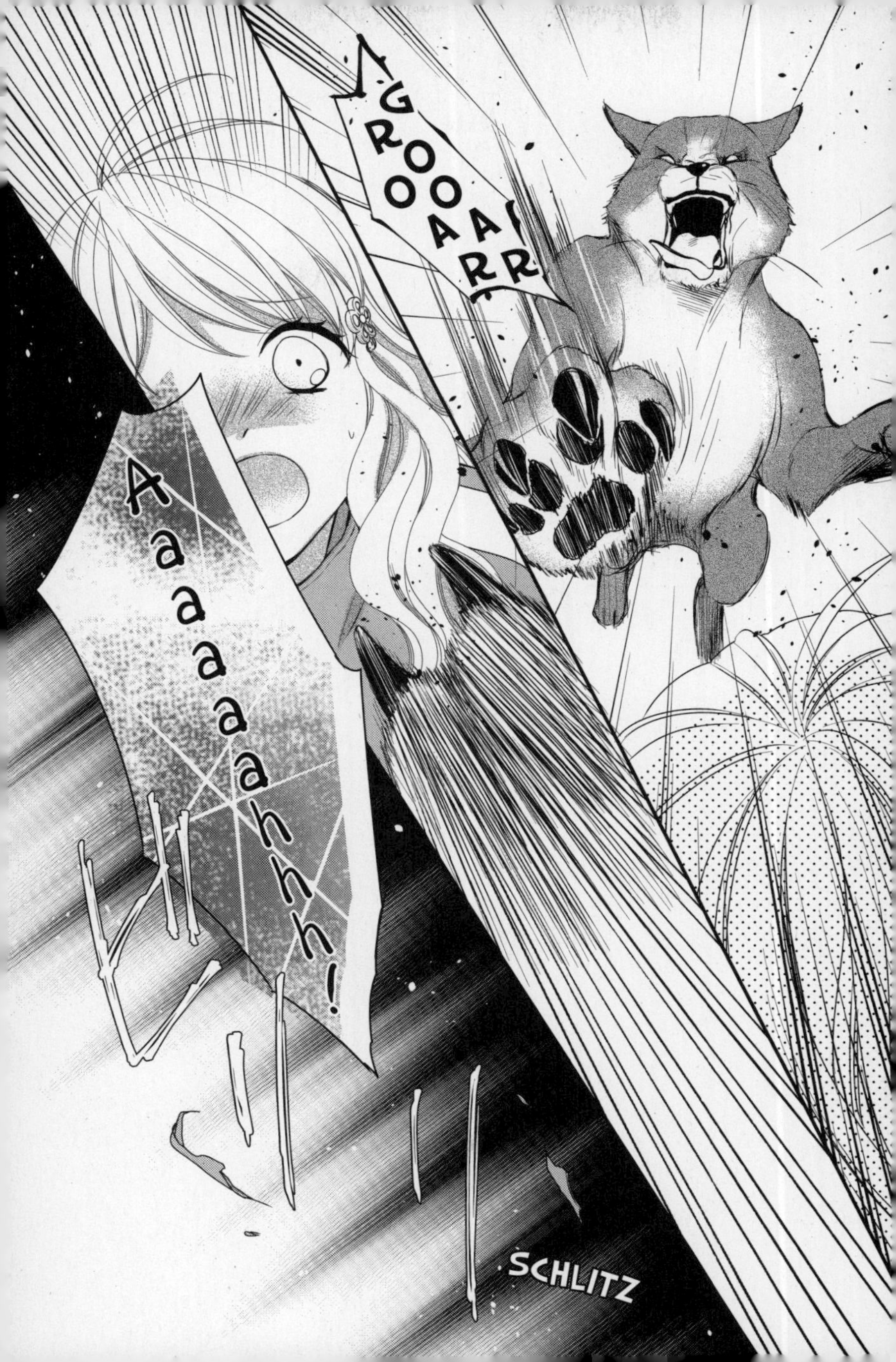
GROOOOAARRR
Aaaaaaahhhh!
SCHLITZ

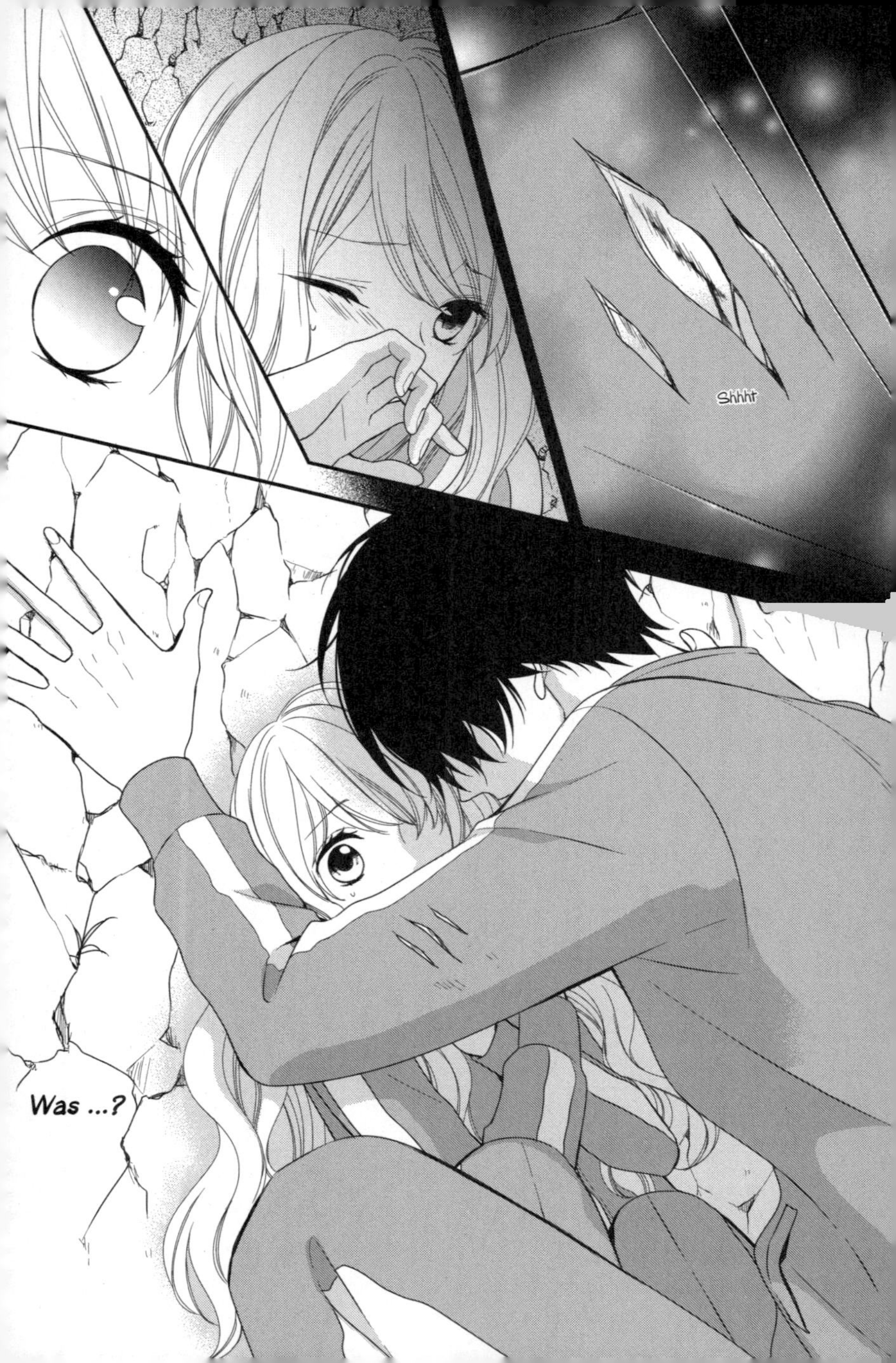
Shhht
Was ...?

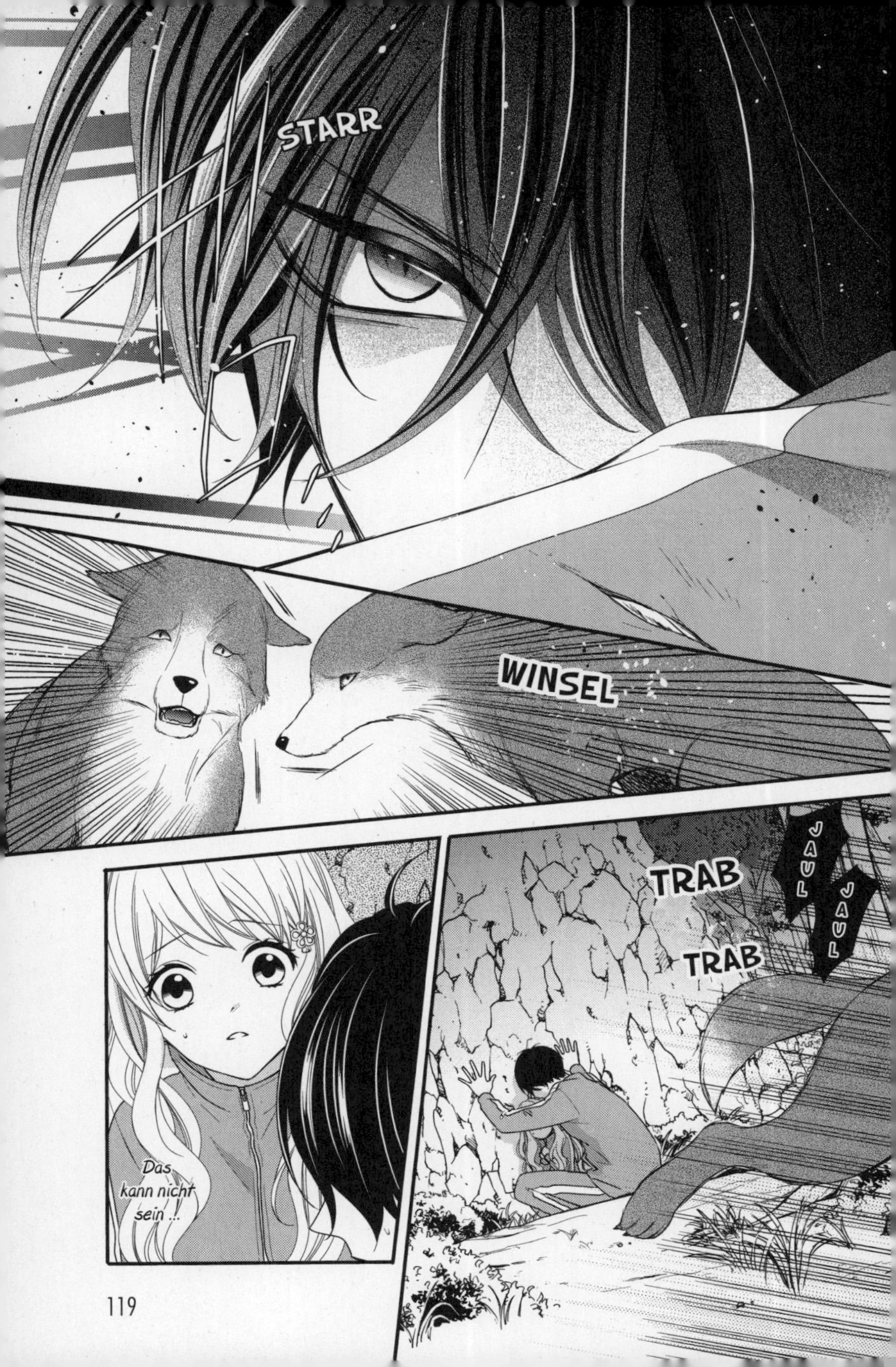
STARR
WINSEL
JAUL
JAUL
TRAB
TRAB
Das kann nicht sein ...

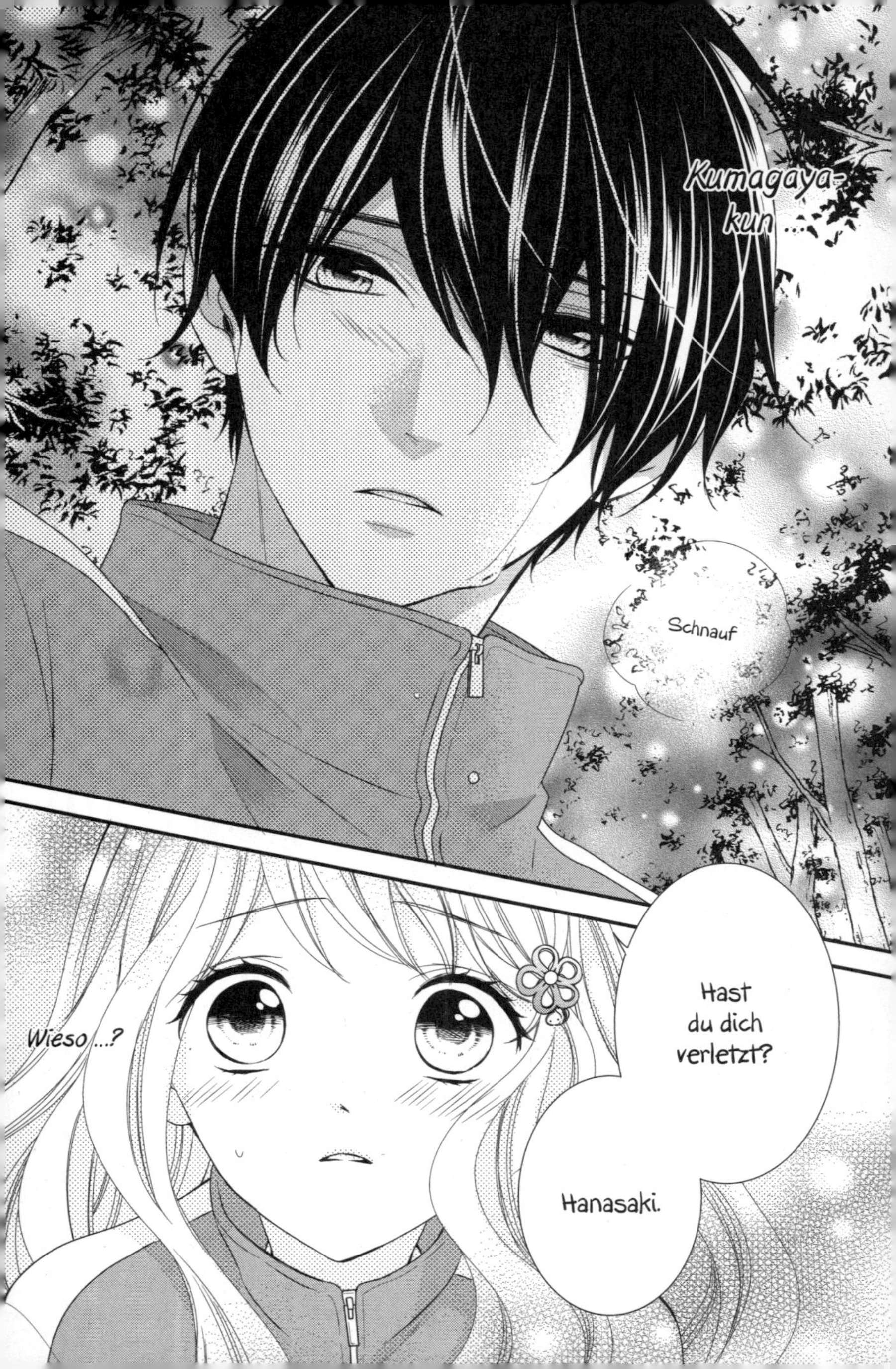
Kumagaya-kun ...
Schnauf
Hast du dich verletzt?
Hanasaki.
Wieso ...?

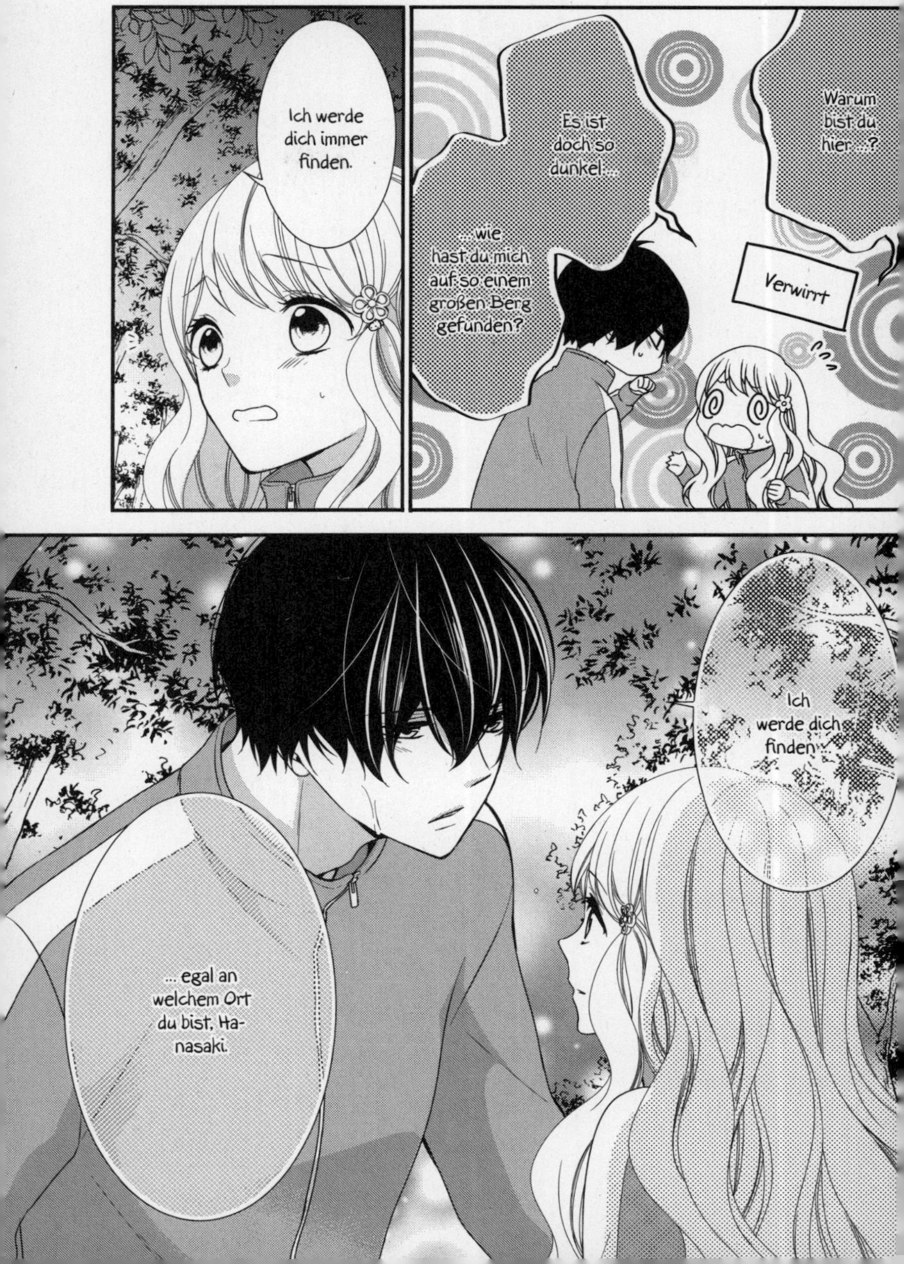

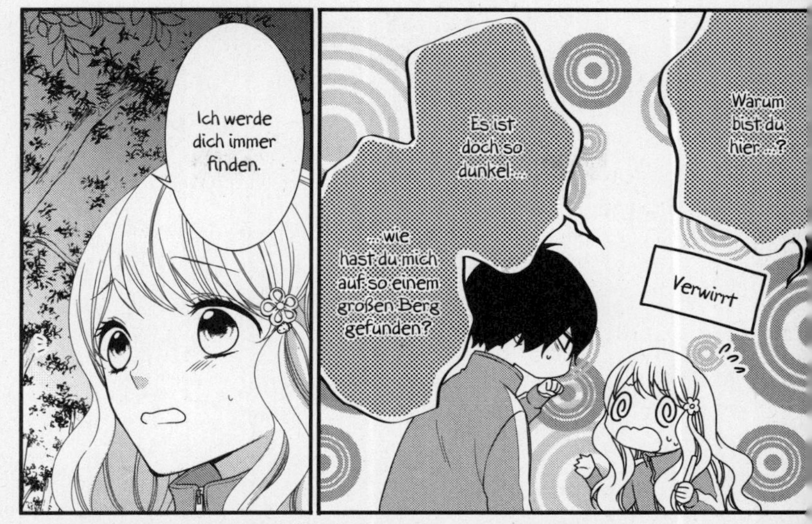

Ich werde dich finden ...

... egal an welchem Ort du bist, Hanasaki.

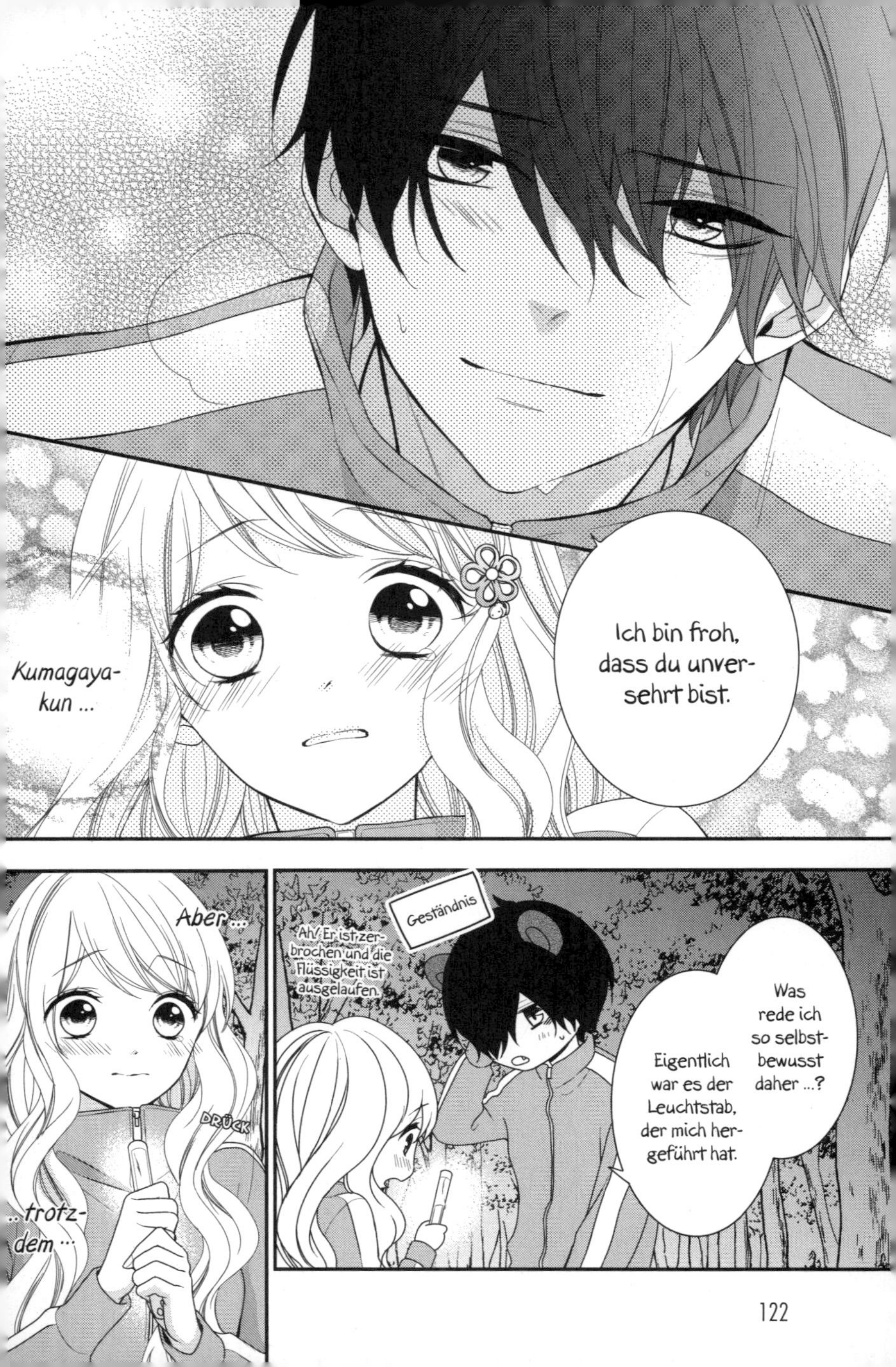

Ich bin froh, dass du unversehrt bist.

Kumagaya-kun ...

Was rede ich so selbstbewusst daher ...?

Eigentlich war es der Leuchtstab, der mich hergeführt hat.

Geständnis

Ah! Er ist zerbrochen und die Flüssigkeit ist ausgelaufen.

Aber ...

DRÜCK

... trotzdem ...

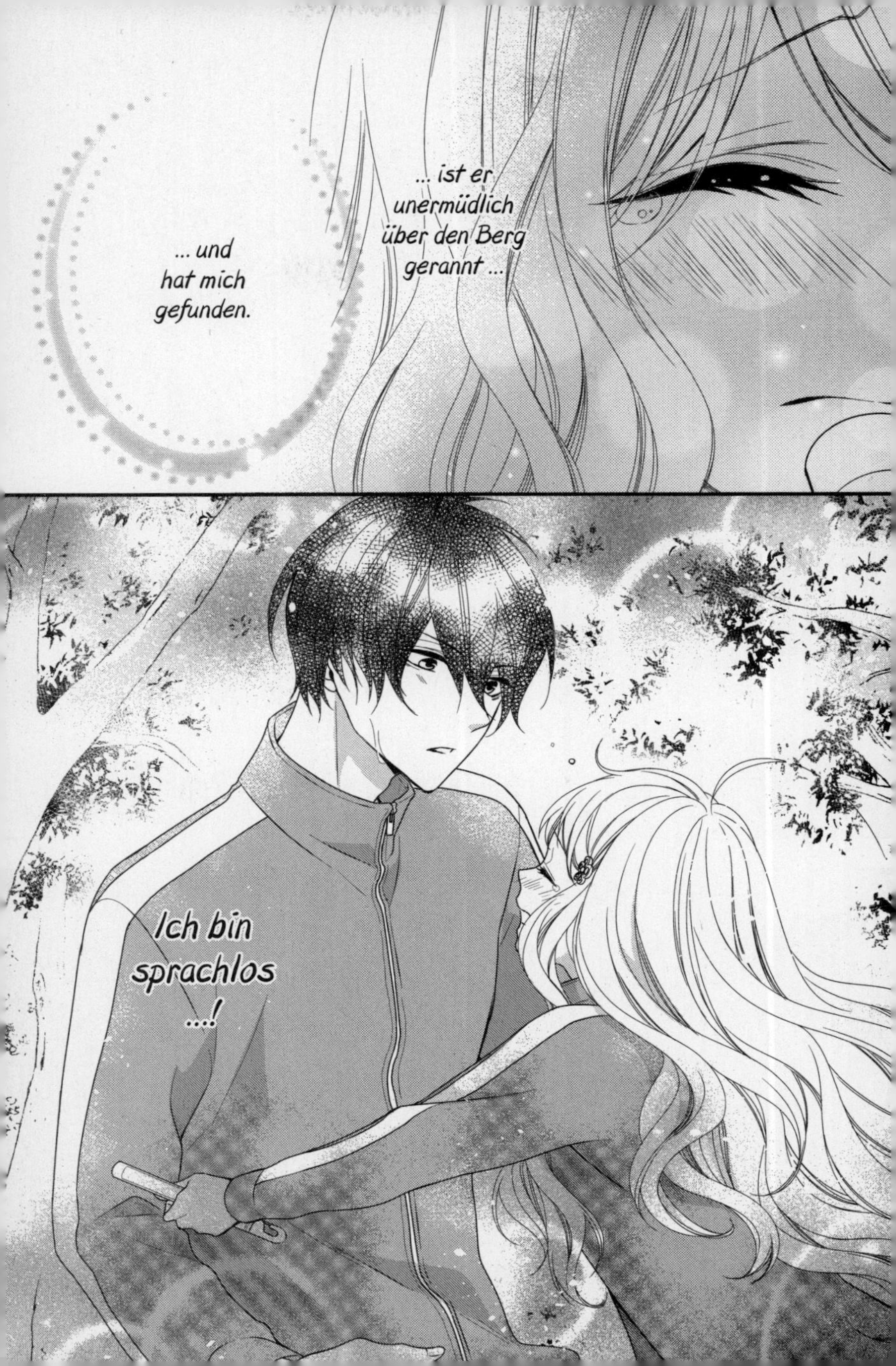
... ist er unermüdlich über den Berg gerannt ...
... und hat mich gefunden.
Ich bin sprachlos ...!

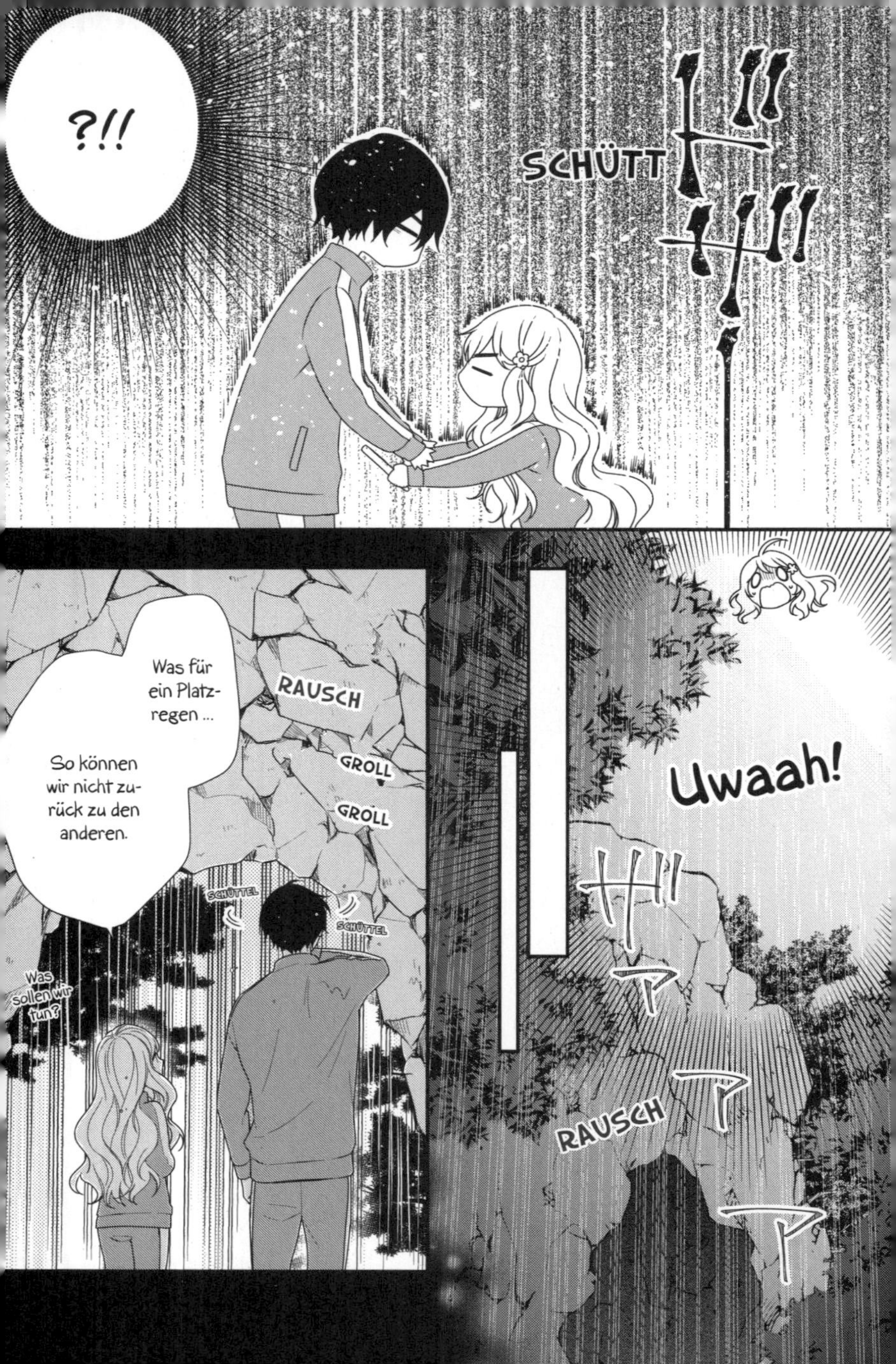

SCHÜTT
?!!
Uwaah!
RAUSCH
Was für ein Platzregen …
So können wir nicht zurück zu den anderen.
RAUSCH
GROLL
GROLL
SCHÜTTEL
SCHÜTTEL
Was sollen wir tun?

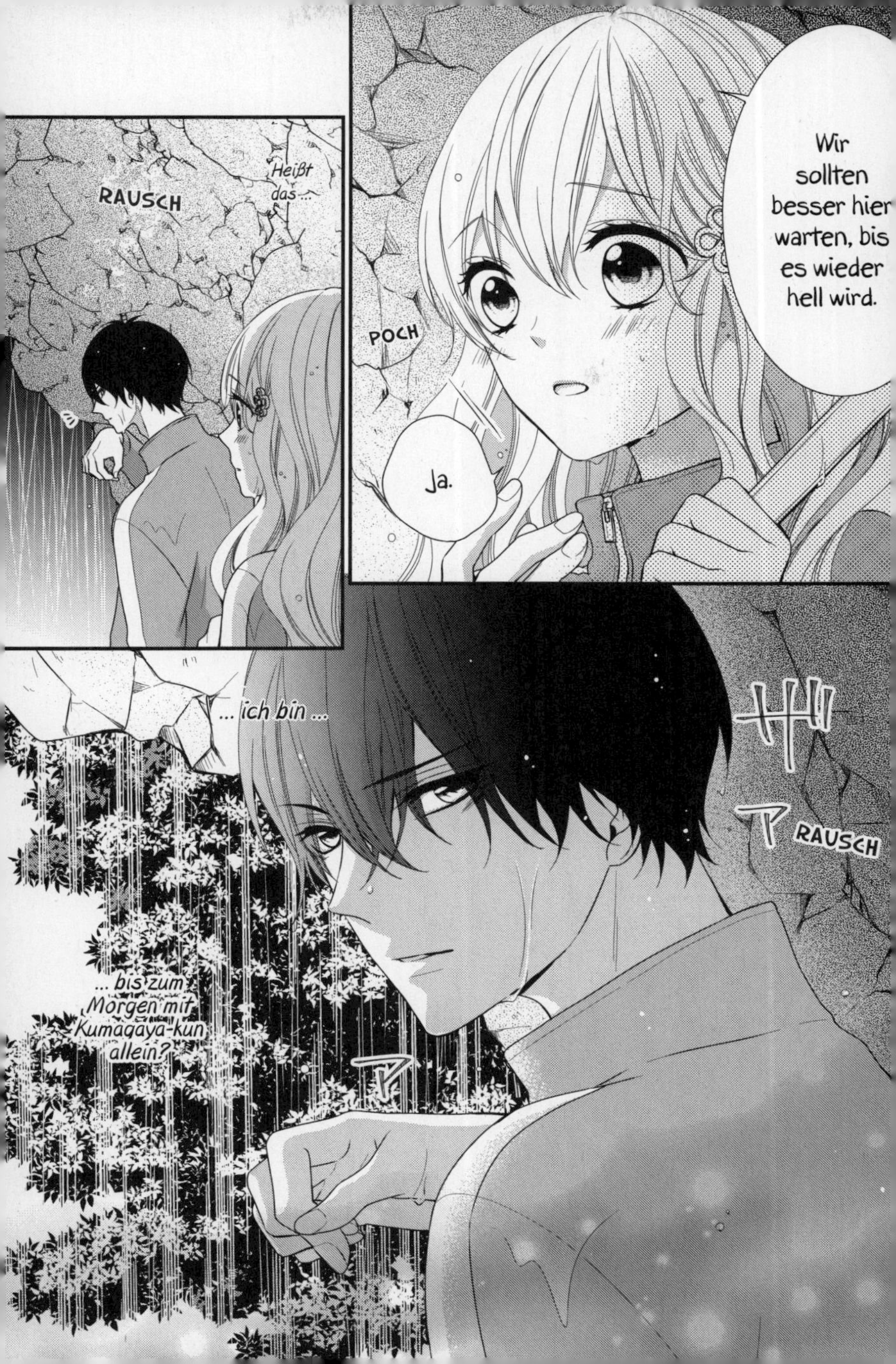
Wir sollten besser hier warten, bis es wieder hell wird.
Ja.
POCH
Heißt das ...
RAUSCH
RAUSCH
... ich bin ...
... bis zum Morgen mit Kumagaya-kun allein?

Grobe, ursprüngliche Charakterskizze

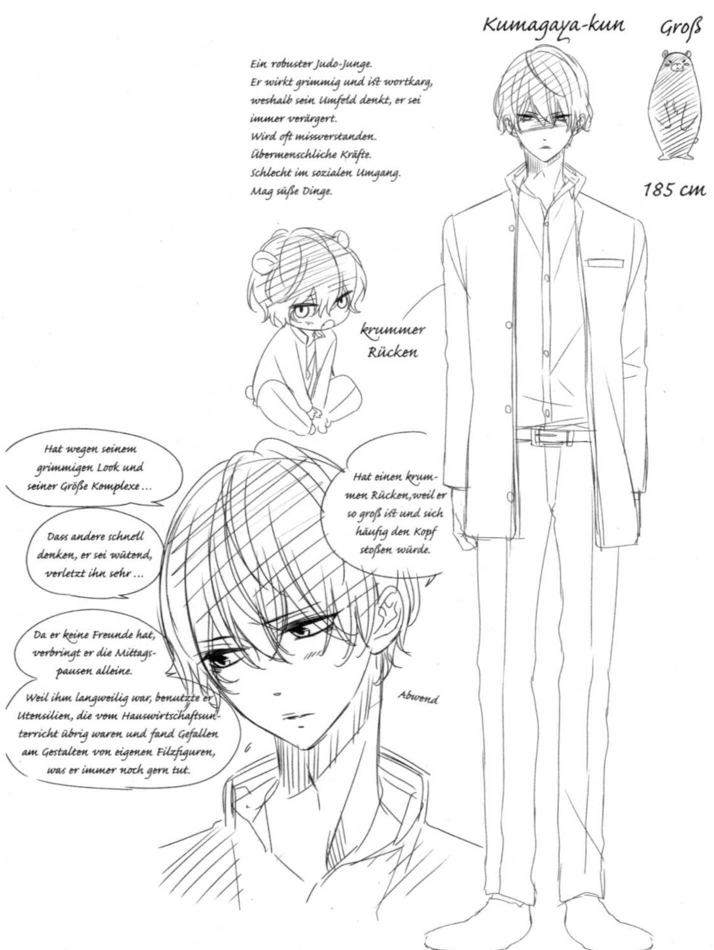

Kumagaya-kun basiert auf dem Charakter Kido aus meinem Manga Kaibutsu-san ni, rei!, deswegen ist er ein Judo-Junge (*lach*). Auch bei ihm haben sich Größe und Klassenstufe verändert. Kumagaya-kun ist jetzt 192 cm groß.

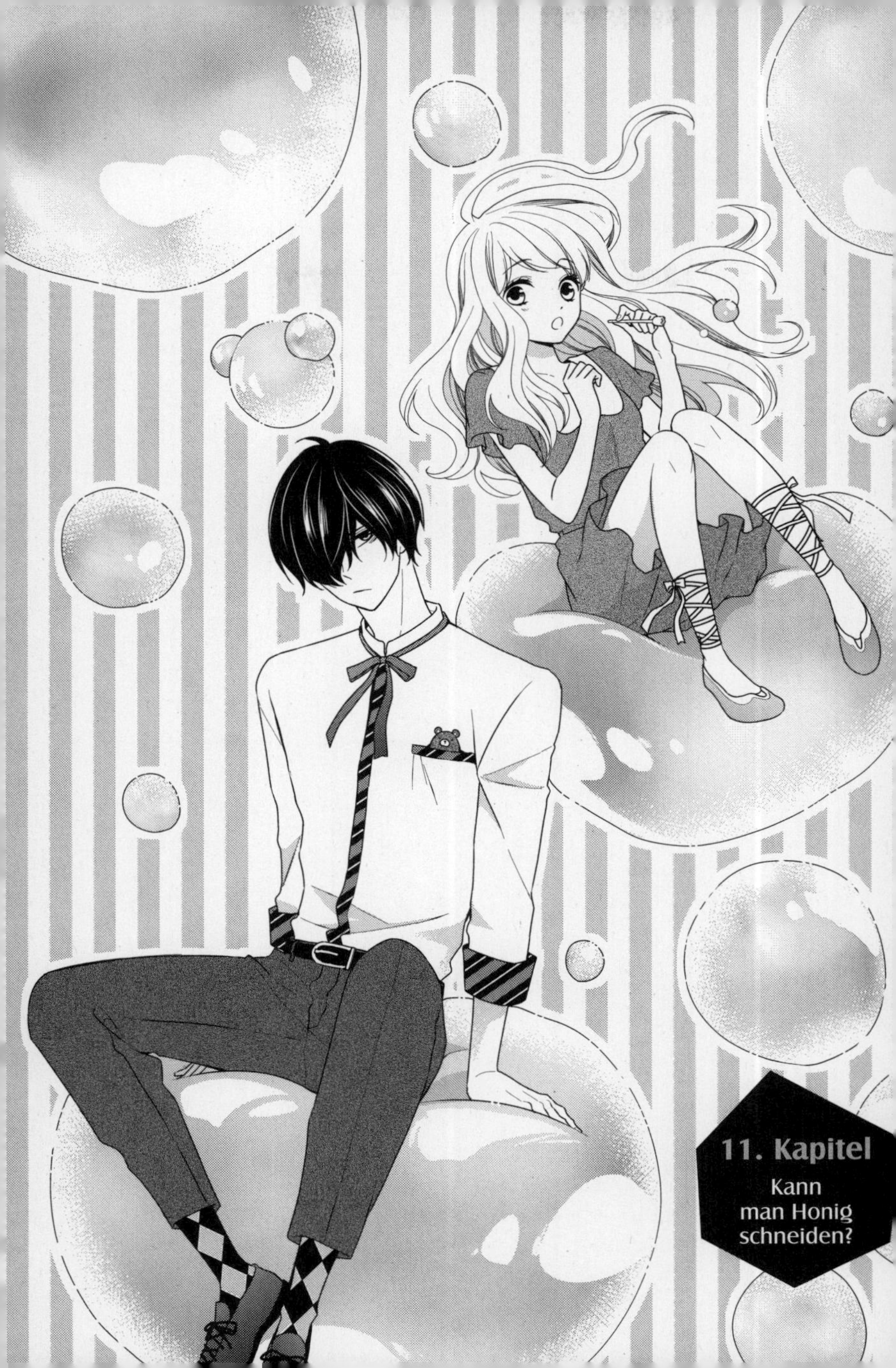
11. Kapitel
Kann man Honig schneiden?

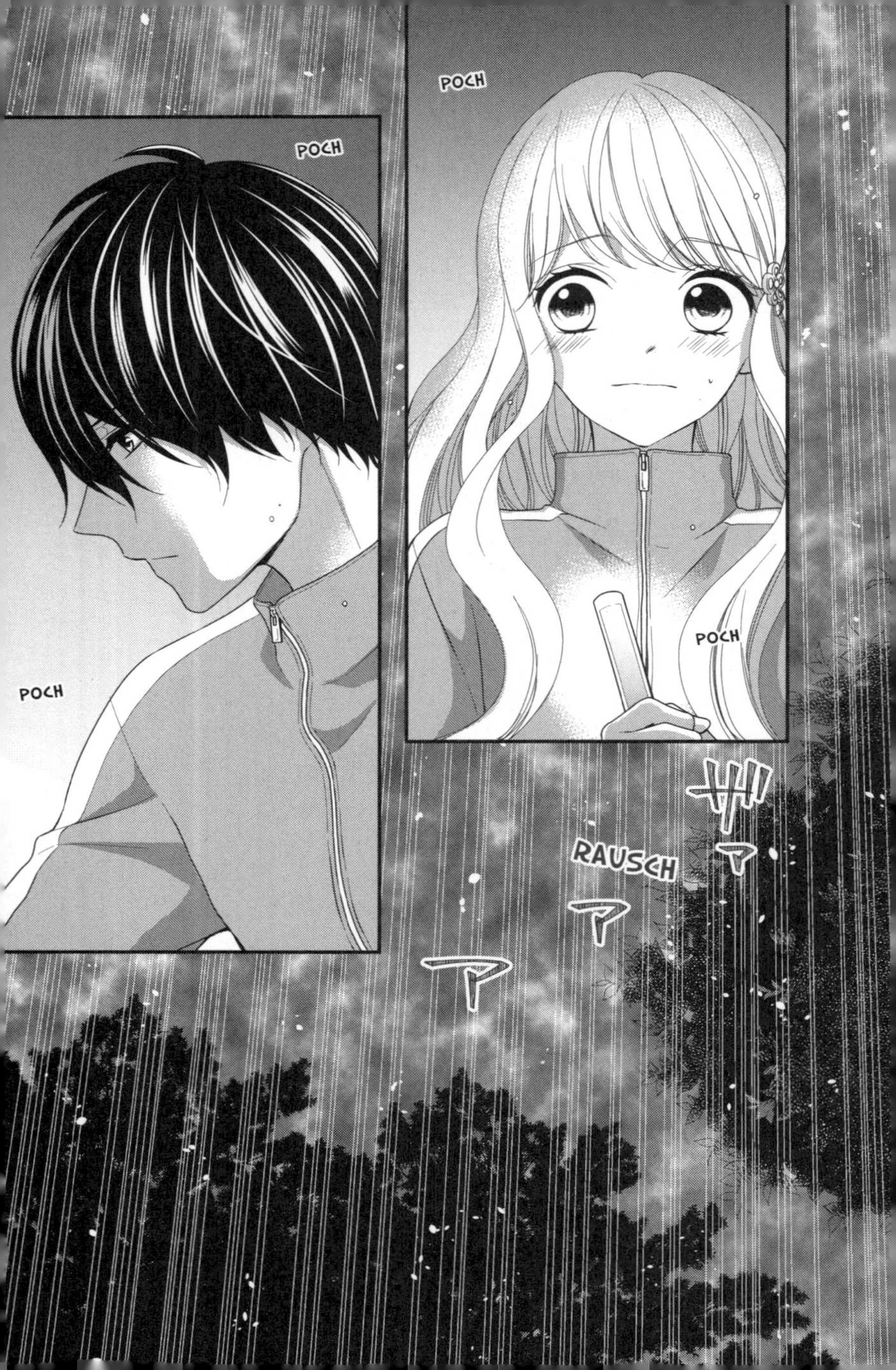
POCH
POCH
POCH
POCH
ザァァァ
RAUSCH

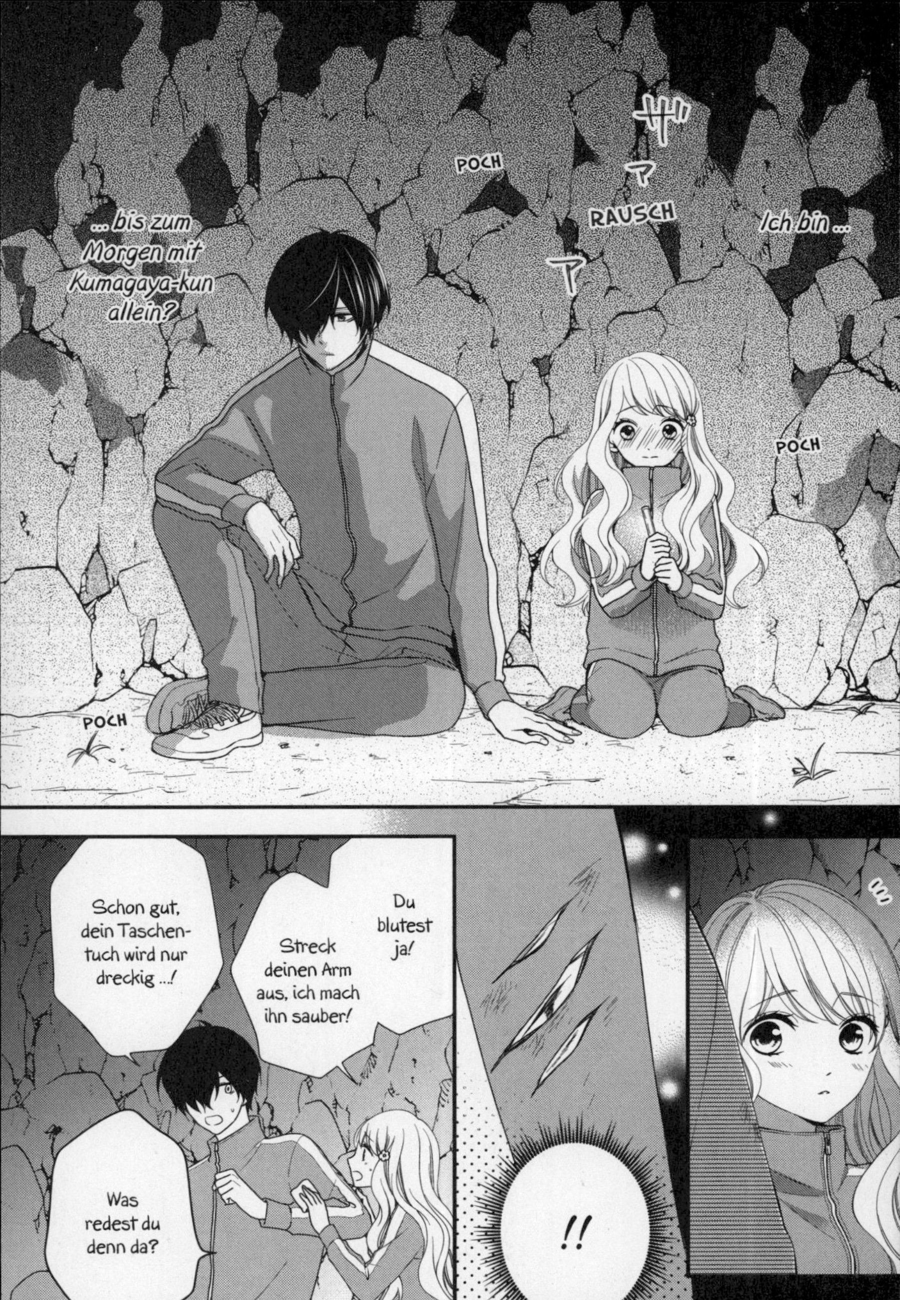
Ich bin ...
POCH
ザア
RAUSCH
ア
POCH
... bis zum Morgen mit Kumagaya-kun allein?
POCH
Du blutest ja!
Streck deinen Arm aus, ich mach ihn sauber!
Schon gut, dein Taschentuch wird nur dreckig ...!
Was redest du denn da?
!!

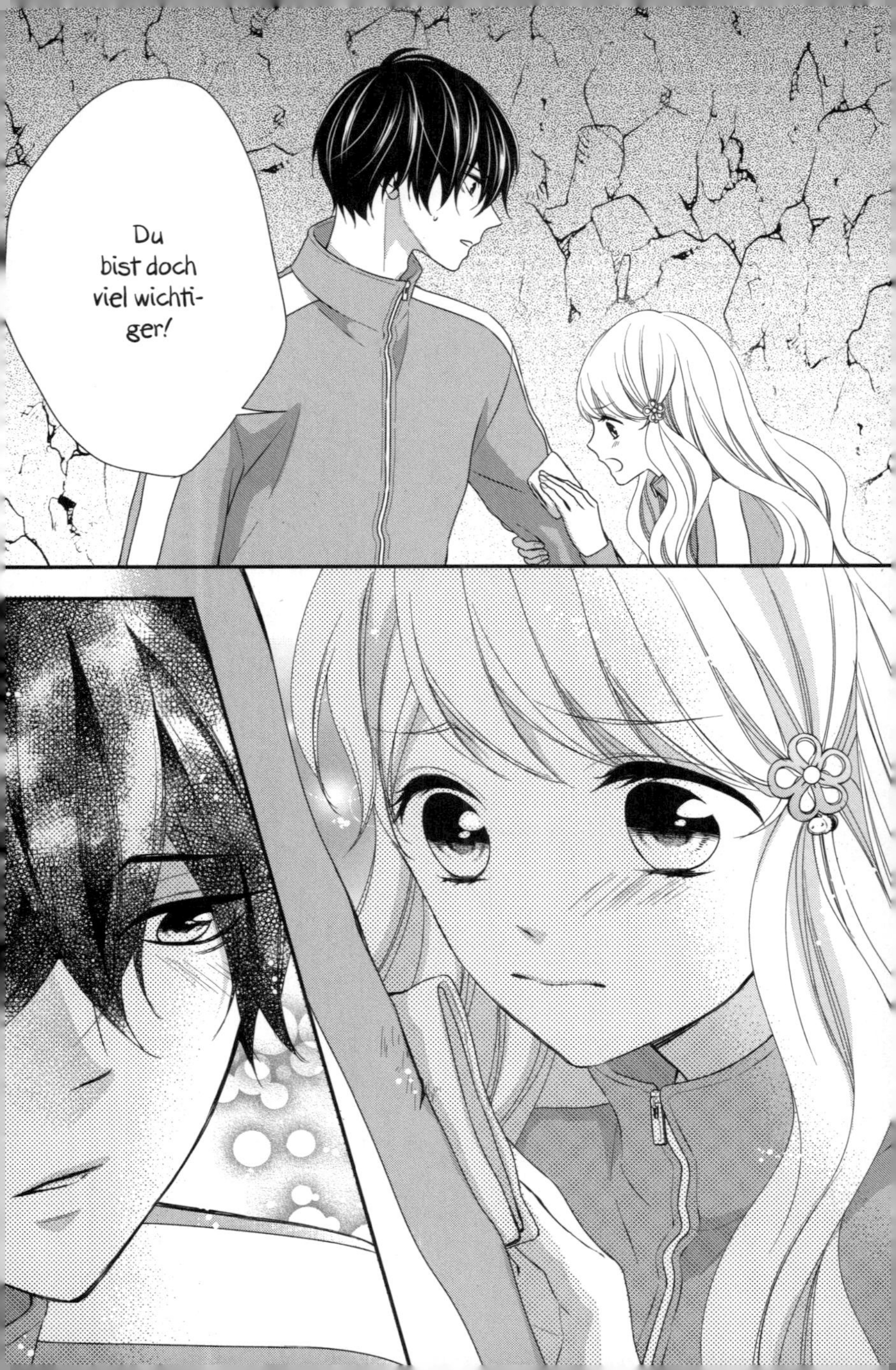
Du bist doch viel wichtiger!

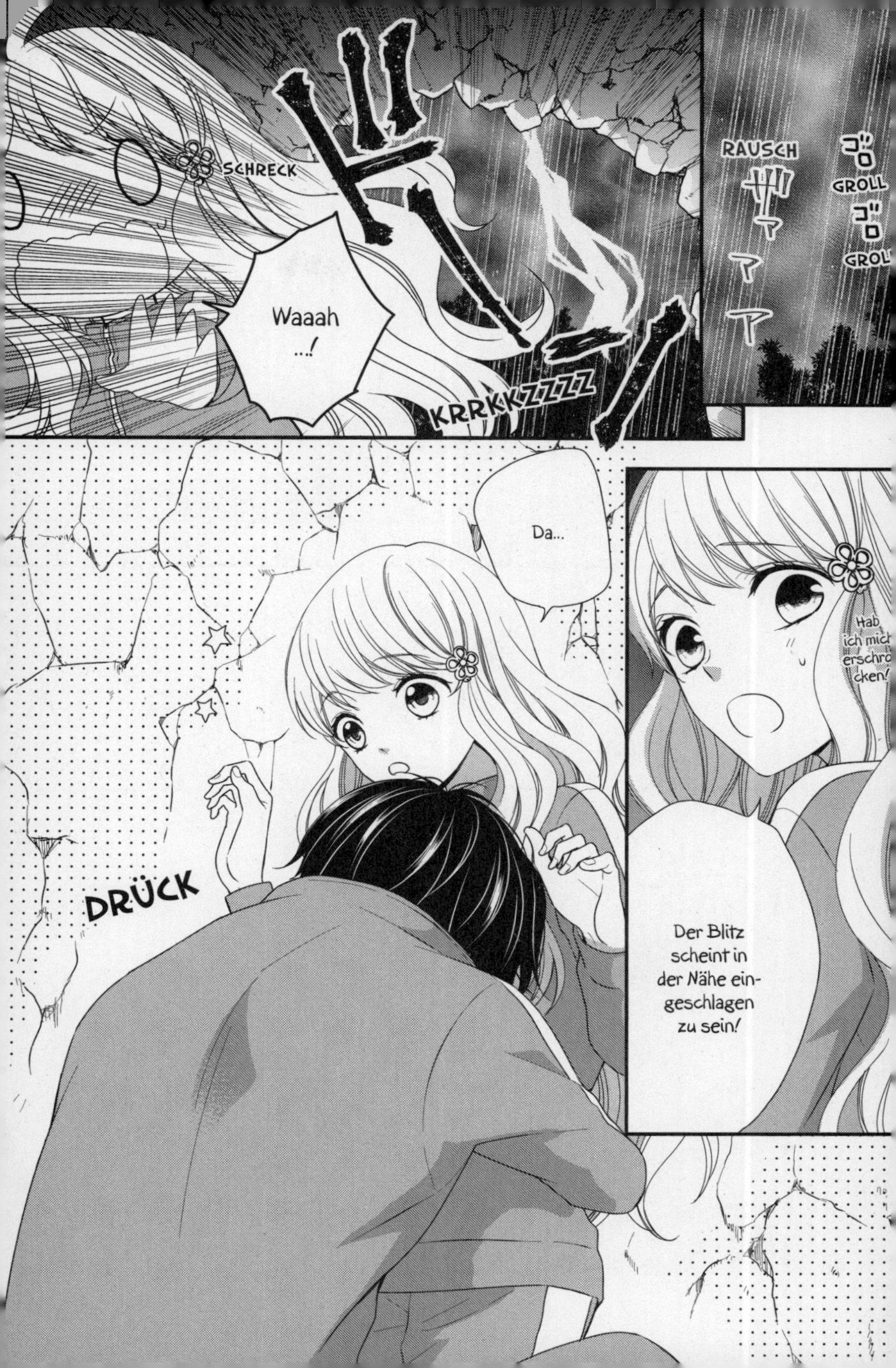

GROLL
GROLL
RAUSCH
SCHRECK
Waaah …!
KRRKKZZZZZ
Hab ich mich erschrocken!
Der Blitz scheint in der Nähe eingeschlagen zu sein!
Da…
DRÜCK

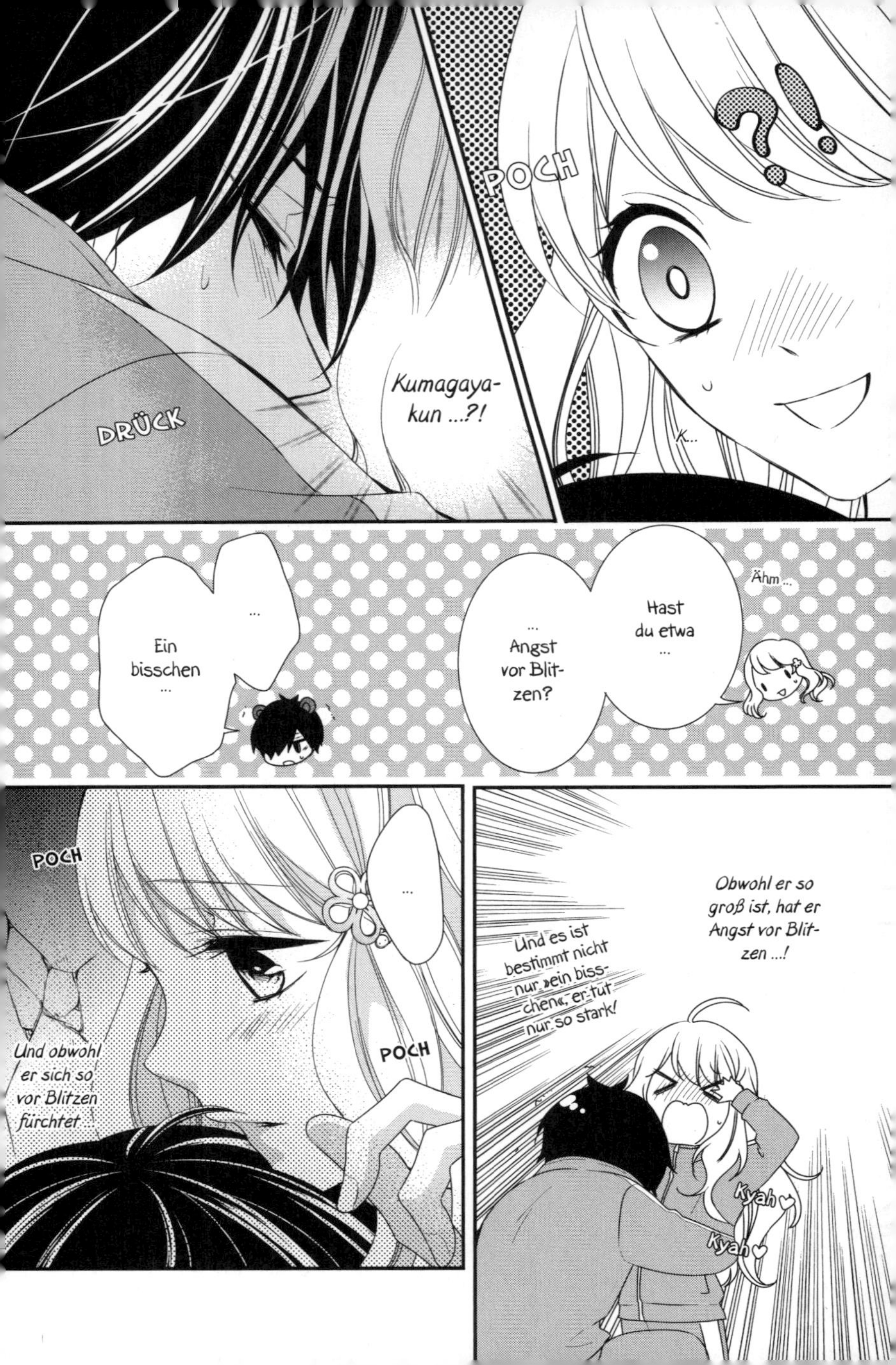
POCH
K…
Kumagaya-kun …?!
DRÜCK
Ähm …
Hast du etwa …
… Angst vor Blitzen?
…
Ein bisschen …
Obwohl er so groß ist, hat er Angst vor Blitzen …!
Und es ist bestimmt nicht nur »ein bisschen«, er tut nur so stark!
Kyah♥
Kyah♥
…
POCH
POCH
Und obwohl er sich so vor Blitzen fürchtet …

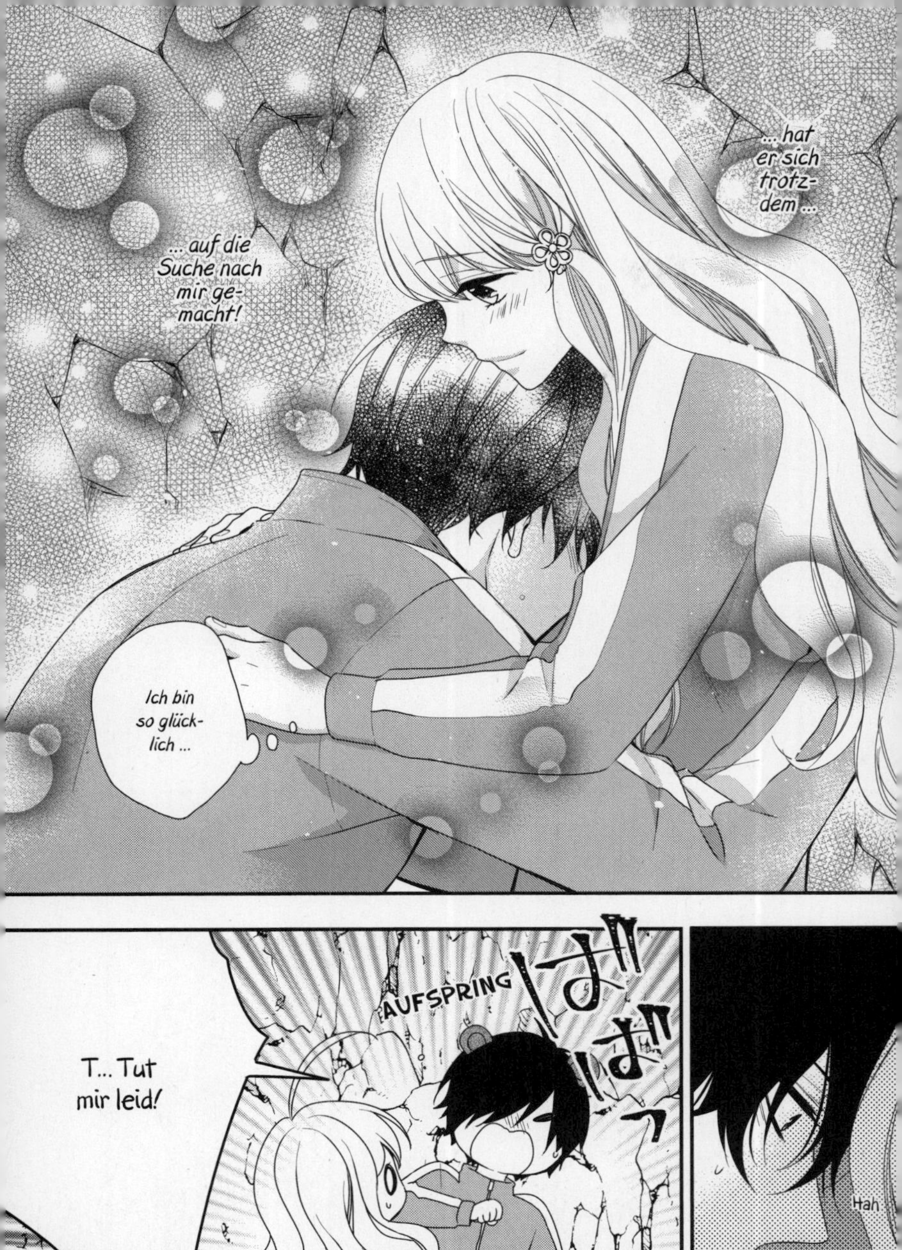
... hat er sich trotz-dem ...
... auf die Suche nach mir ge-macht!
Ich bin so glück-lich ...
Hah
AUFSPRING
T... Tut mir leid!

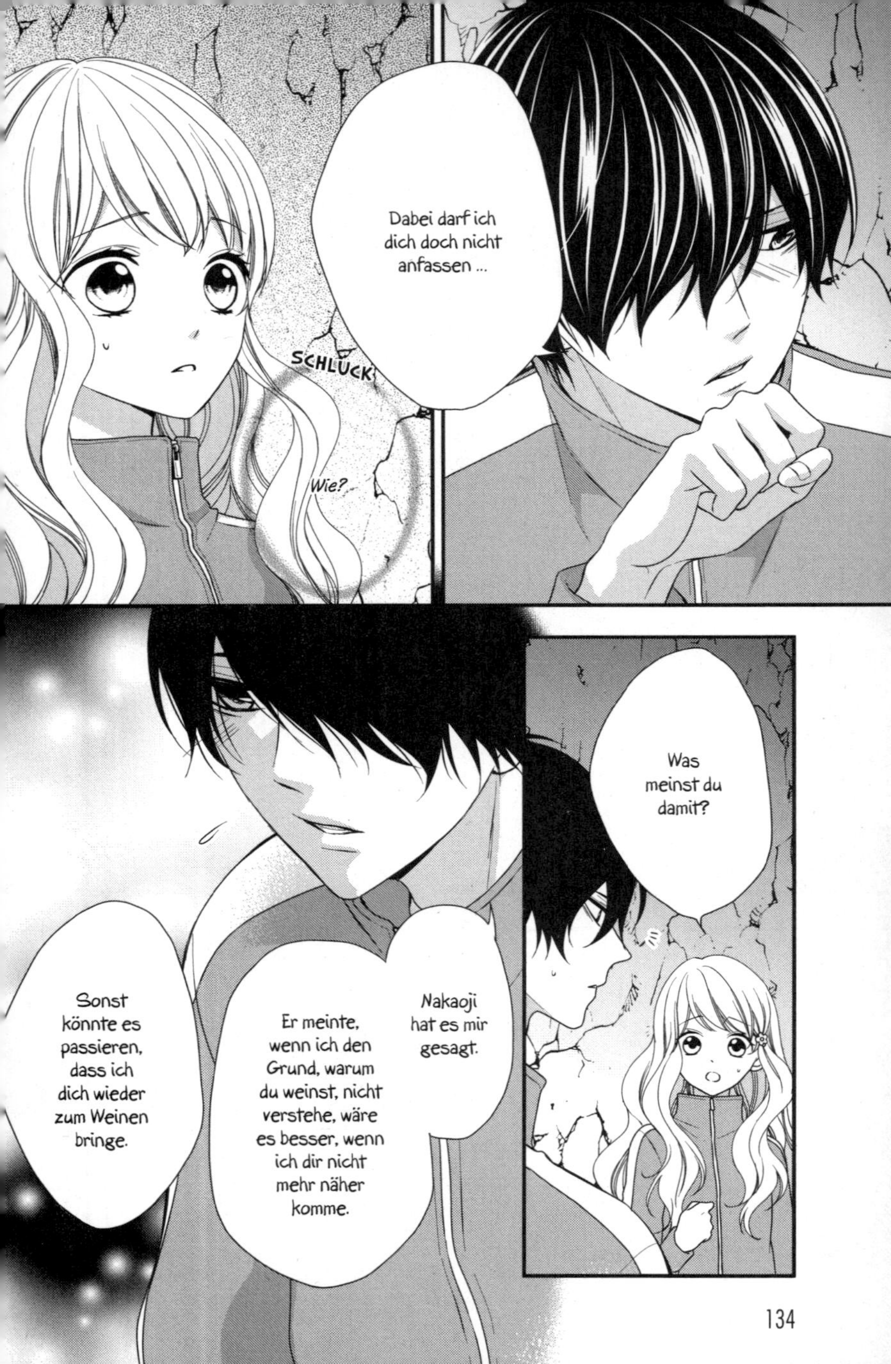
Dabei darf ich dich doch nicht anfassen ...
SCHLUCK
Wie?
Was meinst du damit?
Nakaoji hat es mir gesagt.
Er meinte, wenn ich den Grund, warum du weinst, nicht verstehe, wäre es besser, wenn ich dir nicht mehr näher komme.
Sonst könnte es passieren, dass ich dich wieder zum Weinen bringe.

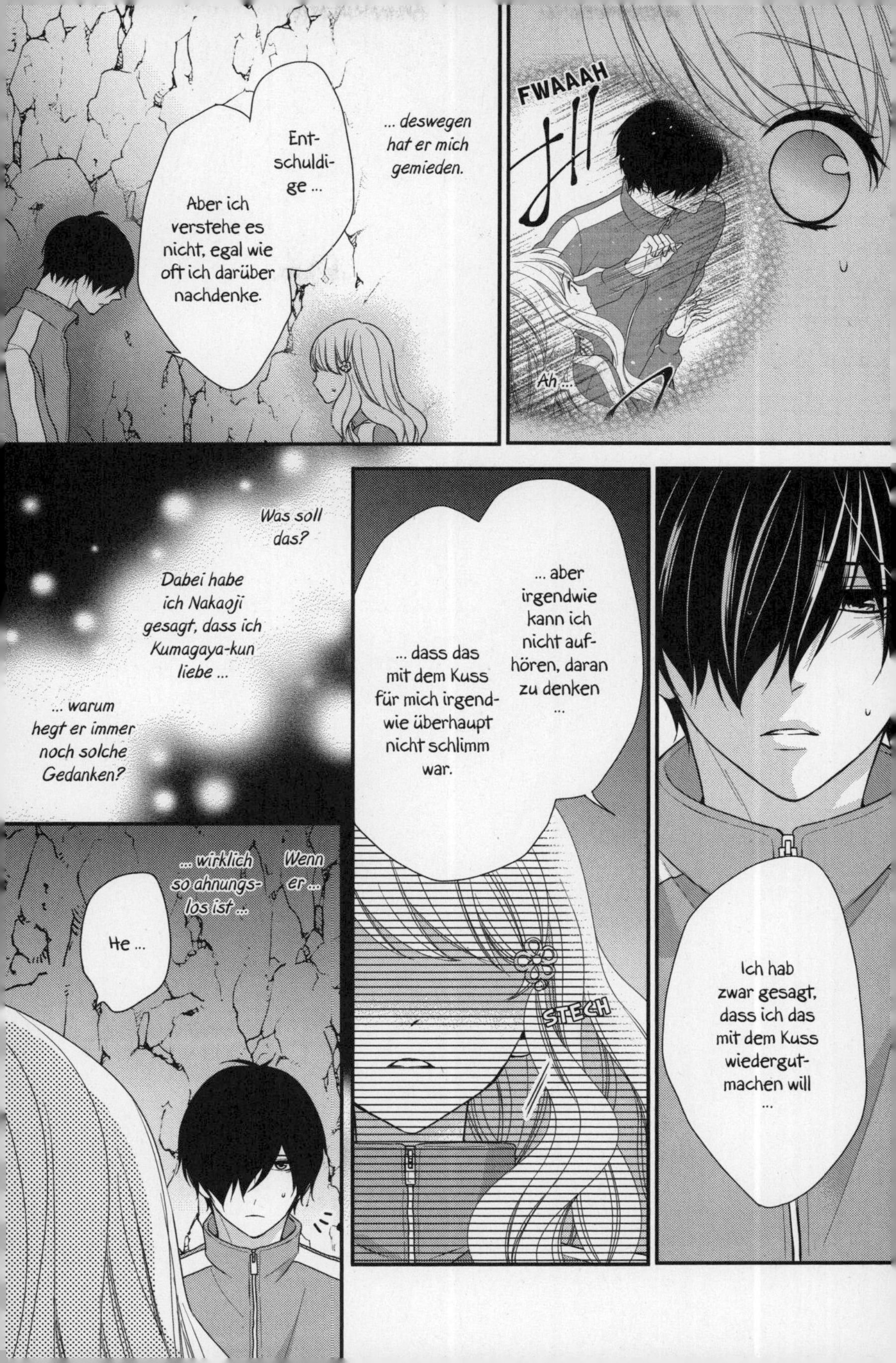

FWAAAH

Ah ...

... deswegen hat er mich gemieden.

Ent-schuldi-ge ...

Aber ich verstehe es nicht, egal wie oft ich darüber nachdenke.

Ich hab zwar gesagt, dass ich das mit dem Kuss wiedergut-machen will ...

... aber irgendwie kann ich nicht auf-hören, daran zu denken ...

... dass das mit dem Kuss für mich irgend-wie überhaupt nicht schlimm war.

STECH

Was soll das?

Dabei habe ich Nakaoji gesagt, dass ich Kumagaya-kun liebe ...

... warum hegt er immer noch solche Gedanken?

Wenn er ...

... wirklich so ahnungs-los ist ...

He ...

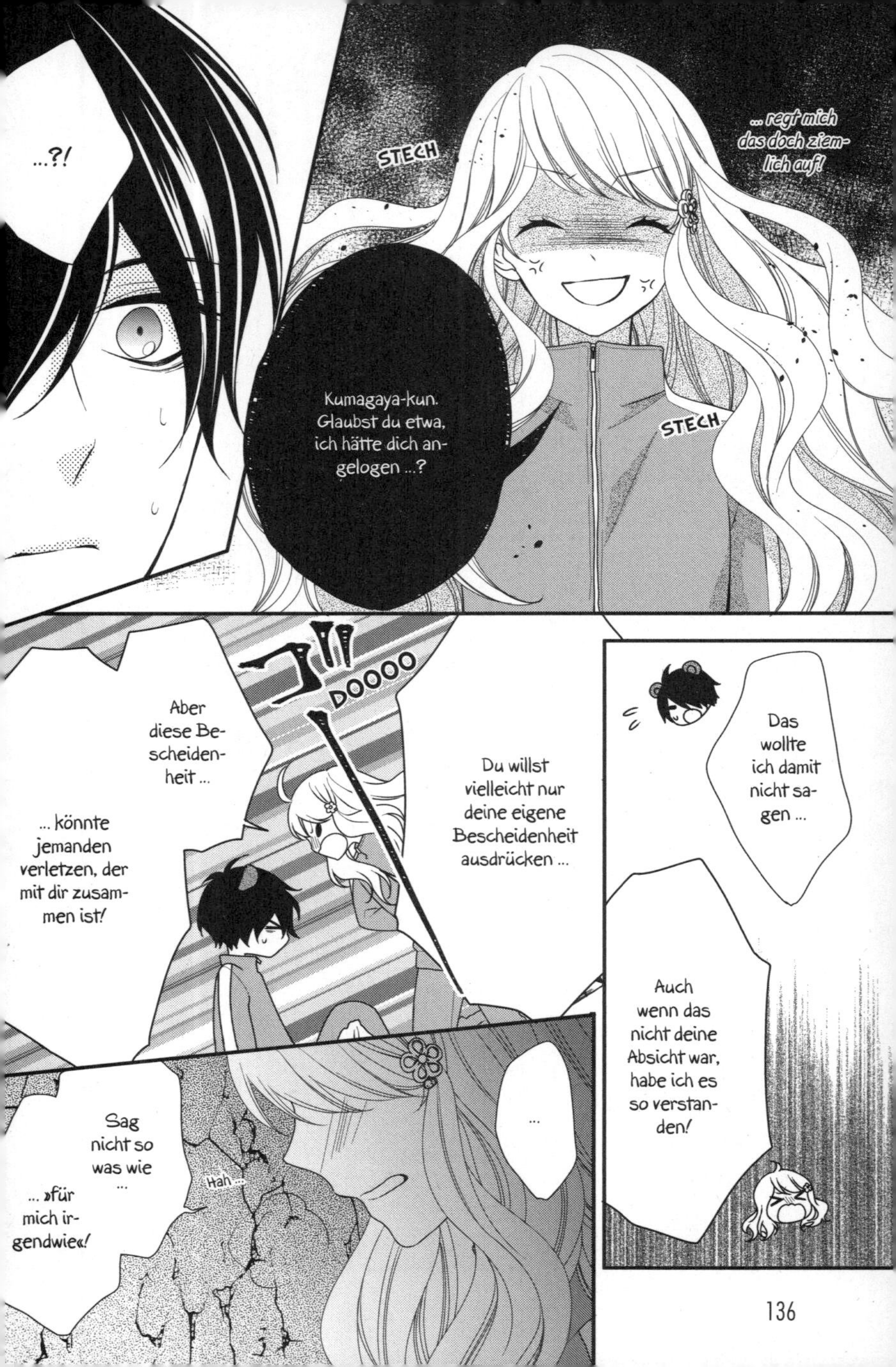
... regt mich das doch ziem-lich auf!
STECH
STECH
Kumagaya-kun. Glaubst du etwa, ich hätte dich an-gelogen ...?
...?!
Das wollte ich damit nicht sa-gen ...
Du willst vielleicht nur deine eigene Bescheidenheit ausdrücken ...
DOOOO
Aber diese Be-scheiden-heit ...
... könnte jemanden verletzen, der mit dir zusam-men ist!
Auch wenn das nicht deine Absicht war, habe ich es so verstan-den!
...
Hah ...
Sag nicht so was wie ...
... »für mich ir-gendwie«!

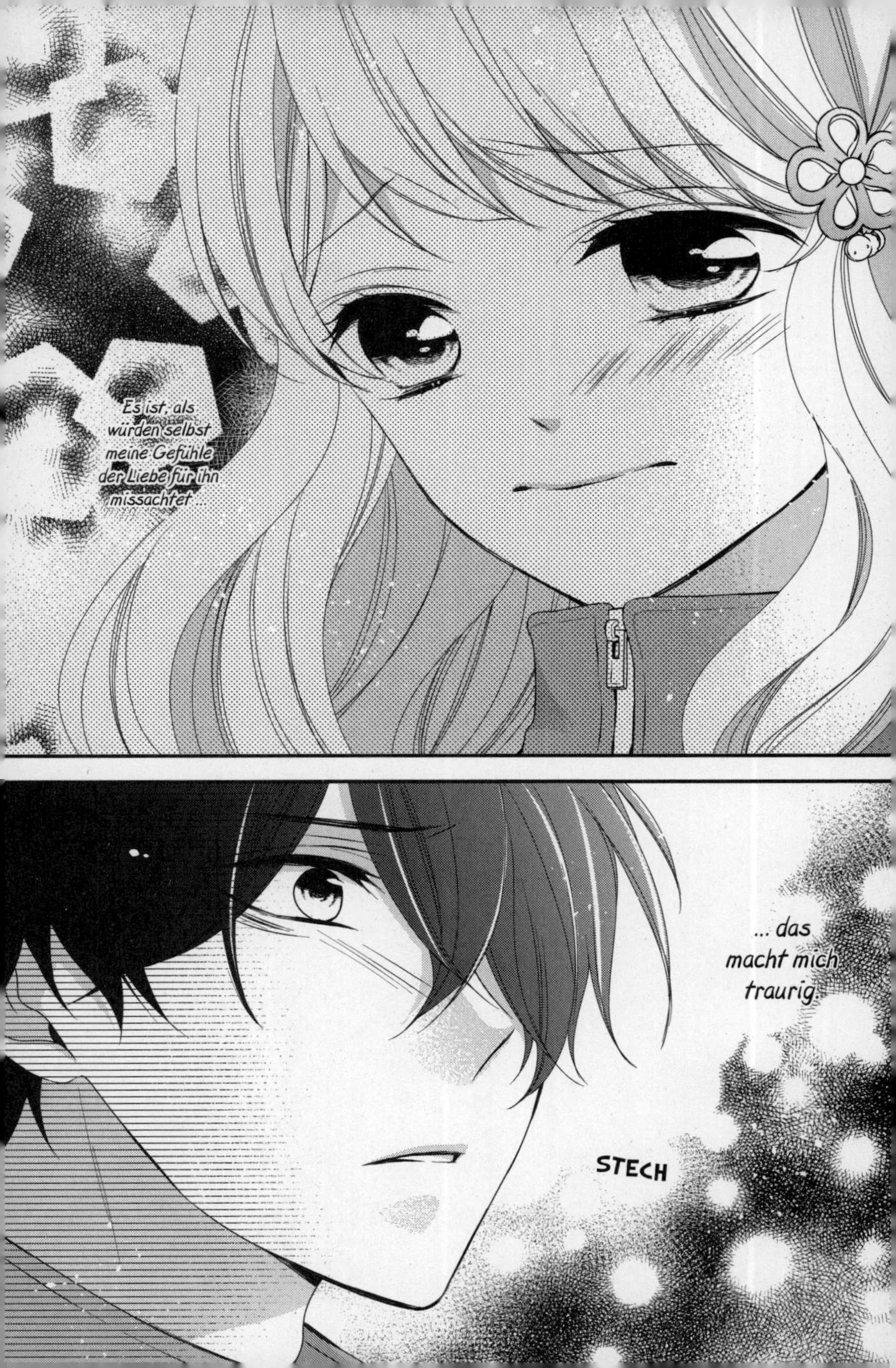

Es ist, als
würden selbst
meine Gefühle
der Liebe für ihn
missachtet ...
... das
macht mich
traurig.
STECH

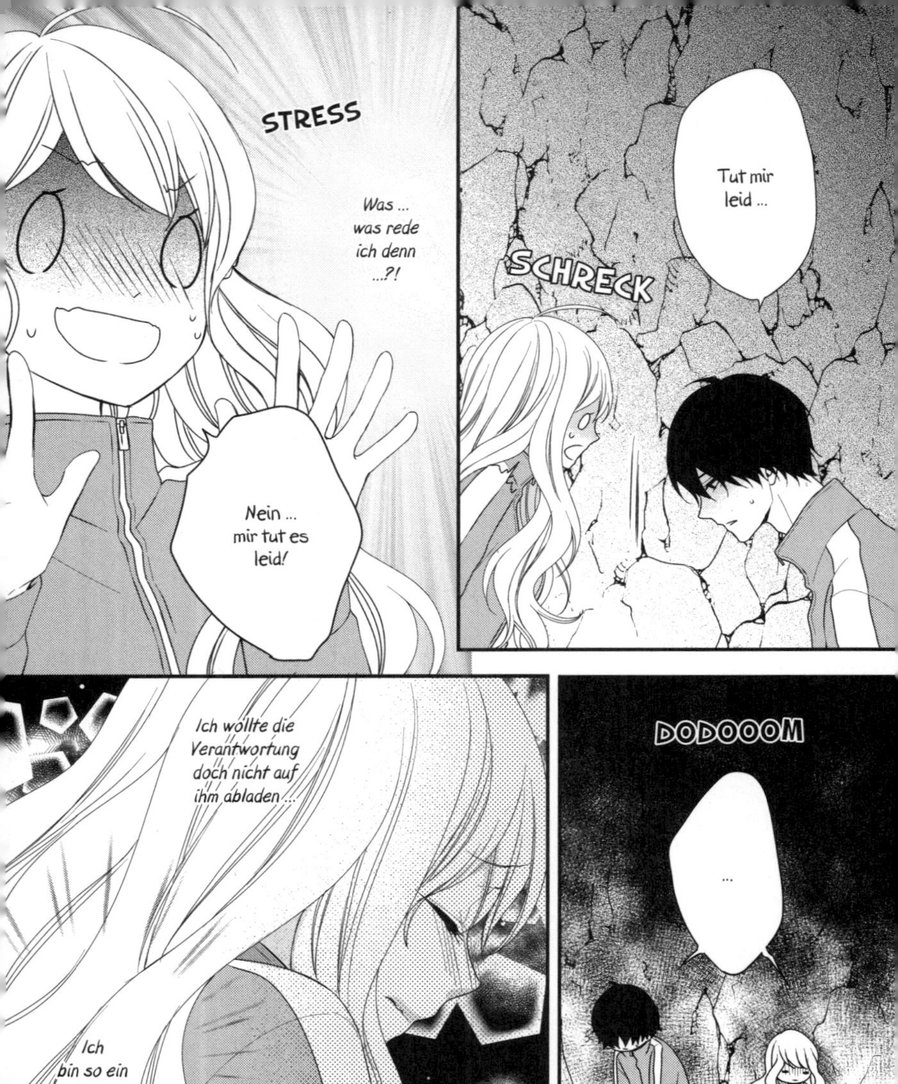
SCHRECK
Tut mir leid ...
STRESS
Was ... was rede ich denn ...?!
Nein ... mir tut es leid!
DODOOOM
...
Ich wollte die Verantwortung doch nicht auf ihm abladen ...
Ich bin so ein Idiot ...!

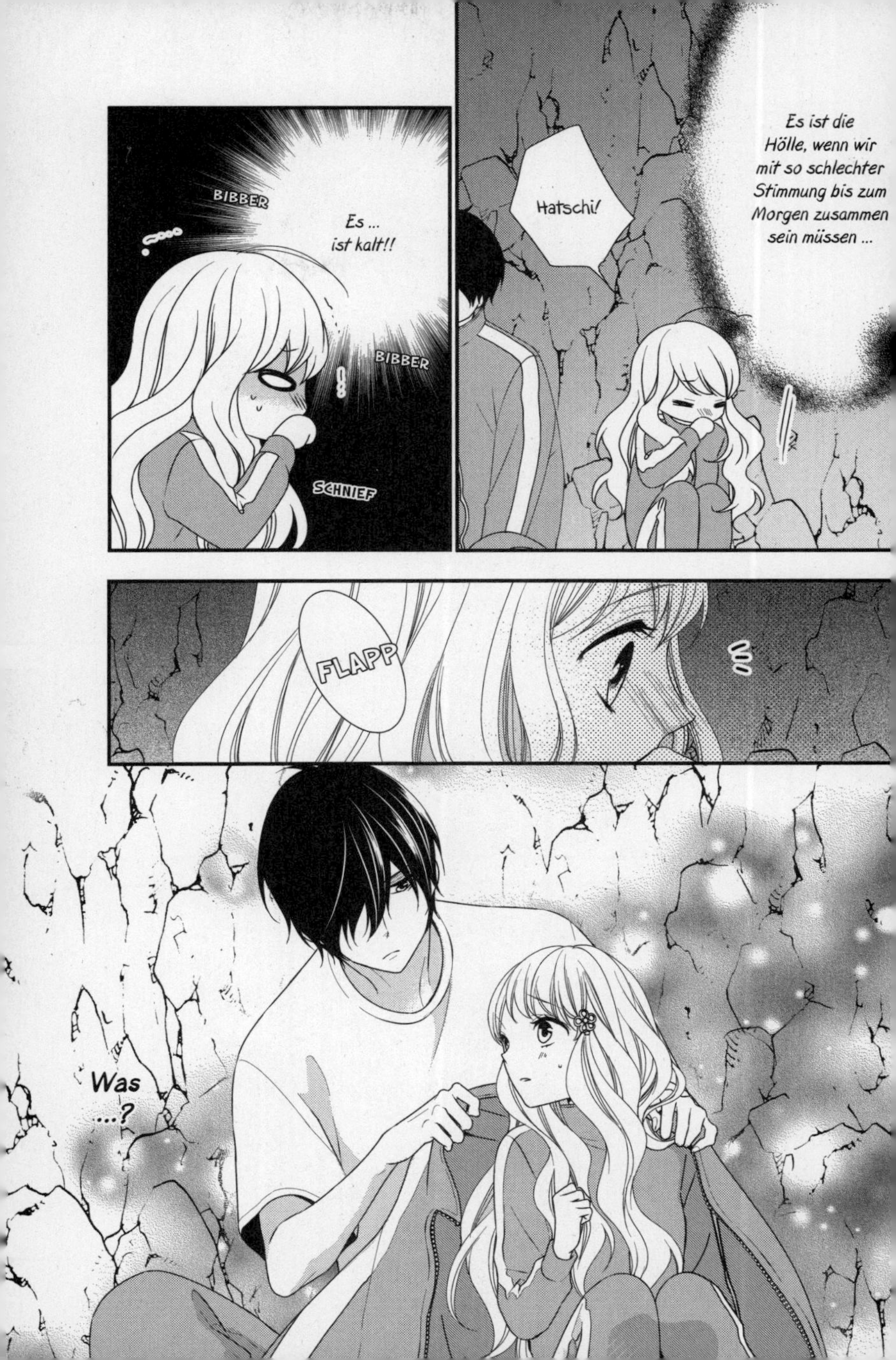
Es ist die Hölle, wenn wir mit so schlechter Stimmung bis zum Morgen zusammen sein müssen ...
Hatschi!
BIBBER
Es ... ist kalt!!
BIBBER
SCHNIEF
FLAPP
Was ...?

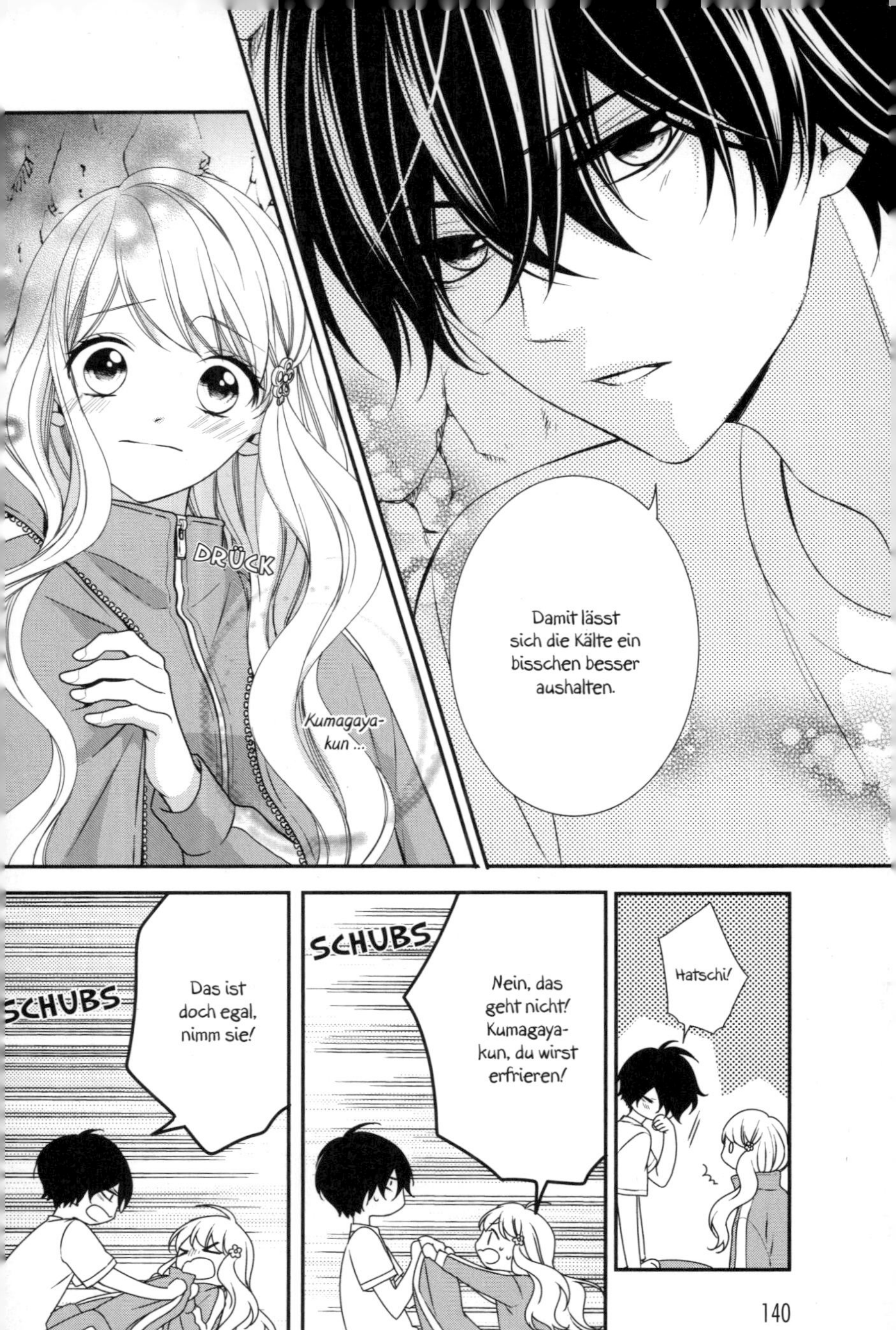

Damit lässt sich die Kälte ein bisschen besser aushalten.

DRÜCK

Kumagaya-kun ...

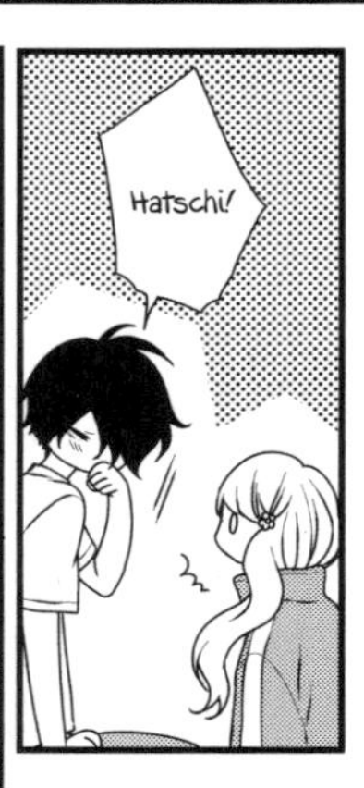

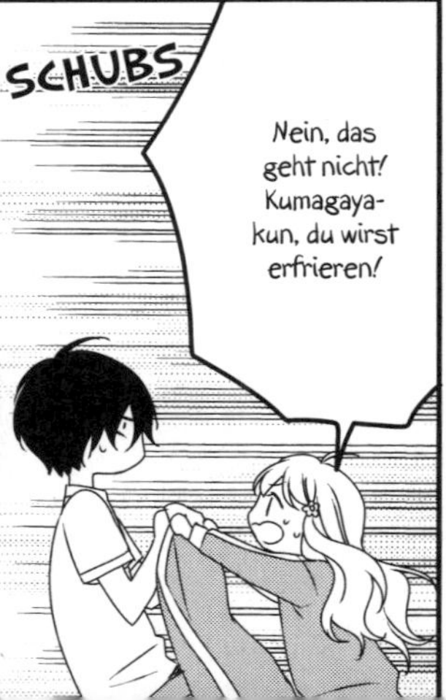

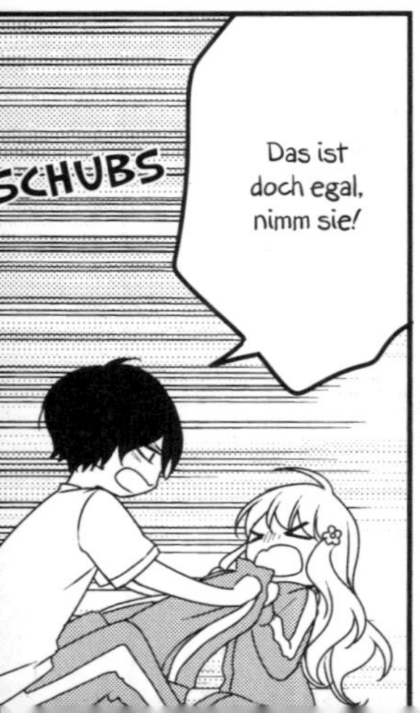

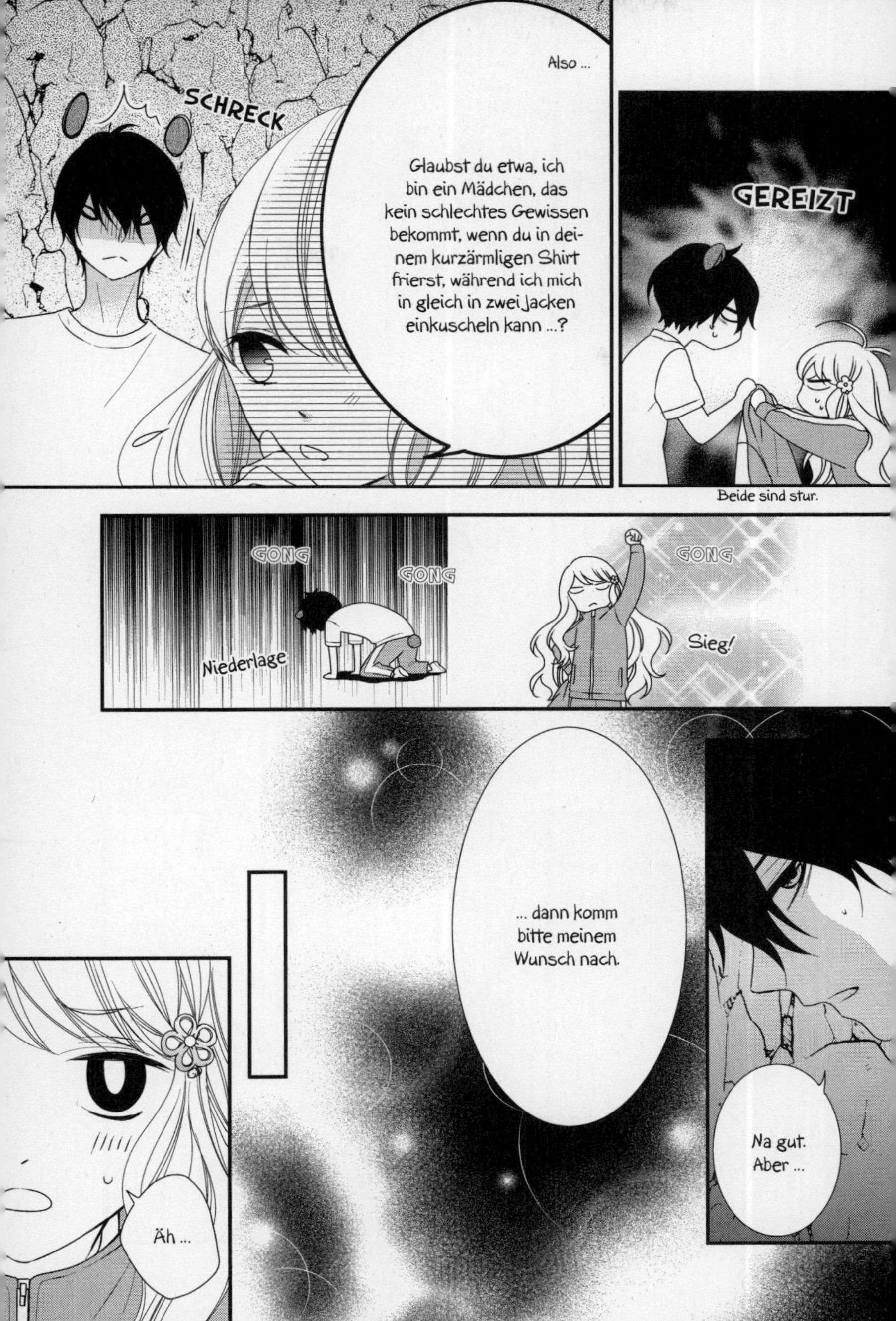

Also ...
Glaubst du etwa, ich bin ein Mädchen, das kein schlechtes Gewissen bekommt, wenn du in deinem kurzärmligen Shirt frierst, während ich mich in gleich in zwei Jacken einkuscheln kann ...?
SCHRECK
GEREIZT
Beide sind stur.
GONG
Sieg!
GONG
GONG
Niederlage
Na gut. Aber ...
... dann komm bitte meinem Wunsch nach.
Äh ...

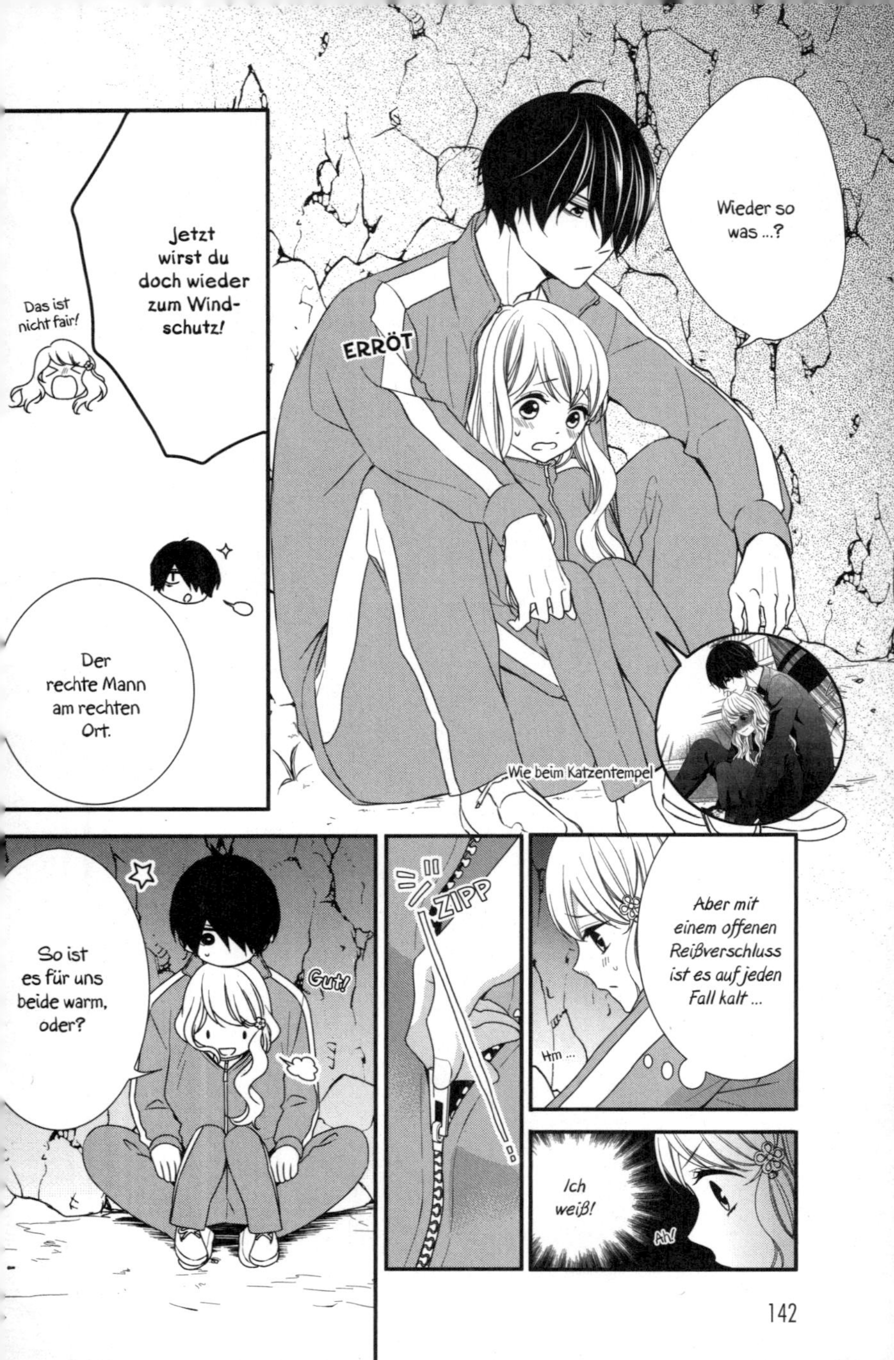
Wieder so was ...?
ERRÖT
Wie beim Katzentempel
Jetzt wirst du doch wieder zum Windschutz!
Das ist nicht fair!
Der rechte Mann am rechten Ort.
Aber mit einem offenen Reißverschluss ist es auf jeden Fall kalt ...
Hm ...
Ich weiß!
Ah!
ZIPP
So ist es für uns beide warm, oder?
Gut!

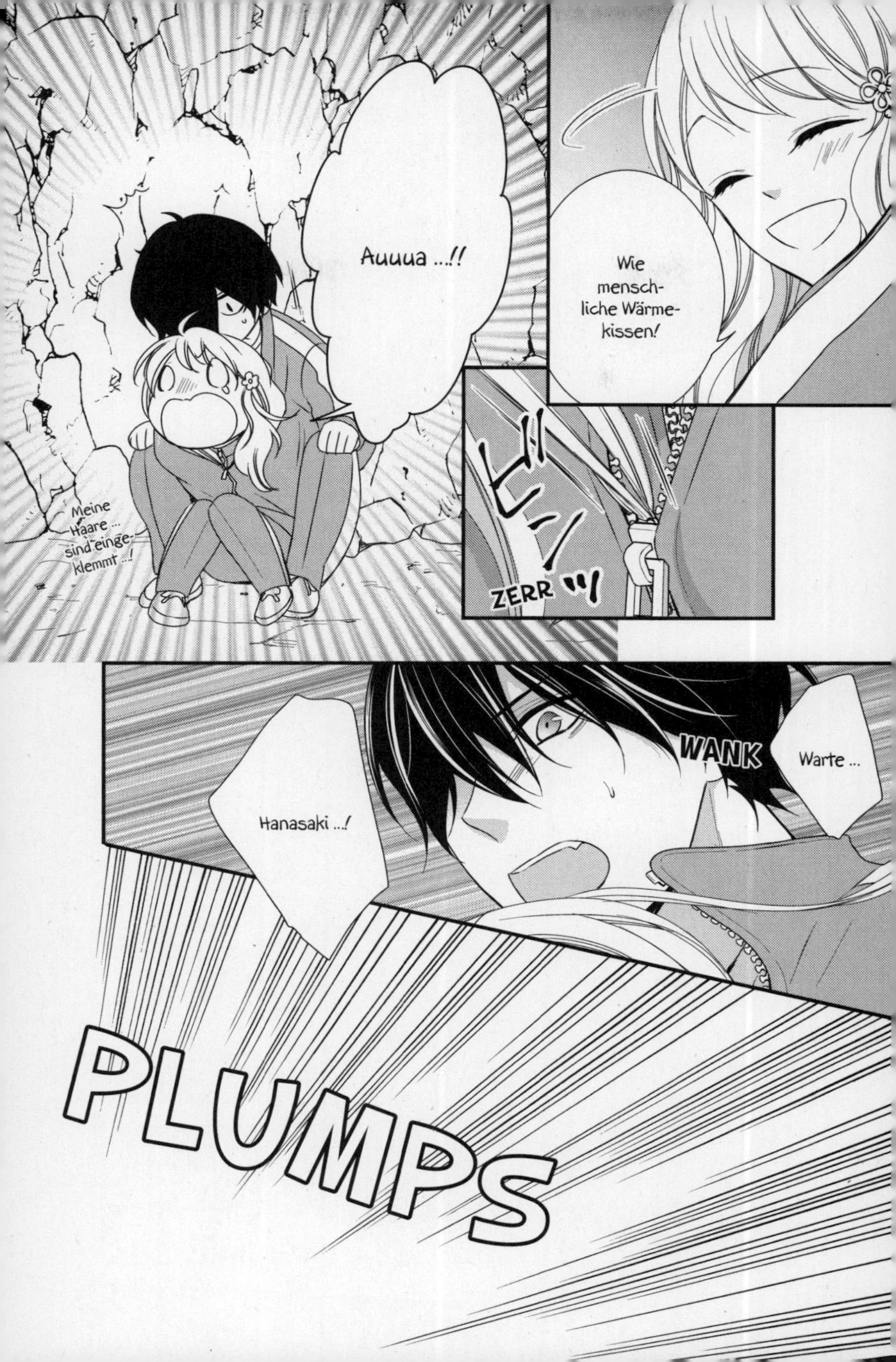
Wie menschliche Wärmekissen!
ZERR
Auuua ...!!
Meine Haare ... sind eingeklemmt ...!
WANK
Warte ...
Hanasaki ...!
PLUMPS

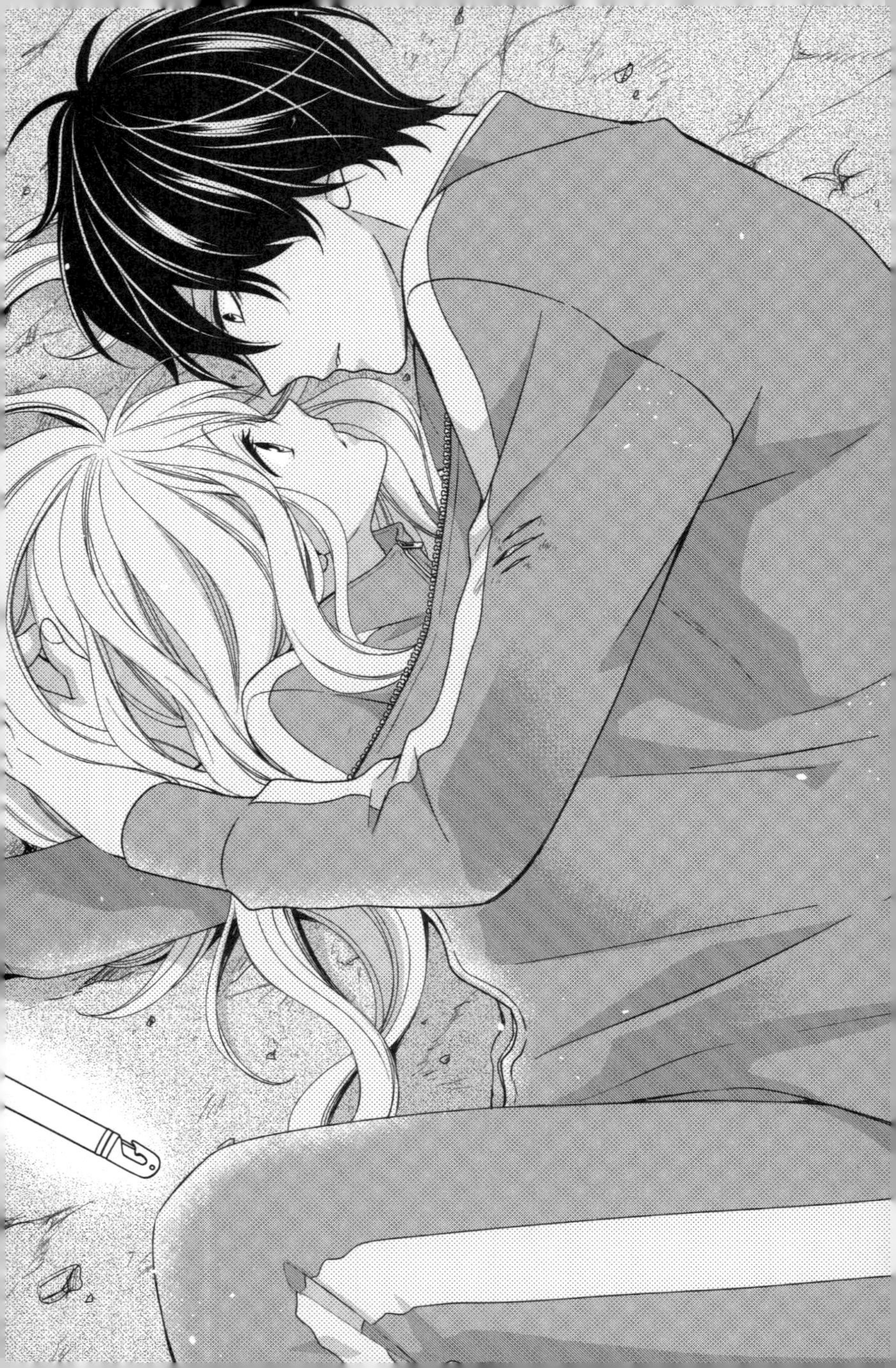

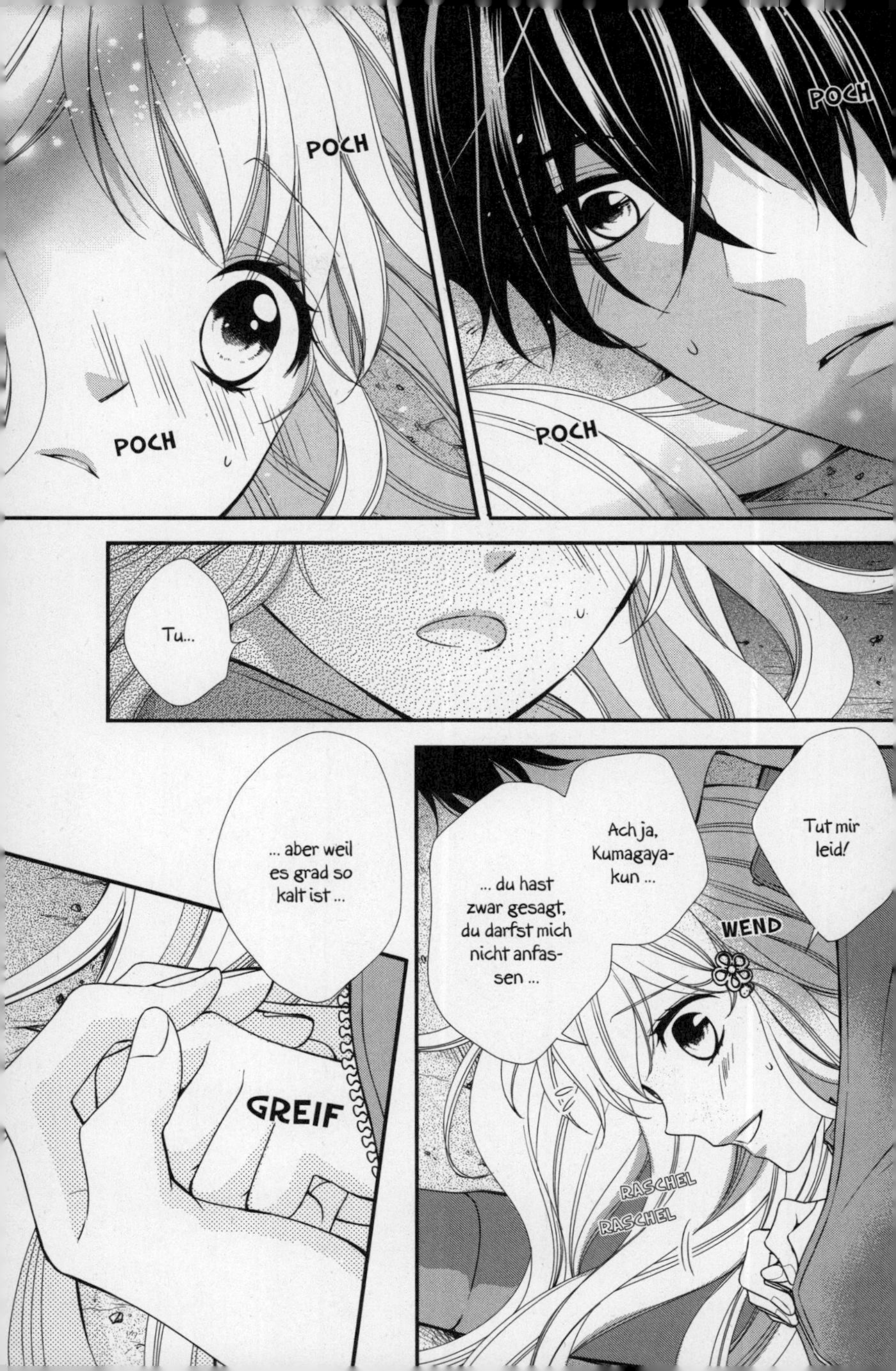
POCH
POCH
POCH
POCH
Tu...
Tut mir leid!
Ach ja, Kumagaya-kun ...
... du hast zwar gesagt, du darfst mich nicht anfassen ...
WEND
RASCHEL
RASCHEL
... aber weil es grad so kalt ist ...
GREIF

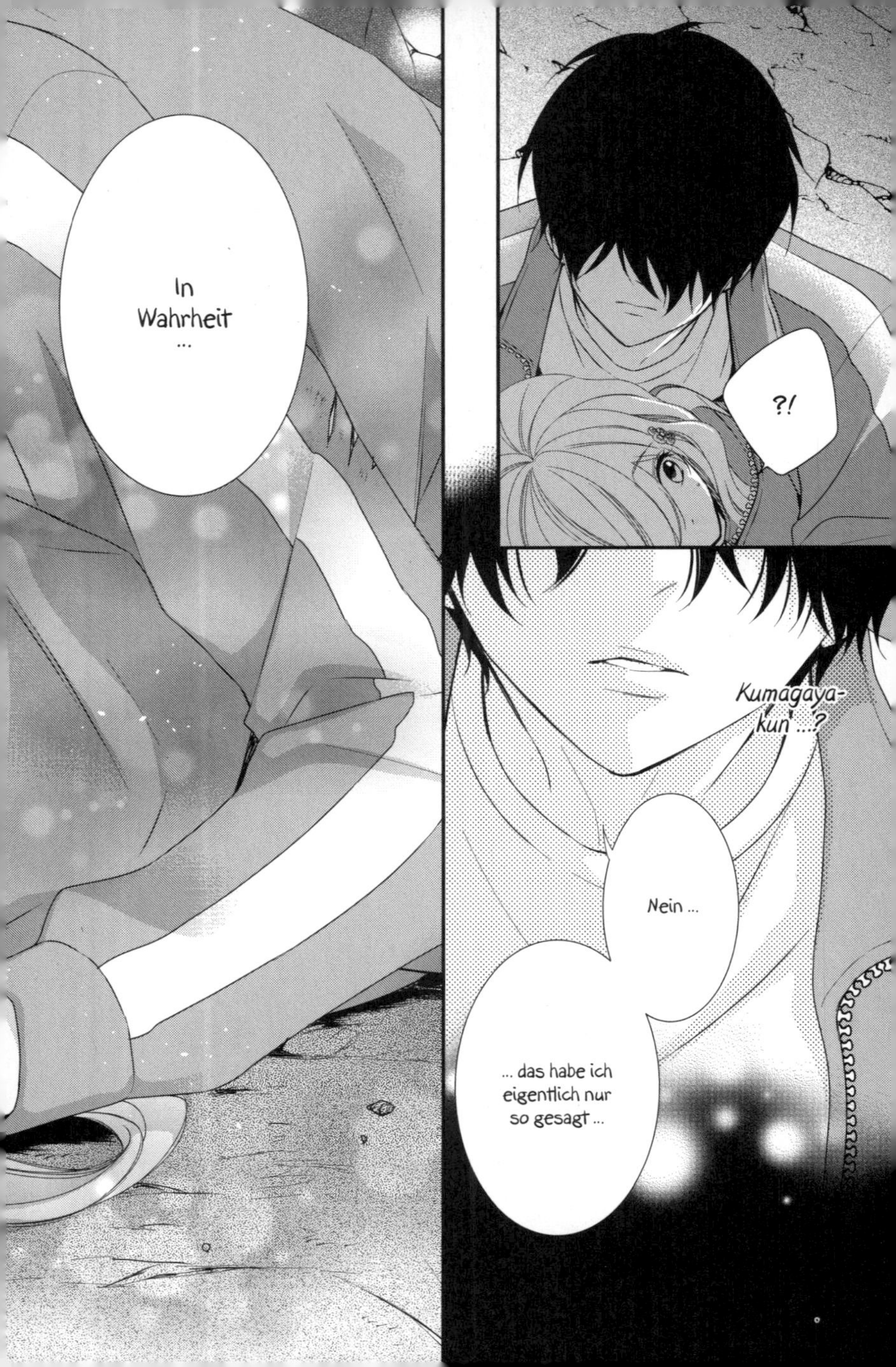
?!
Kumagaya-kun …?
Nein …
… das habe ich eigentlich nur so gesagt …
In Wahrheit …

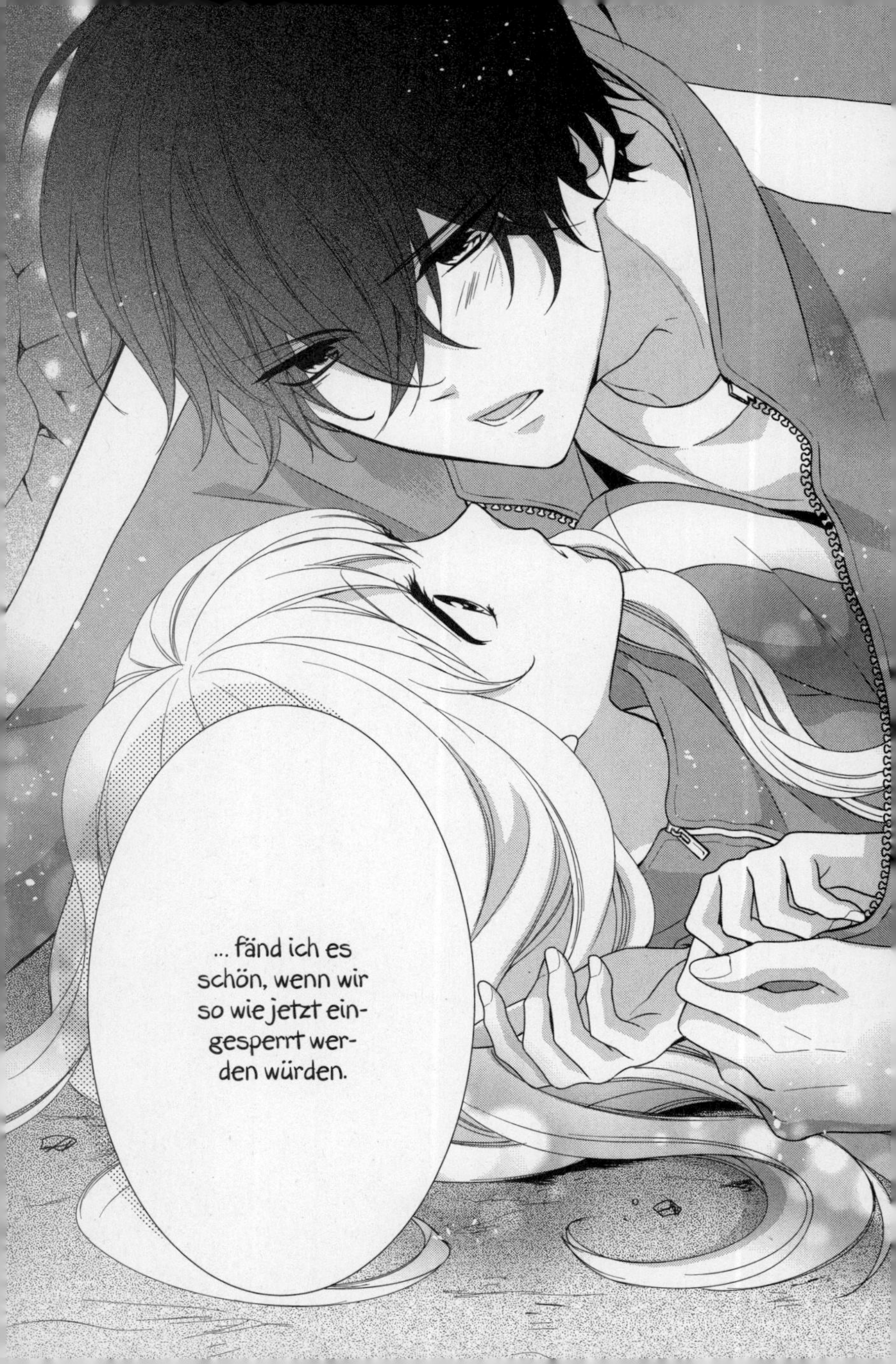
... fänd ich es schön, wenn wir so wie jetzt ein-gesperrt wer-den würden.

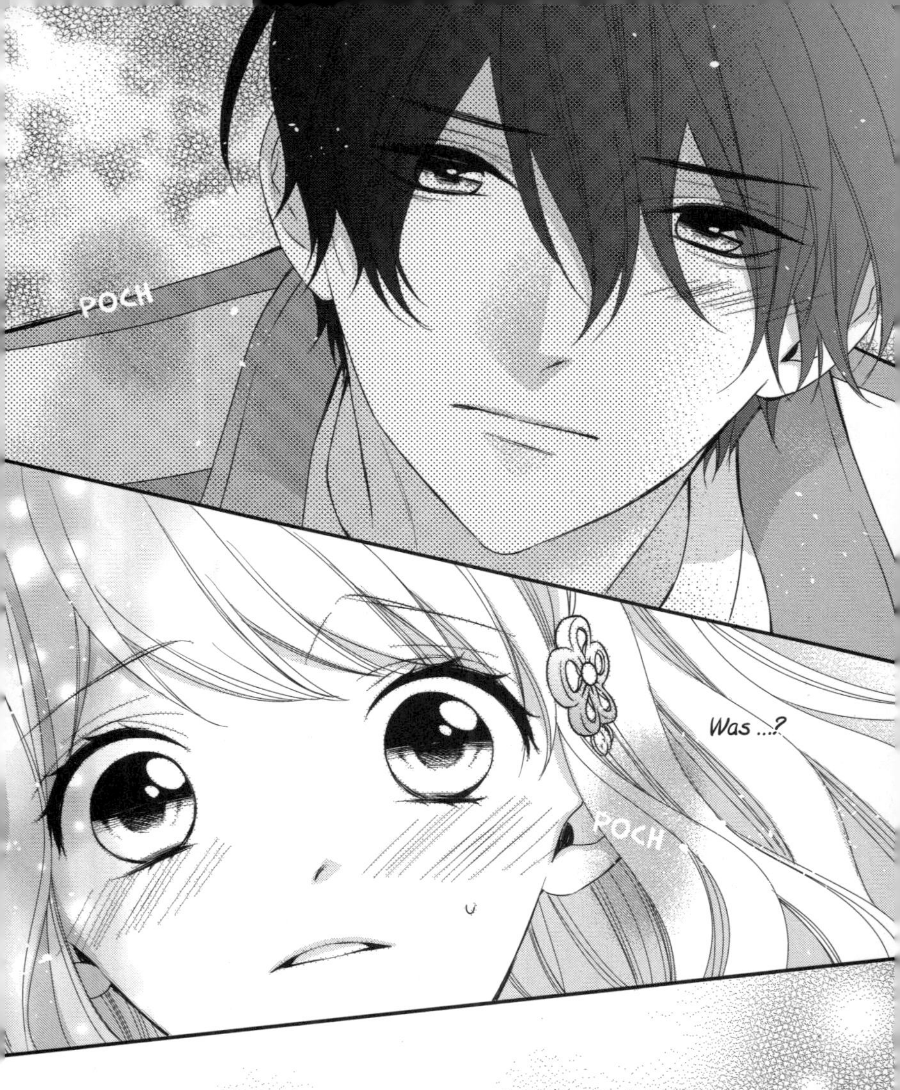
POCH
Was ...?
POCH
Das heißt ...

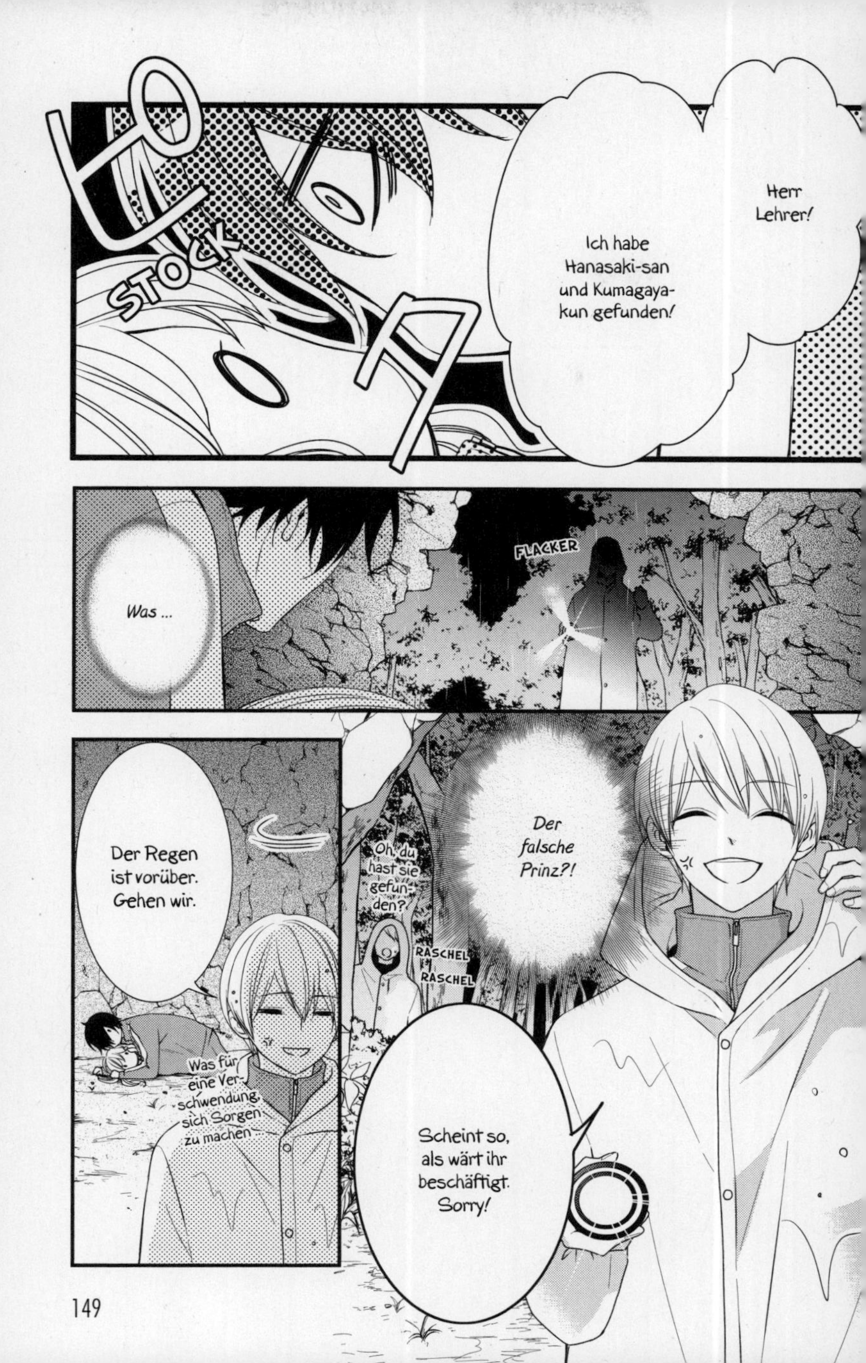
Herr Lehrer!
Ich habe Hanasaki-san und Kumagaya-kun gefunden!
STOCK
FLACKER
Was ...
Der falsche Prinz?!
Oh, du hast sie gefunden?
RASCHEL RASCHEL
Der Regen ist vorüber. Gehen wir.
Scheint so, als wärt ihr beschäftigt. Sorry!
Was für eine Verschwendung, sich Sorgen zu machen

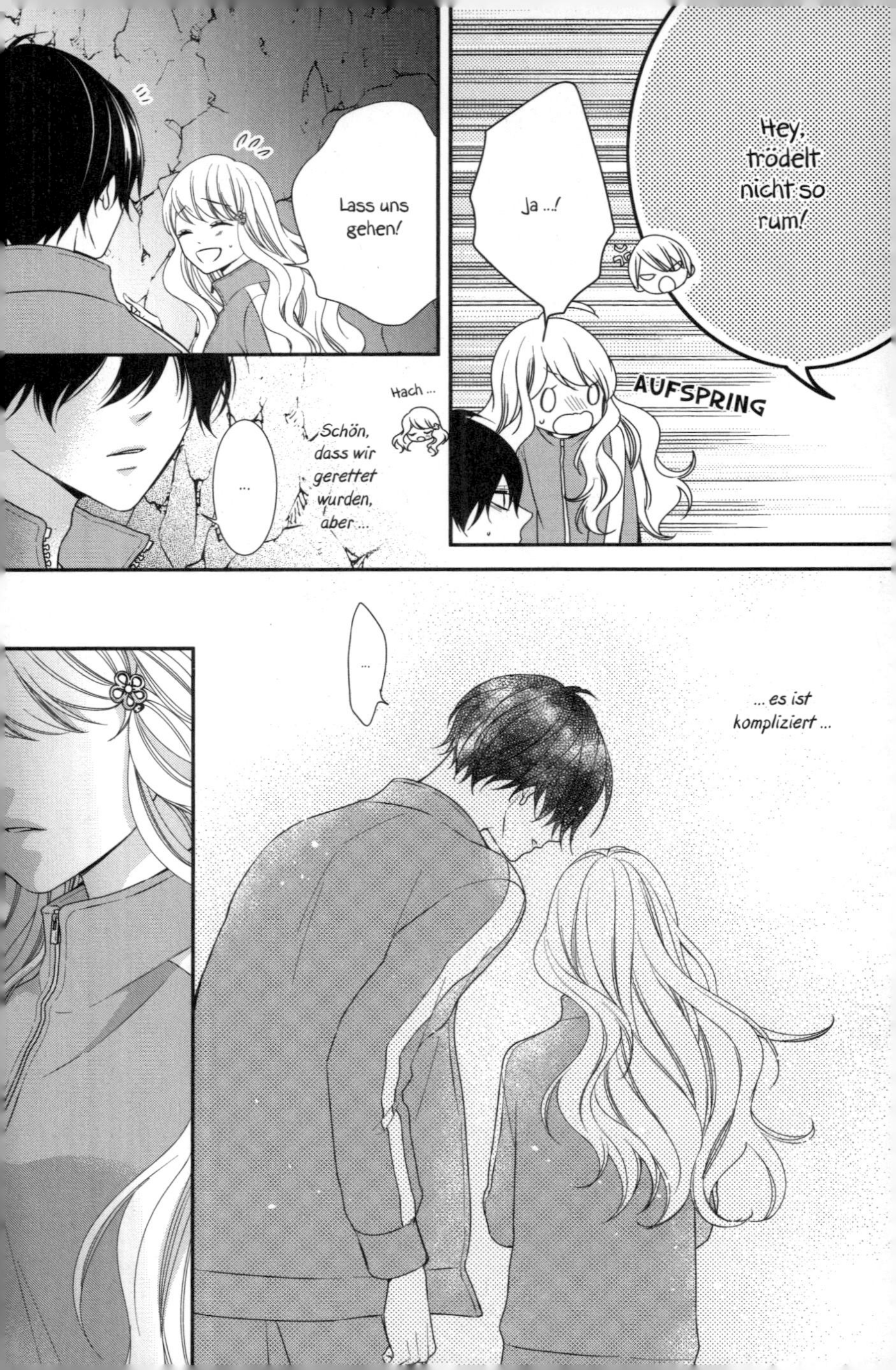

Hey, trödelt nicht so rum!

AUFSPRING

Ja ...!

Lass uns gehen!

Hach ...

Schön, dass wir gerettet wurden, aber ...

...

... es ist kompliziert ...

...

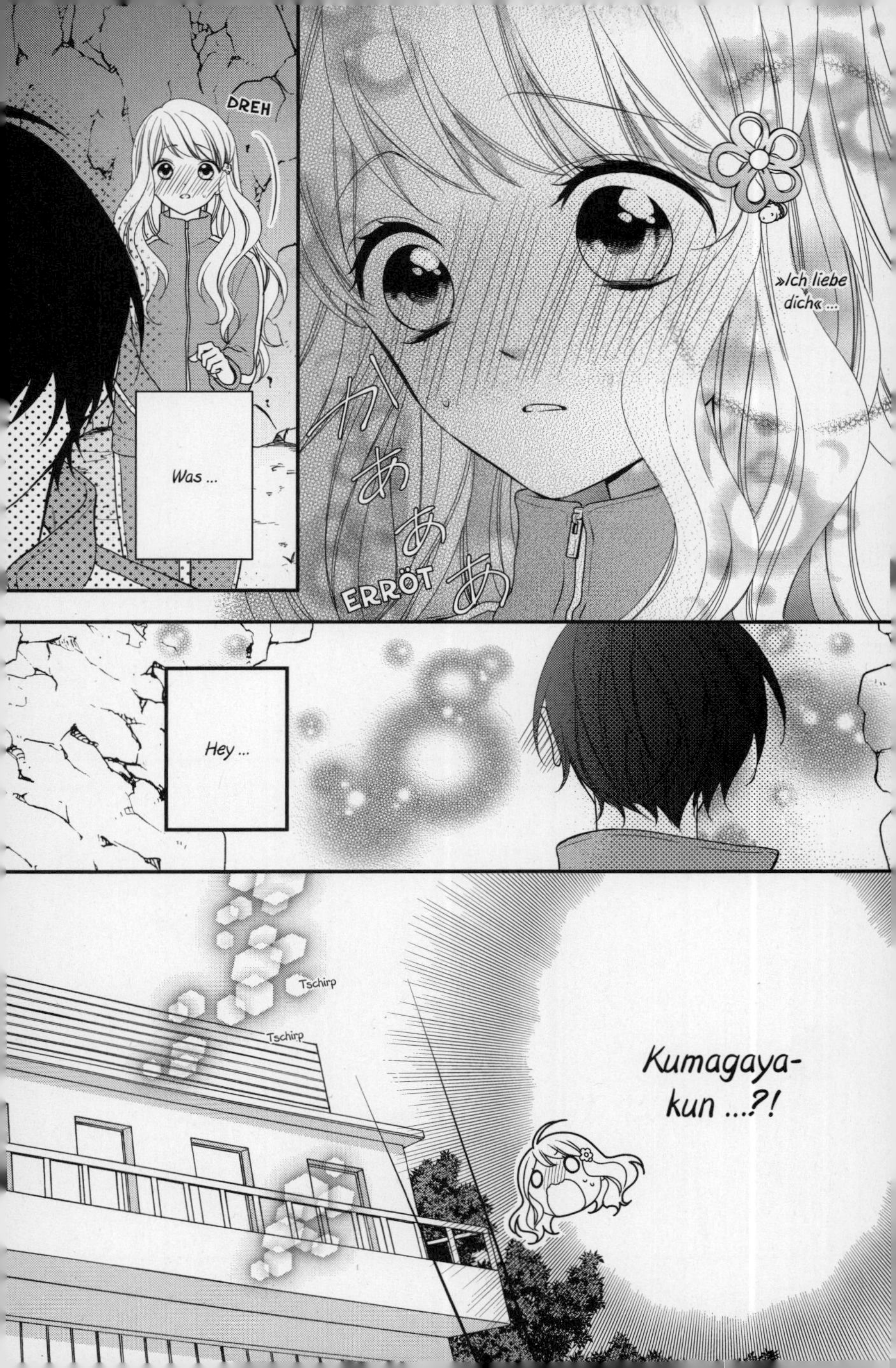

»Ich liebe dich« ...
かあああ
ERRÖT
DREH
Was ...
Hey ...
Tschirp
Tschirp
Kumagaya-kun ...?!

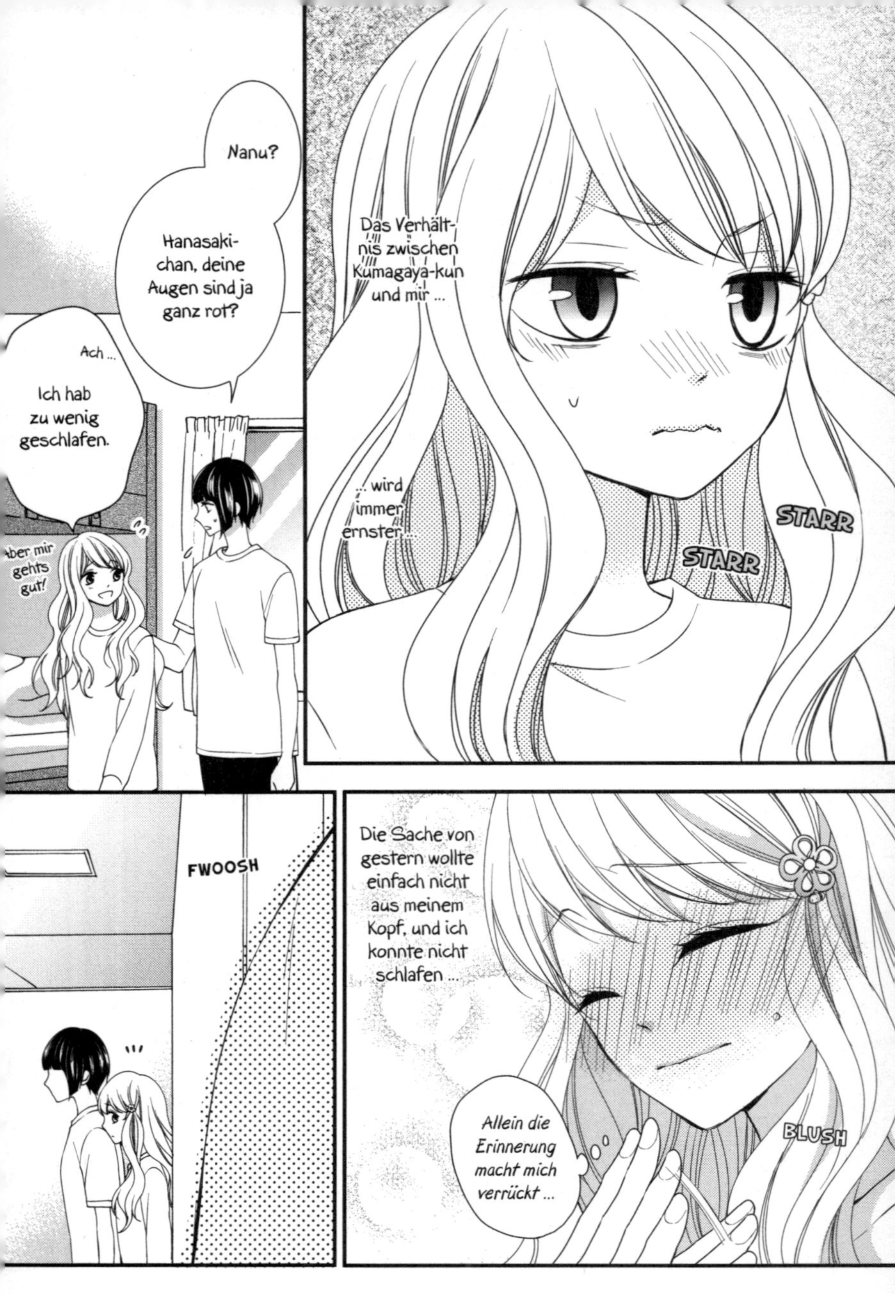
Das Verhältnis zwischen Kumagaya-kun und mir ...
... wird immer ernster ...
STARR
STARR
Nanu?
Hanasaki-chan, deine Augen sind ja ganz rot?
Ach ...
Ich hab zu wenig geschlafen.
Aber mir gehts gut!
Die Sache von gestern wollte einfach nicht aus meinem Kopf, und ich konnte nicht schlafen ...
Allein die Erinnerung macht mich verrückt ...
BLUSH
FWOOSH

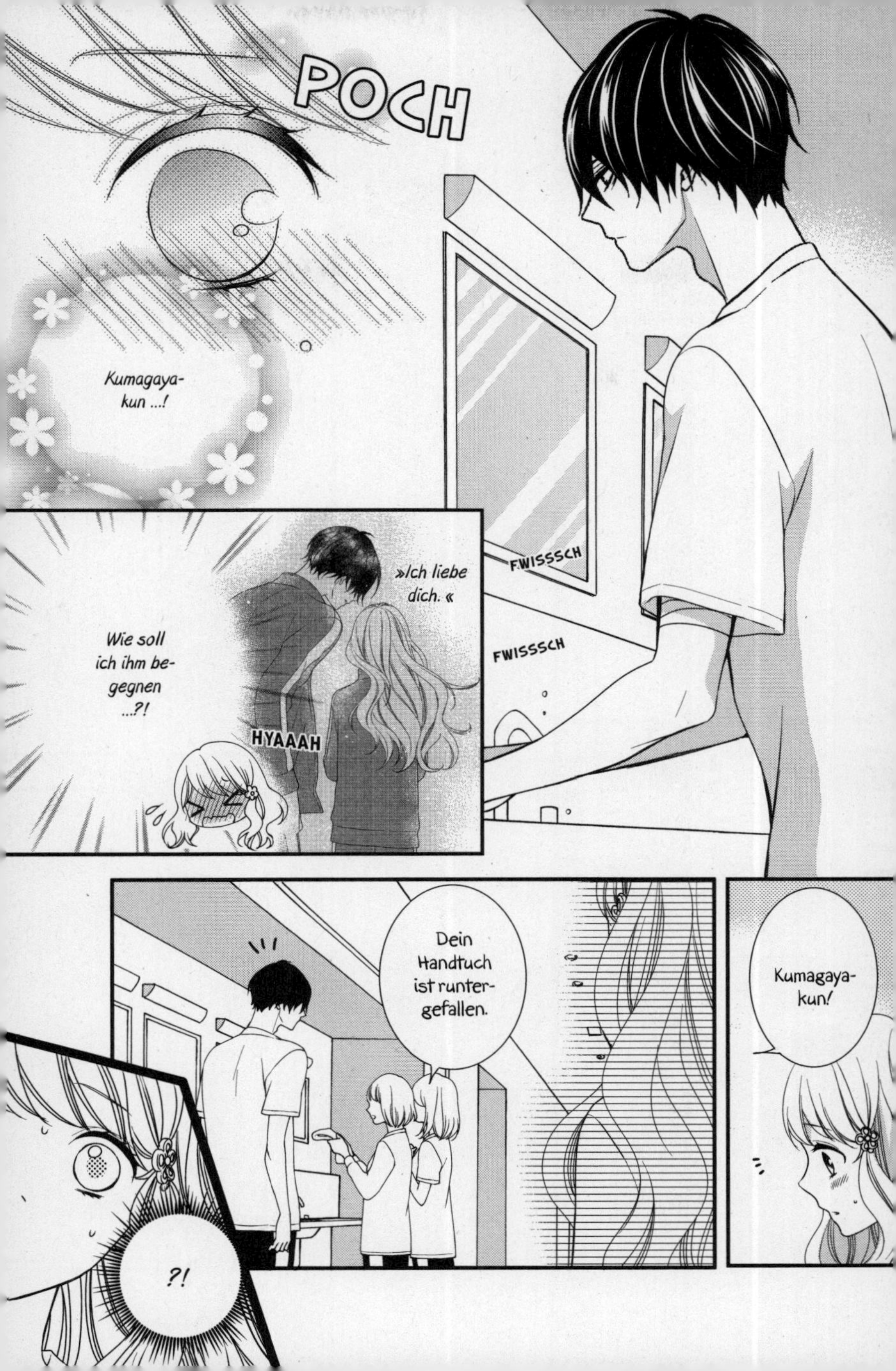
POCH
Kumagaya-kun ...!
FWISSSCH
FWISSSCH
»Ich liebe dich.«
Wie soll ich ihm begegnen ...?!
HYAAAH
Kumagaya-kun!
Dein Handtuch ist runtergefallen.
?!

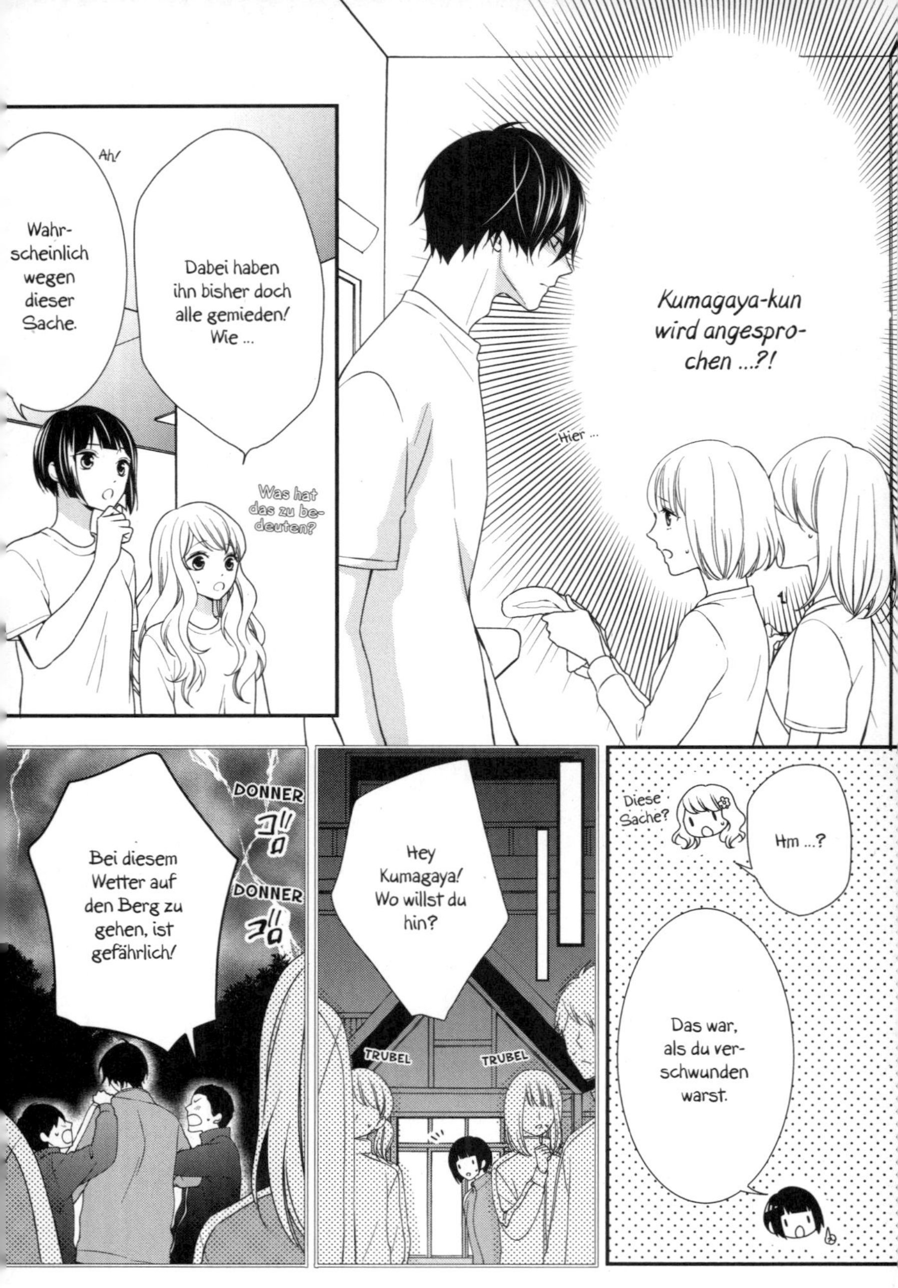
Kumagaya-kun wird angesprochen ...?!
Hier ...
Dabei haben ihn bisher doch alle gemieden! Wie ...
Was hat das zu bedeuten?
Ah!
Wahrscheinlich wegen dieser Sache.
Hm ...?
Diese Sache?
Das war, als du verschwunden warst.
Hey Kumagaya! Wo willst du hin?
TRUBEL
TRUBEL
DONNER
DONNER
Bei diesem Wetter auf den Berg zu gehen, ist gefährlich!

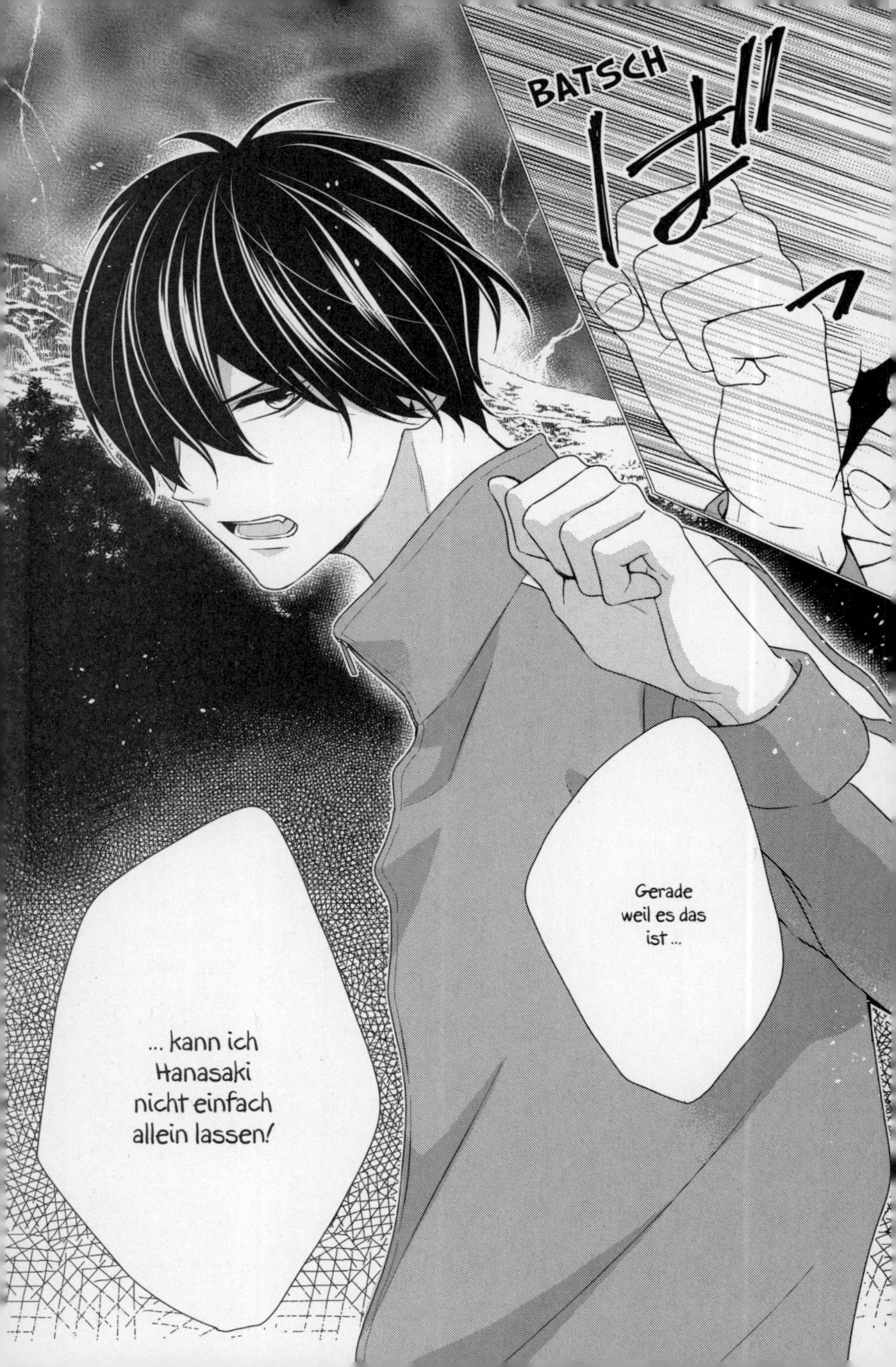
BATSCH
Gerade weil es das ist ...
... kann ich Hanasaki nicht einfach allein lassen!

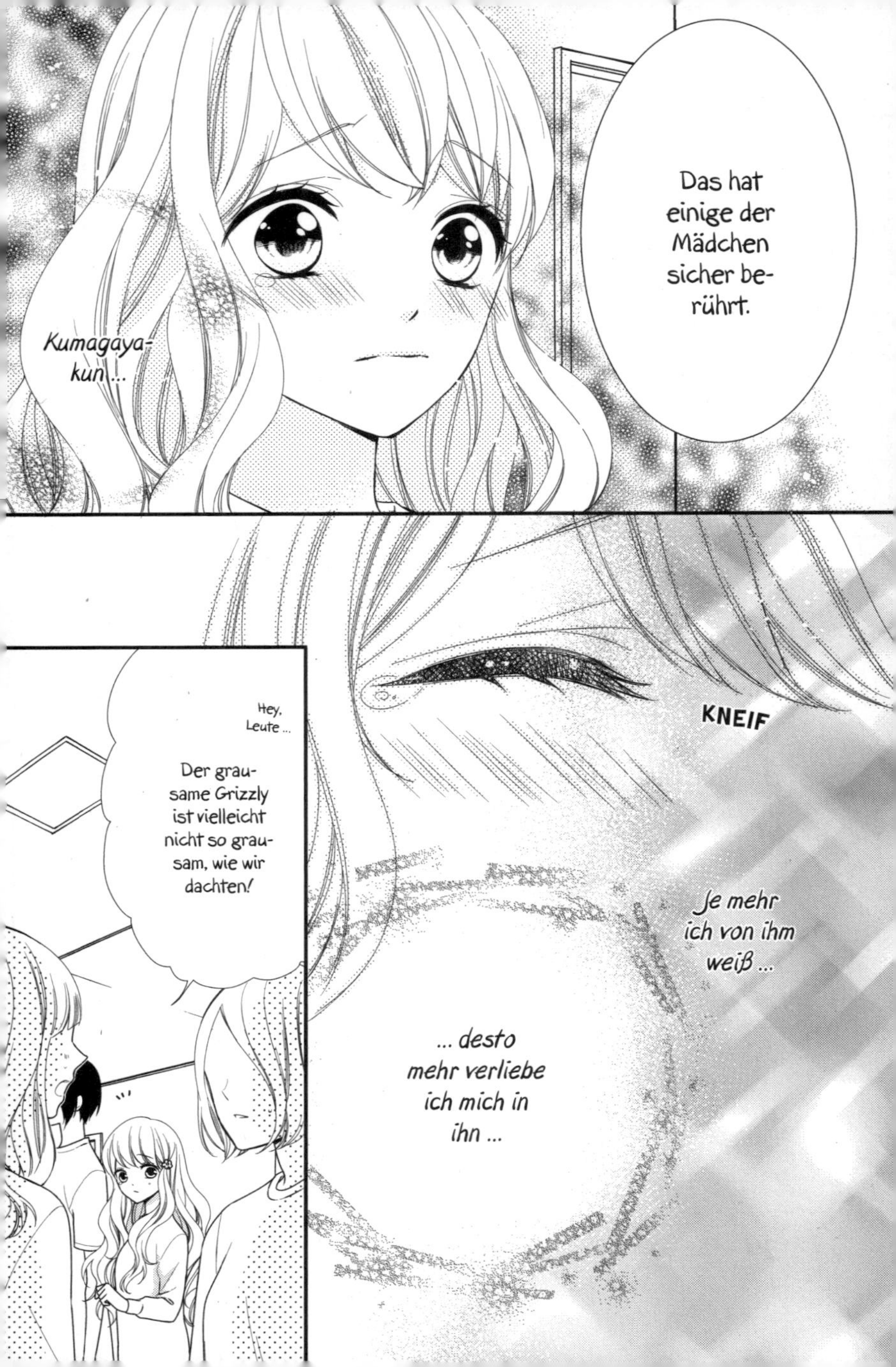
Das hat einige der Mädchen sicher berührt.
Kumagaya-kun ...
KNEIF
Hey, Leute ...
Der grausame Grizzly ist vielleicht nicht so grausam, wie wir dachten!
Je mehr ich von ihm weiß ...
... desto mehr verliebe ich mich in ihn ...

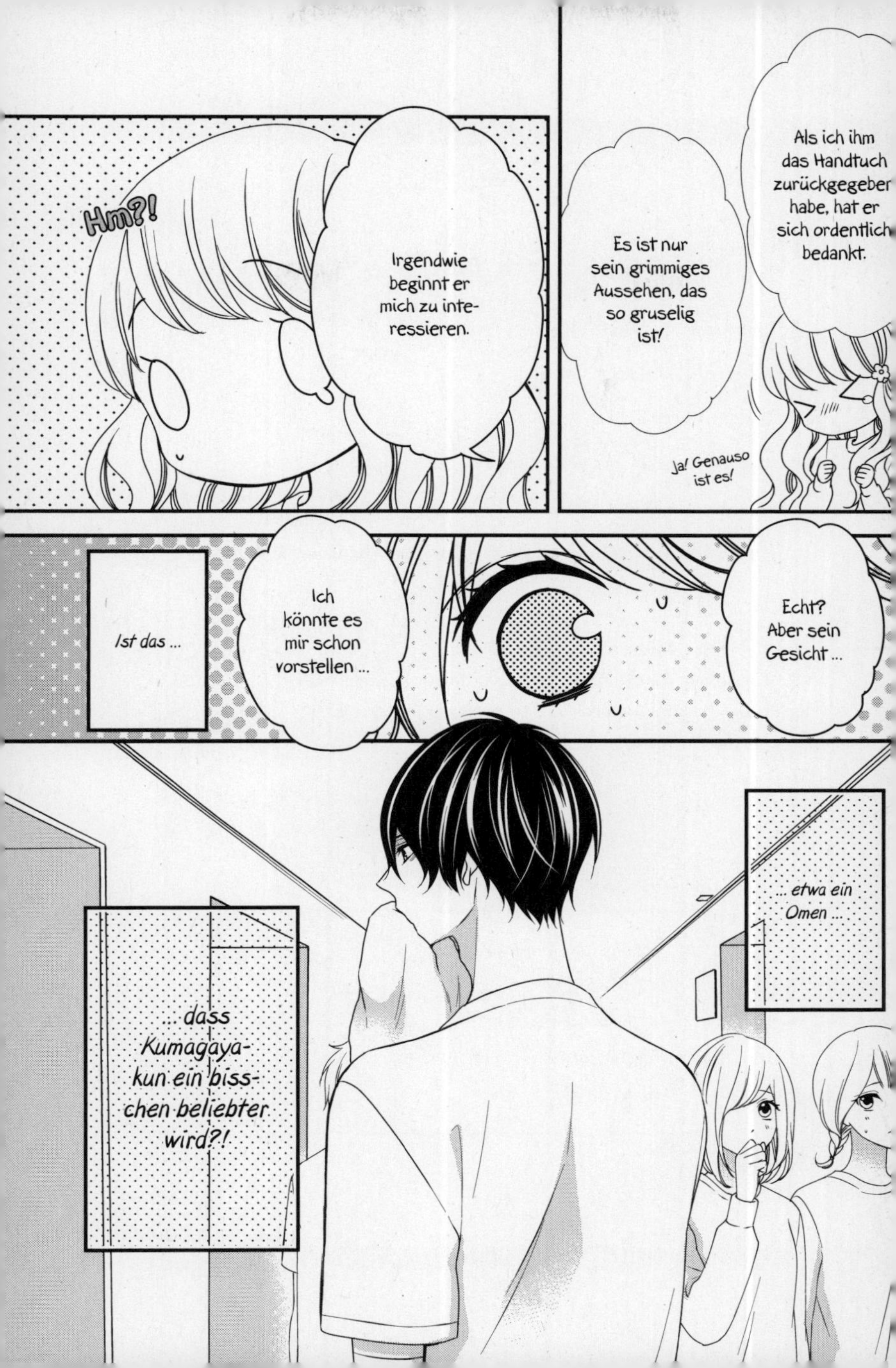
Als ich ihm das Handtuch zurückgegeben habe, hat er sich ordentlich bedankt.
Es ist nur sein grimmiges Aussehen, das so gruselig ist!
Ja! Genauso ist es!
Irgendwie beginnt er mich zu interessieren.
Hm?!
Echt? Aber sein Gesicht …
Ich könnte es mir schon vorstellen …
Ist das …
… etwa ein Omen …
… dass Kumagaya-kun ein bisschen beliebter wird?!

Vielen Dank!

☆ Redaktion: Fujimoto-sama

☆ Assistenz: H-chan

☆ Design: Kuroki-sama

☆ Meiner Familie, die mich unterstützt

☆ Allen, die an der Entstehung dieses Buches beteiligt waren

☆ Und schließlich denjenigen, die diesen Manga lesen! ☆

Eigentlich sollte die Reihe mit dem zweiten Band enden,
aber dank eurer Unterstützung wird sie fortgesetzt! ♪
Ich hoffe, wir sehen uns in Band 3! ☆

Ich freue mich auf eure Eindrücke! (*^^*)

Shogakukan Sho-Comi
Editorial Office
Ms Yuki Shiraishi
2-3-1 Hitotsubashi, Chiyoda-ku
101-8001 Tokyo, Japan

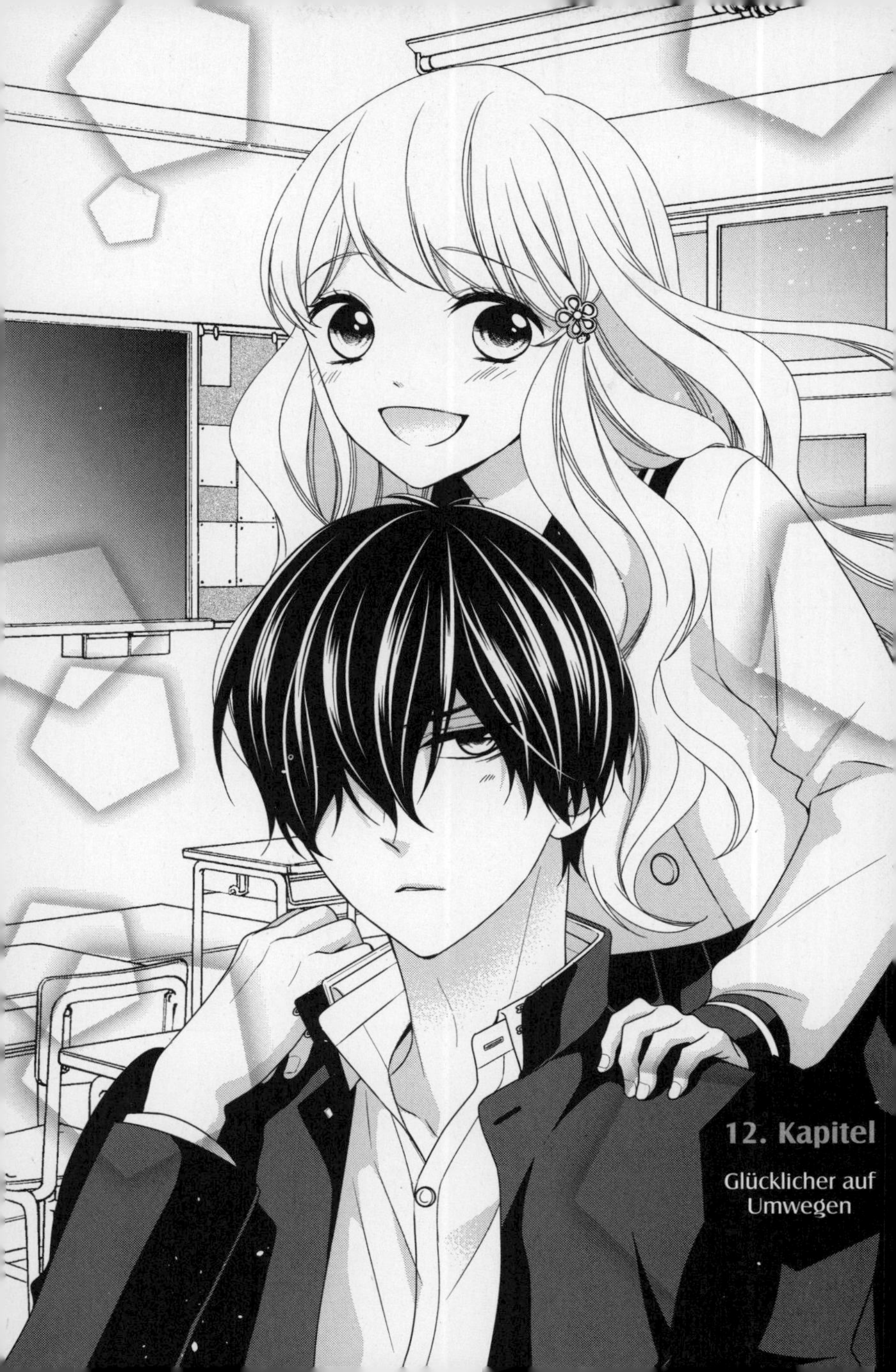
12. Kapitel
Glücklicher auf
Umwegen

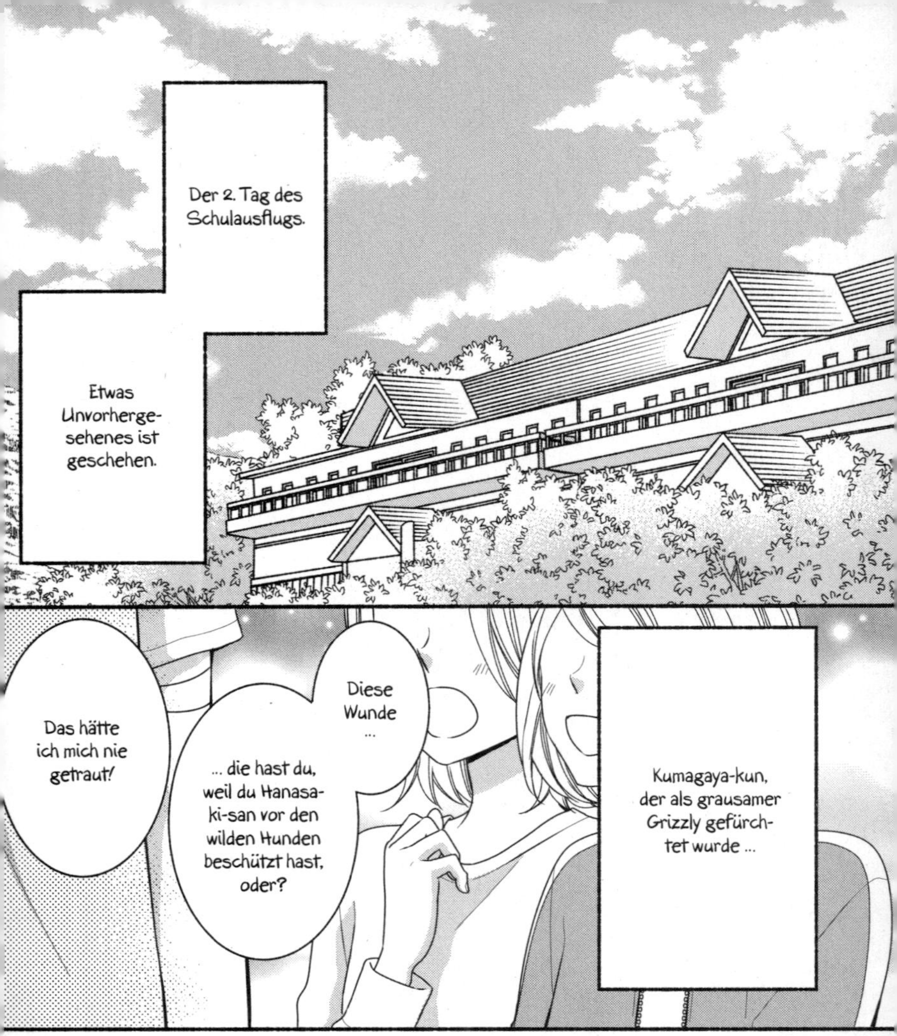

Honey come Honey

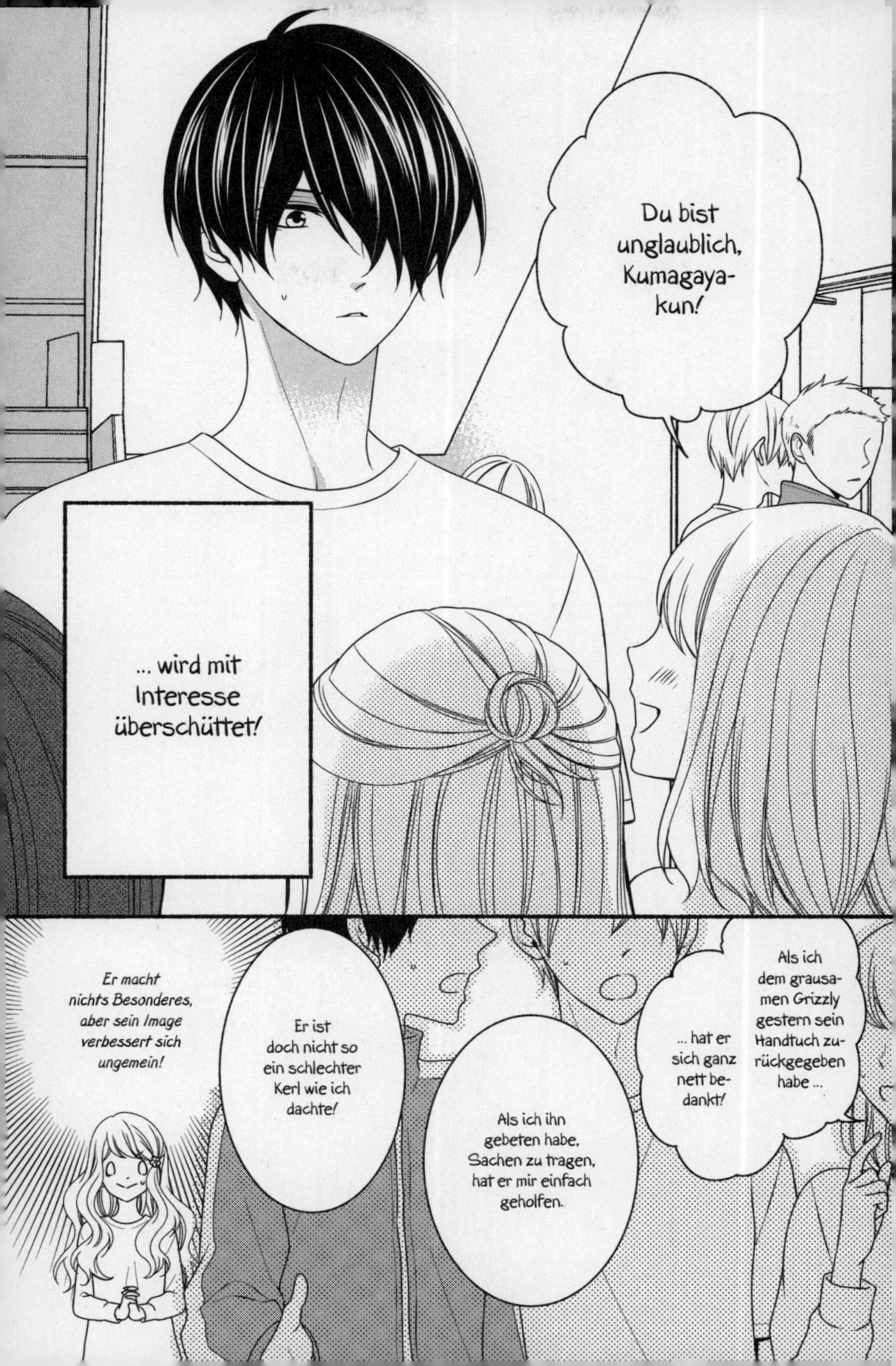
Du bist unglaublich, Kumagaya-kun!
... wird mit Interesse überschüttet!
Als ich dem grausamen Grizzly gestern sein Handtuch zurückgegeben habe ...
... hat er sich ganz nett bedankt!
Als ich ihn gebeten habe, Sachen zu tragen, hat er mir einfach geholfen.
Er ist doch nicht so ein schlechter Kerl wie ich dachte!
Er macht nichts Besonderes, aber sein Image verbessert sich ungemein!

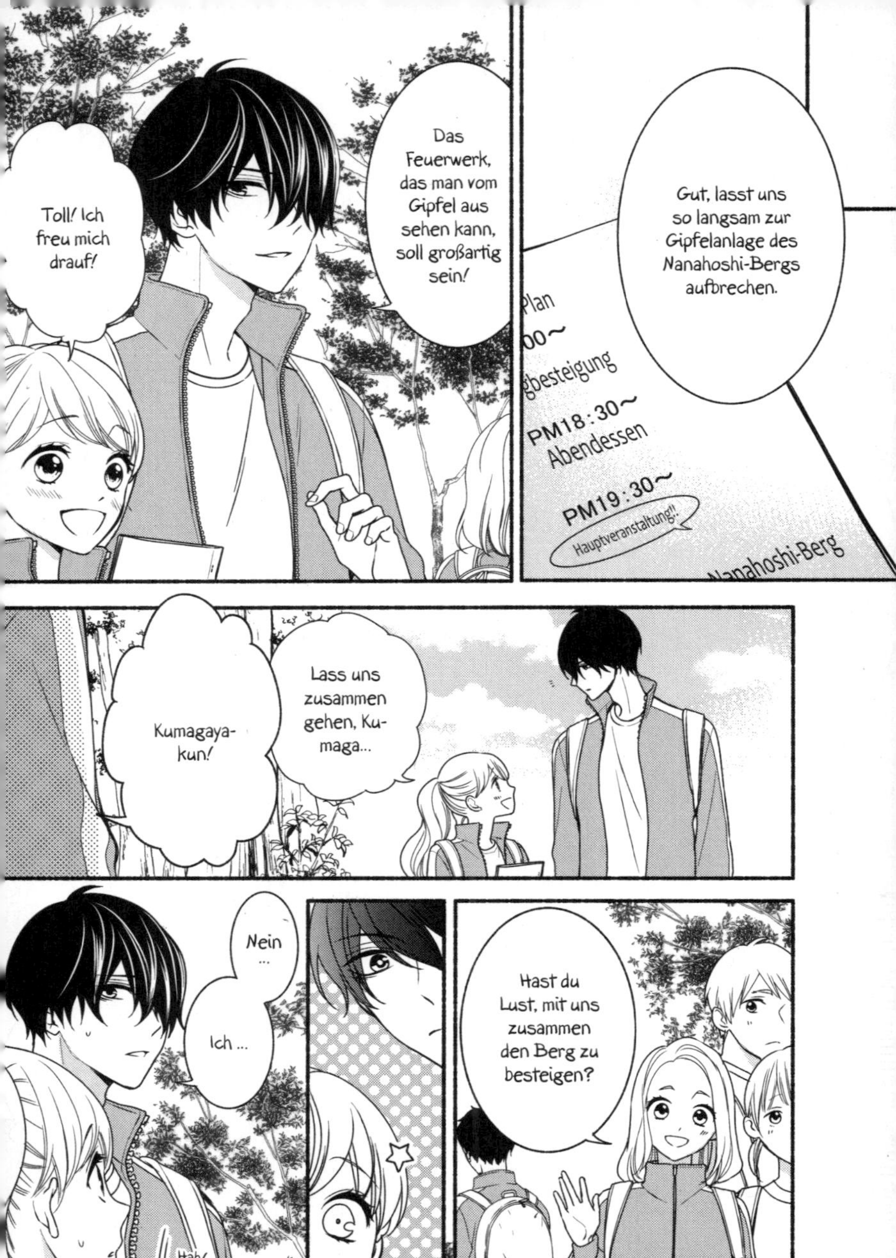

Gut, lasst uns so langsam zur Gipfelanlage des Nanahoshi-Bergs aufbrechen.
Plan
00~
gbesteigung
PM18:30~
Abendessen
PM19:30~
Hauptveranstaltung!!
Nanahoshi-Berg
Das Feuerwerk, das man vom Gipfel aus sehen kann, soll großartig sein!
Toll! Ich freu mich drauf!
Lass uns zusammen gehen, Ku-maga…
Kumagaya-kun!
Hast du Lust, mit uns zusammen den Berg zu besteigen?
Nein …
Ich …
Hah!

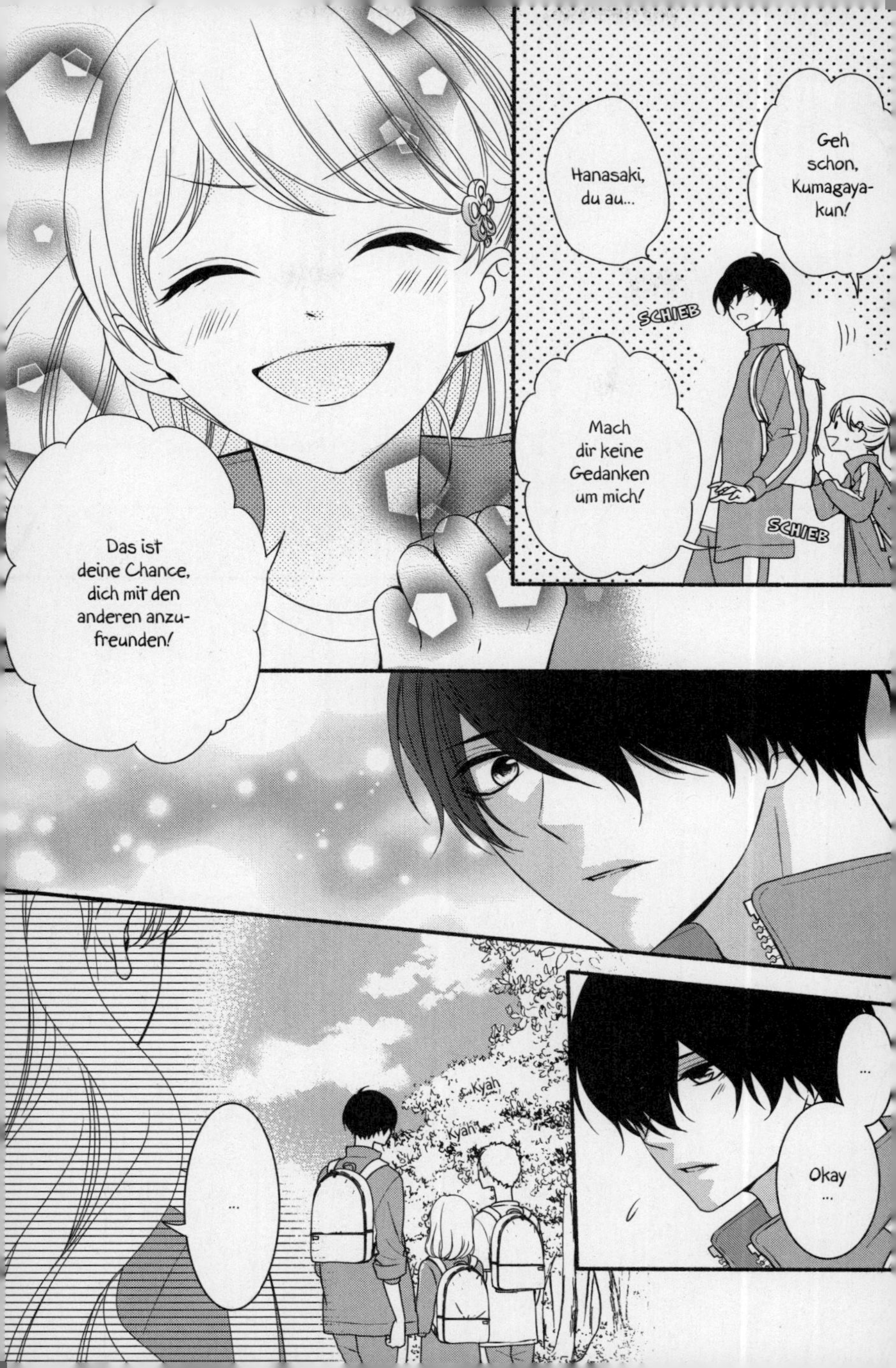
Geh schon, Kumagaya-kun!
Hanasaki, du au...
SCHIEB
SCHIEB
Mach dir keine Gedanken um mich!
Das ist deine Chance, dich mit den anderen anzufreunden!
...
Okay ...
Kyah
Kyah
...

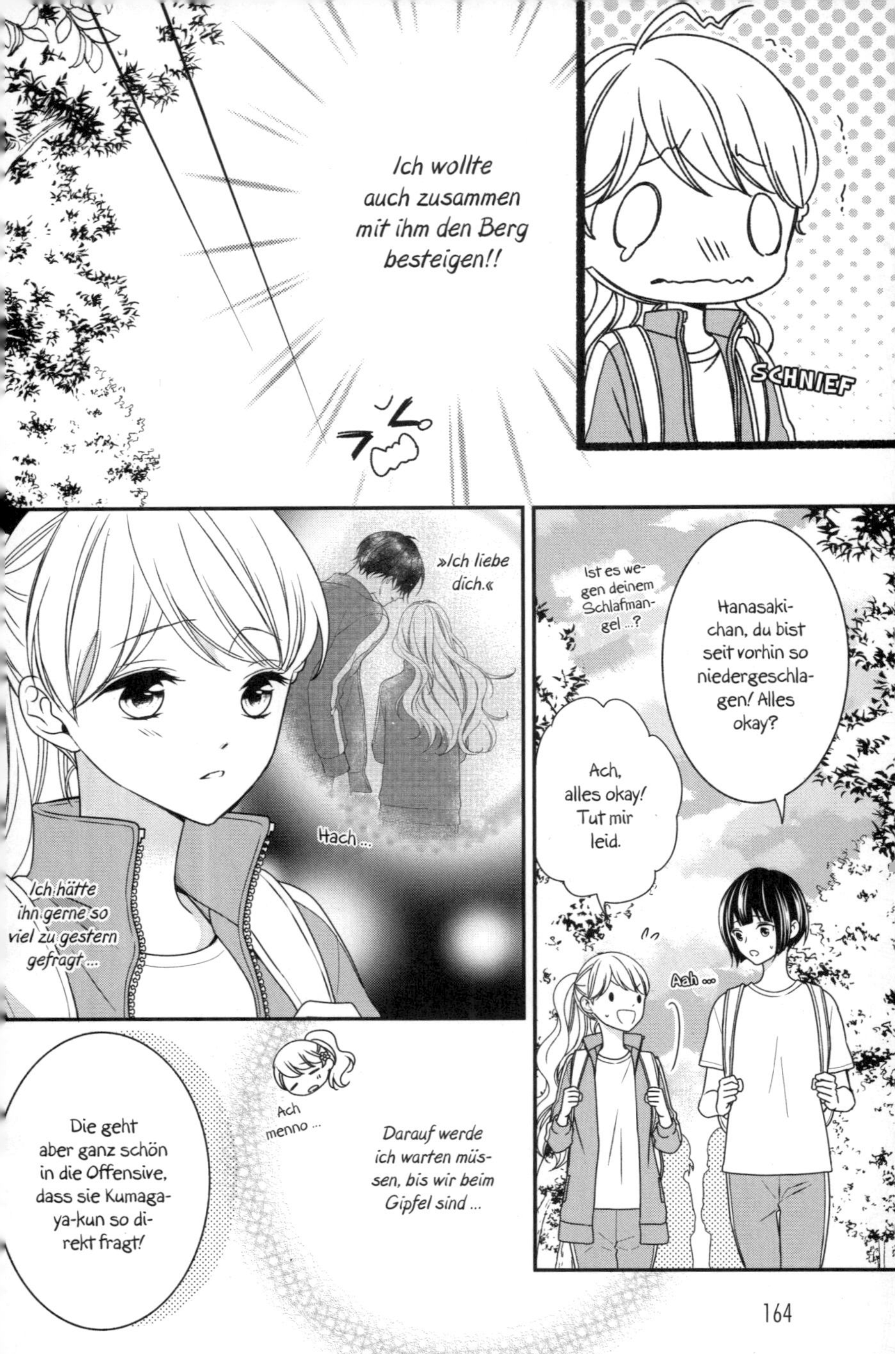
SCHNIEF
Ich wollte auch zusammen mit ihm den Berg besteigen!!
Hanasaki-chan, du bist seit vorhin so niedergeschlagen! Alles okay?
Ist es wegen deinem Schlafmangel ...?
Ach, alles okay! Tut mir leid.
Aah ...
»Ich liebe dich.«
Hach ...
Ich hätte ihn gerne so viel zu gestern gefragt ...
Darauf werde ich warten müssen, bis wir beim Gipfel sind ...
Ach menno ...
Die geht aber ganz schön in die Offensive, dass sie Kumagaya-kun so direkt fragt!

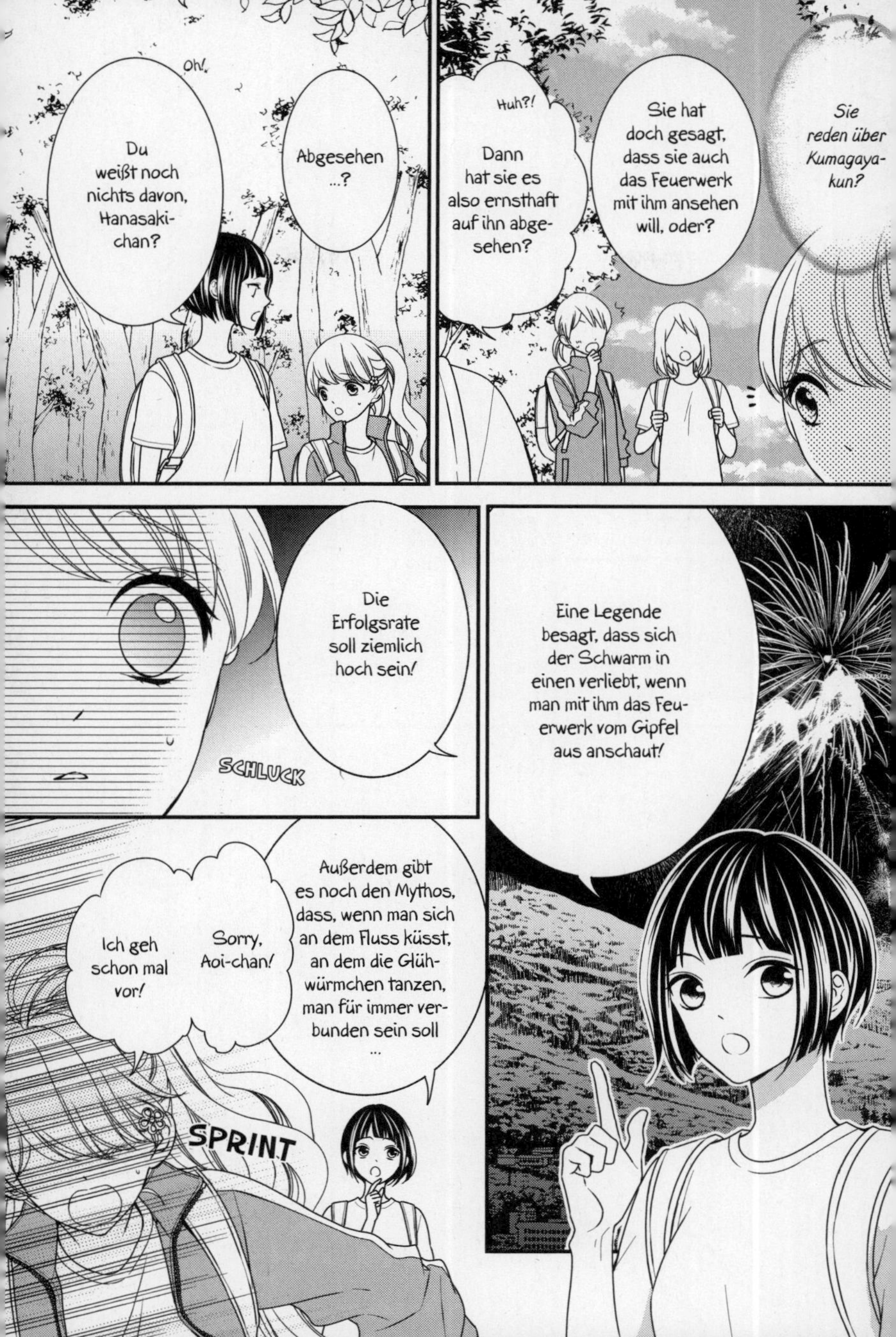

Sie reden über Kumagaya-kun?
Sie hat doch gesagt, dass sie auch das Feuerwerk mit ihm ansehen will, oder?
Huh?!
Dann hat sie es also ernsthaft auf ihn abgesehen?
Abgesehen ...?
Oh!
Du weißt noch nichts davon, Hanasaki-chan?
Eine Legende besagt, dass sich der Schwarm in einen verliebt, wenn man mit ihm das Feuerwerk vom Gipfel aus anschaut!
Die Erfolgsrate soll ziemlich hoch sein!
SCHLUCK
Außerdem gibt es noch den Mythos, dass, wenn man sich an dem Fluss küsst, an dem die Glühwürmchen tanzen, man für immer verbunden sein soll ...
Sorry, Aoi-chan!
Ich geh schon mal vor!
SPRINT

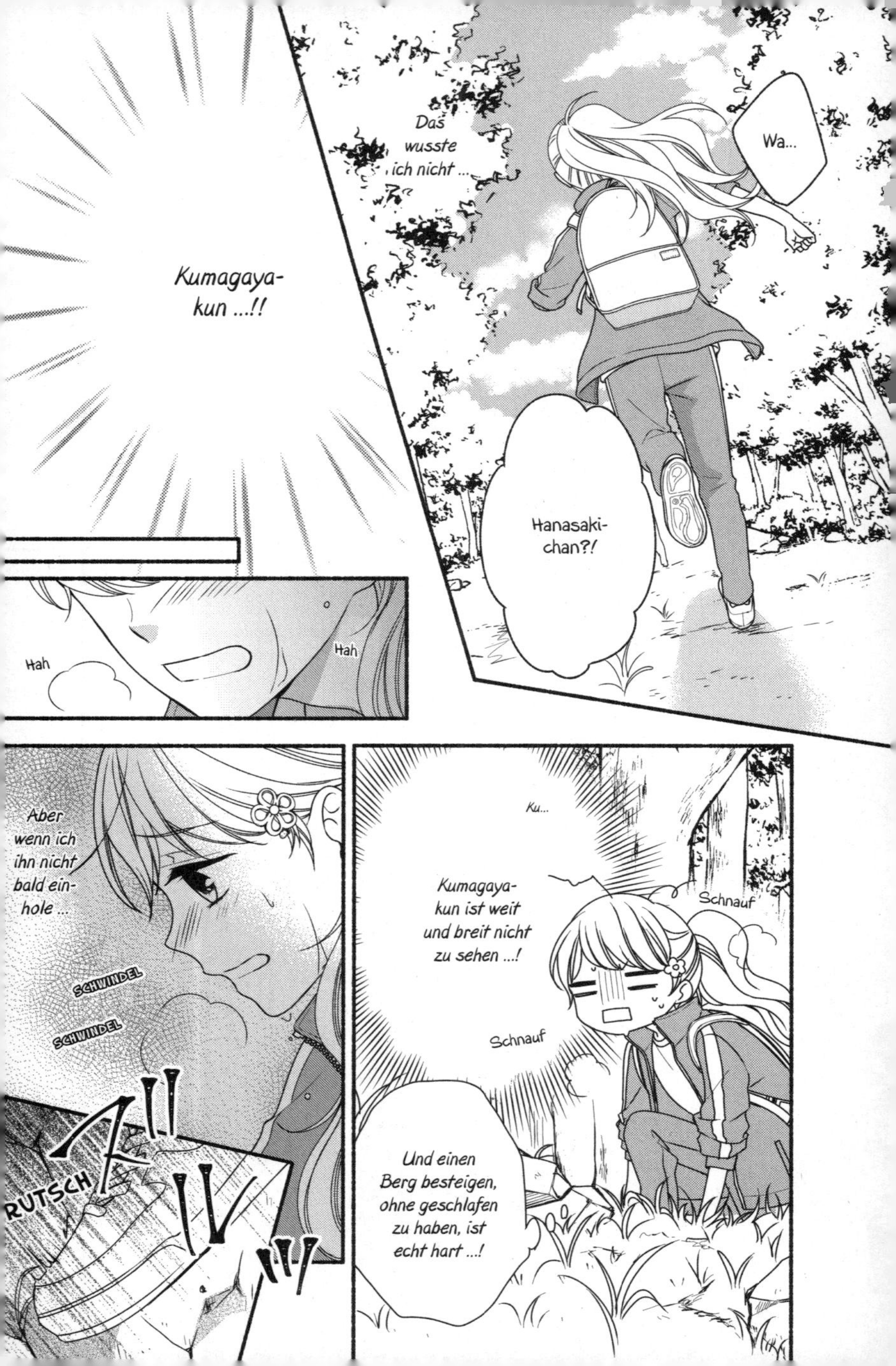
Wa...
Das wusste ich nicht ...
Hanasaki-chan?!
Kumagaya-kun ...!!
Hah
Hah
Ku...
Kumagaya-kun ist weit und breit nicht zu sehen ...!
Schnauf
Schnauf
Und einen Berg besteigen, ohne geschlafen zu haben, ist echt hart ...!
Aber wenn ich ihn nicht bald einhole ...
SCHWINDEL
SCHWINDEL
RUTSCH

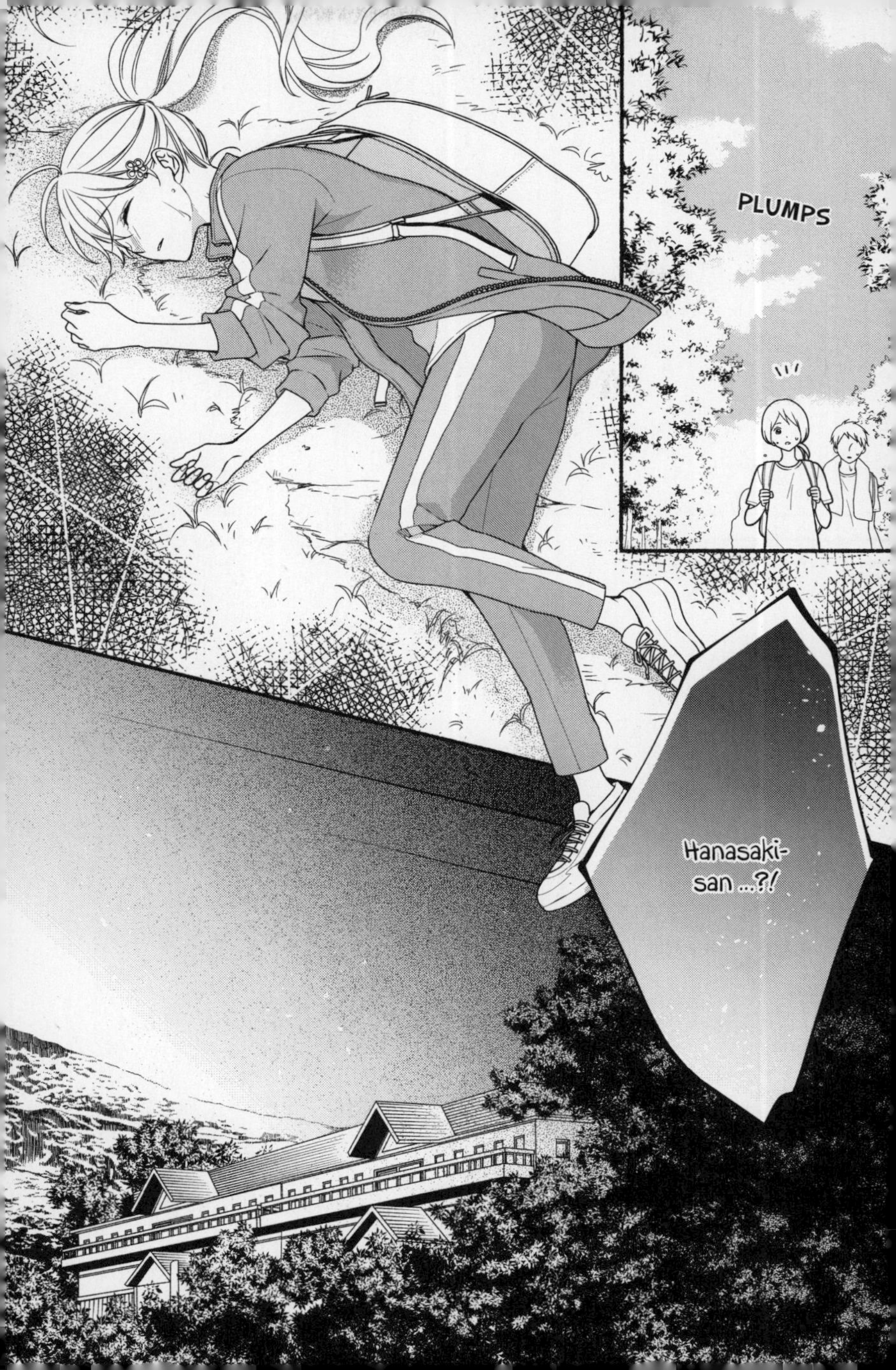
PLUMPS
Hanasaki-san ...?!

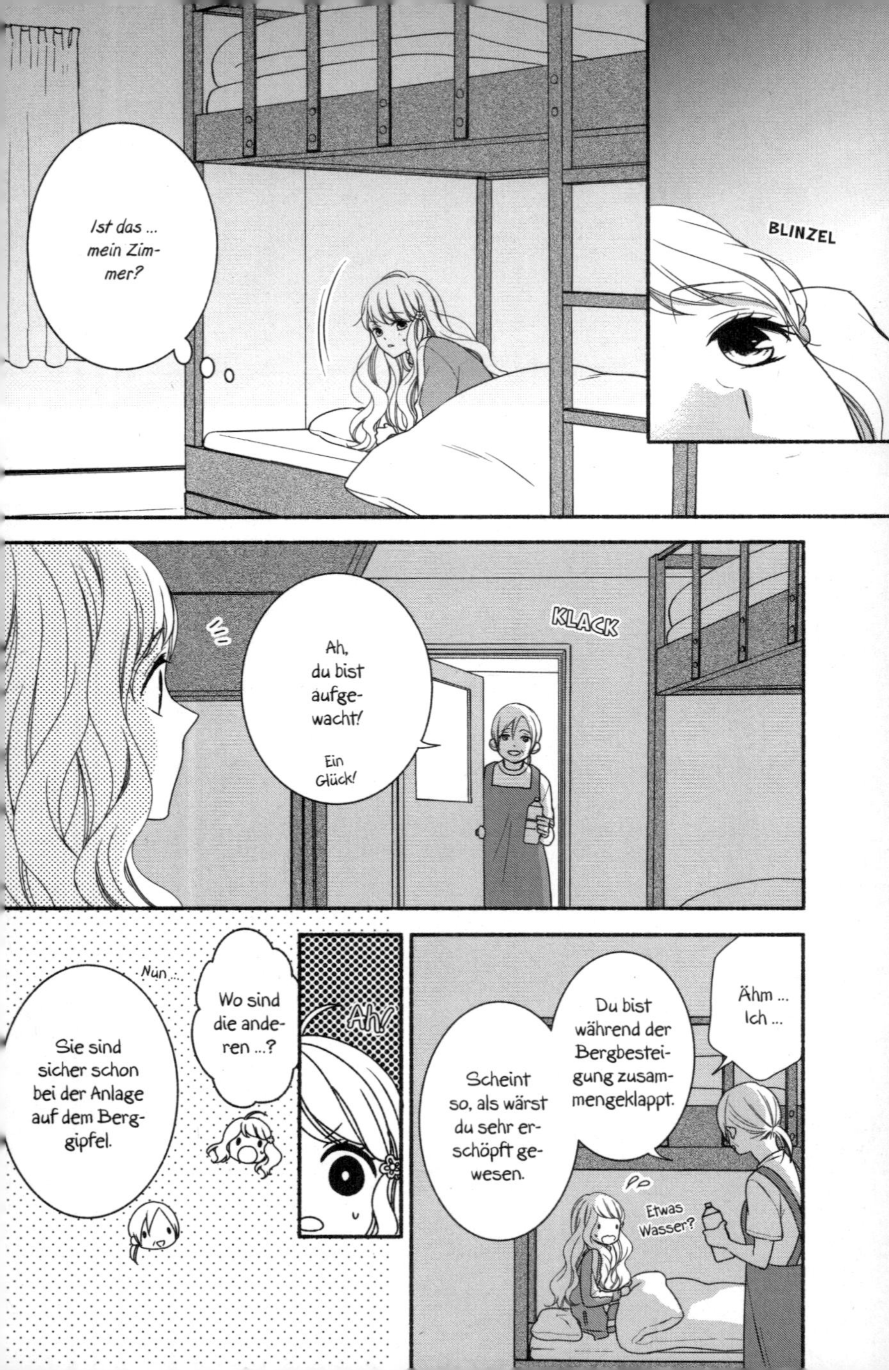
BLINZEL
Ist das … mein Zimmer?
KLACK
Ah, du bist aufgewacht!
Ein Glück!
Ähm … Ich …
Du bist während der Bergbesteigung zusammengeklappt.
Scheint so, als wärst du sehr erschöpft gewesen.
Etwas Wasser?
Ah!
Wo sind die anderen …?
Nun …
Sie sind sicher schon bei der Anlage auf dem Berggipfel.

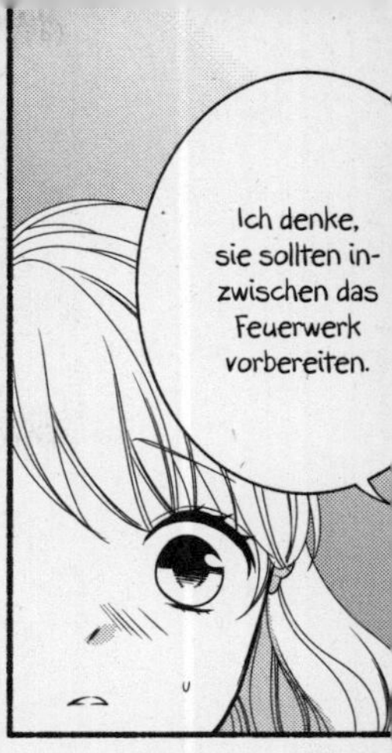
Ich denke, sie sollten inzwischen das Feuerwerk vorbereiten.

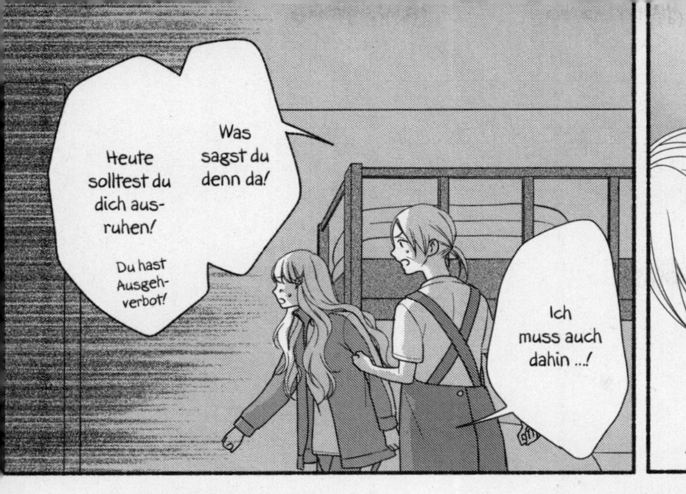
Ich muss auch dahin ...!
Was sagst du denn da!
Heute solltest du dich ausruhen!
Du hast Ausgehverbot!

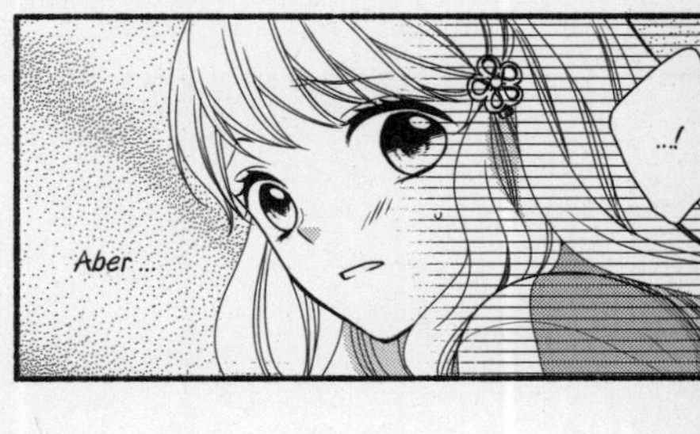
...!
Aber ...

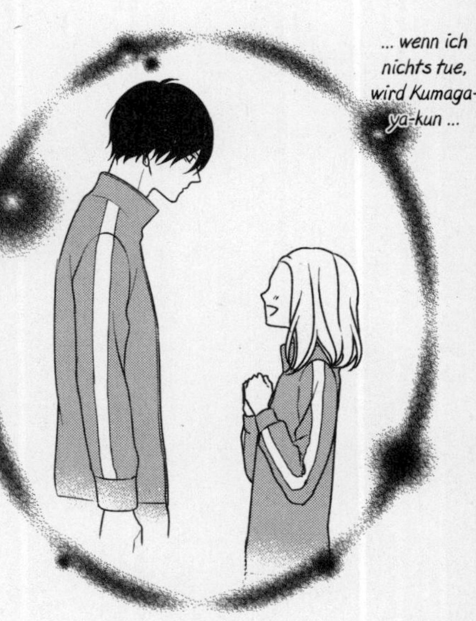
... wenn ich nichts tue, wird Kumagaya-kun ...

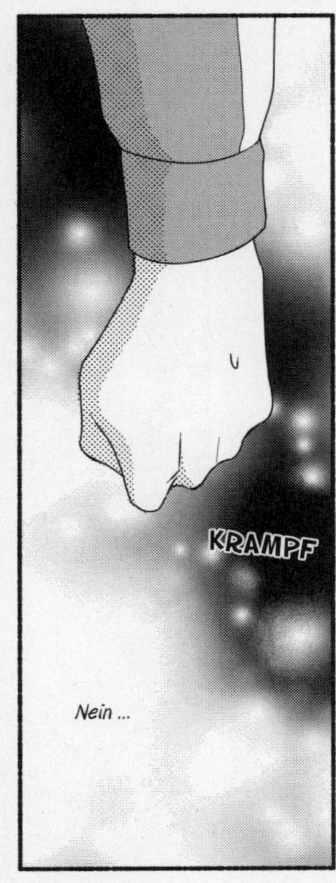
KRAMPF
Nein ...

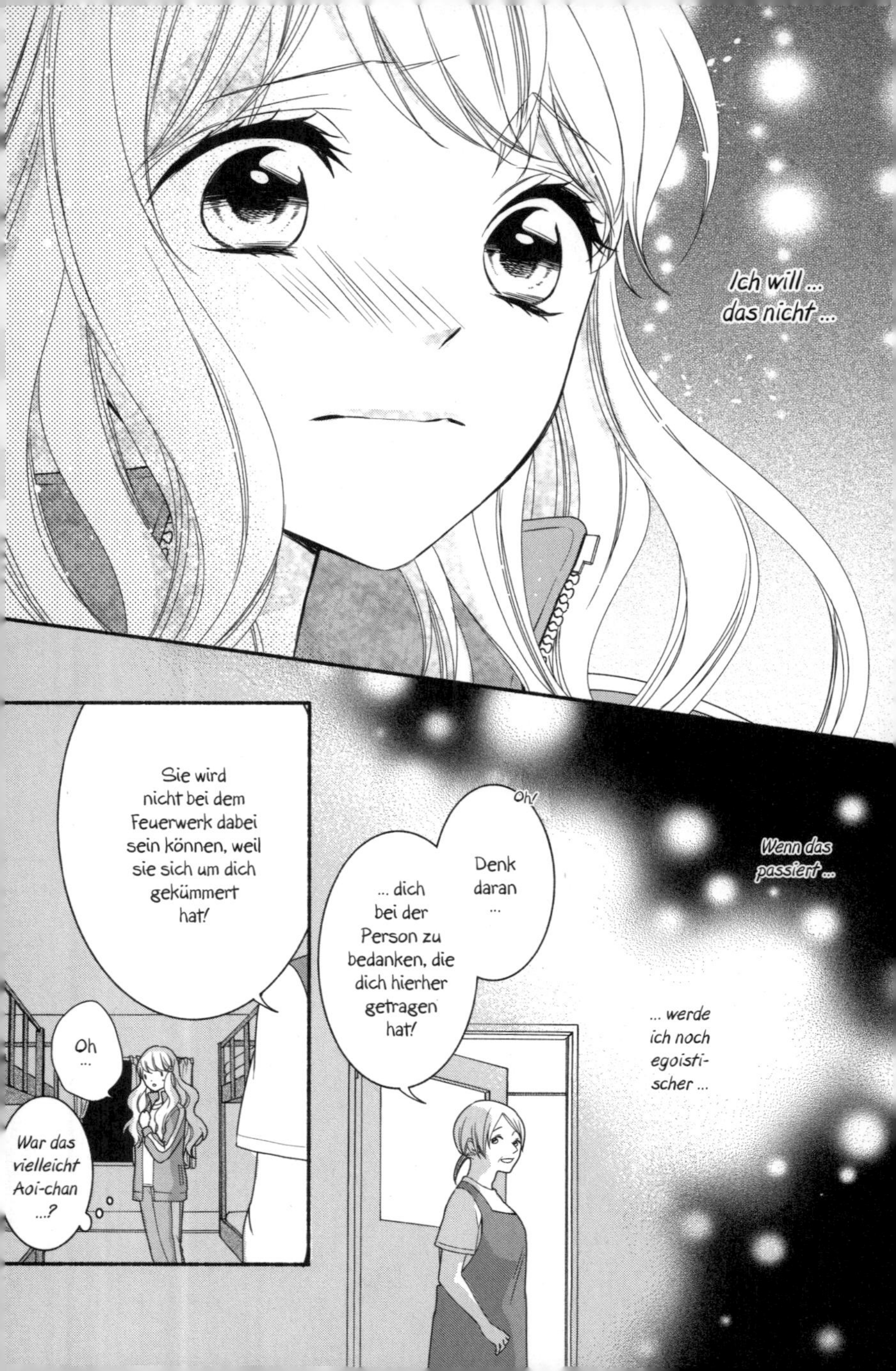
Ich will ... das nicht ...
Wenn das passiert ...
... werde ich noch egoisti-scher ...
Oh!
Denk daran ...
... dich bei der Person zu bedanken, die dich hierher getragen hat!
Sie wird nicht bei dem Feuerwerk dabei sein können, weil sie sich um dich gekümmert hat!
Oh ...
War das vielleicht Aoi-chan ...?

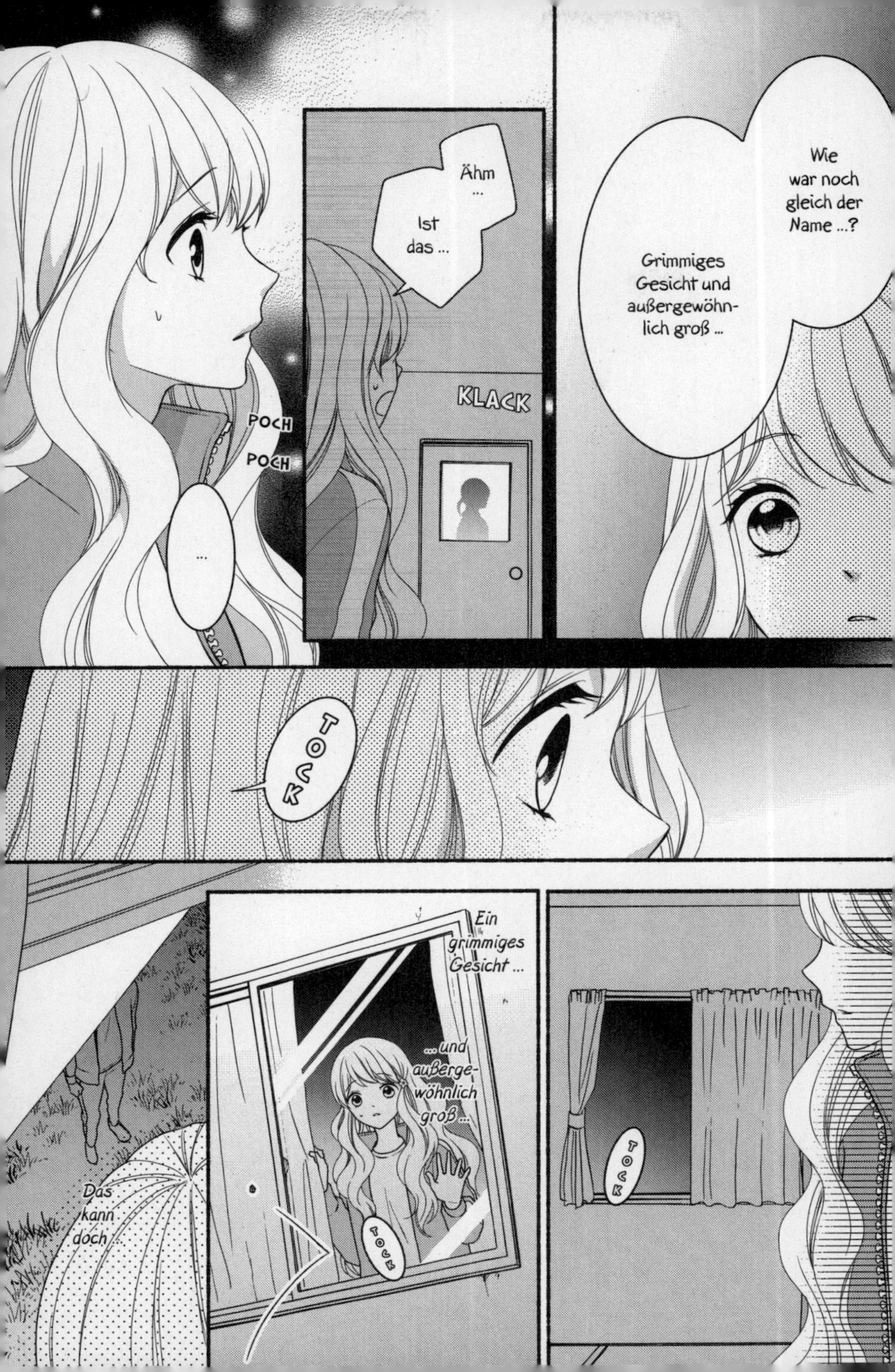
Wie war noch gleich der Name ...?
Grimmiges Gesicht und außergewöhnlich groß ...
Ähm ...
Ist das ...
KLACK
POCH
POCH
...
TOCK
Ein grimmiges Gesicht ...
... und außergewöhnlich groß ...
TOCK
TOCK
Das kann doch ...

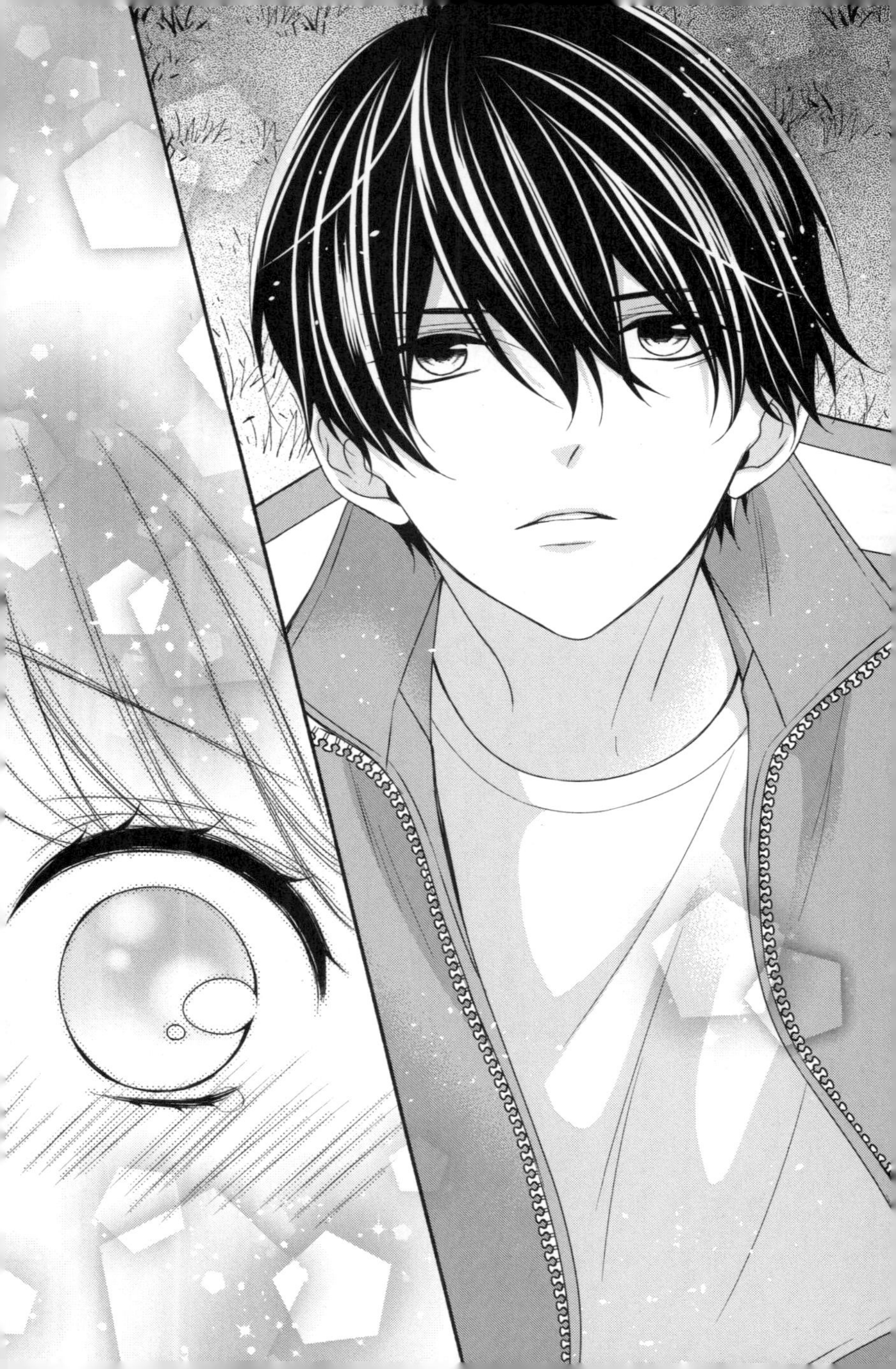

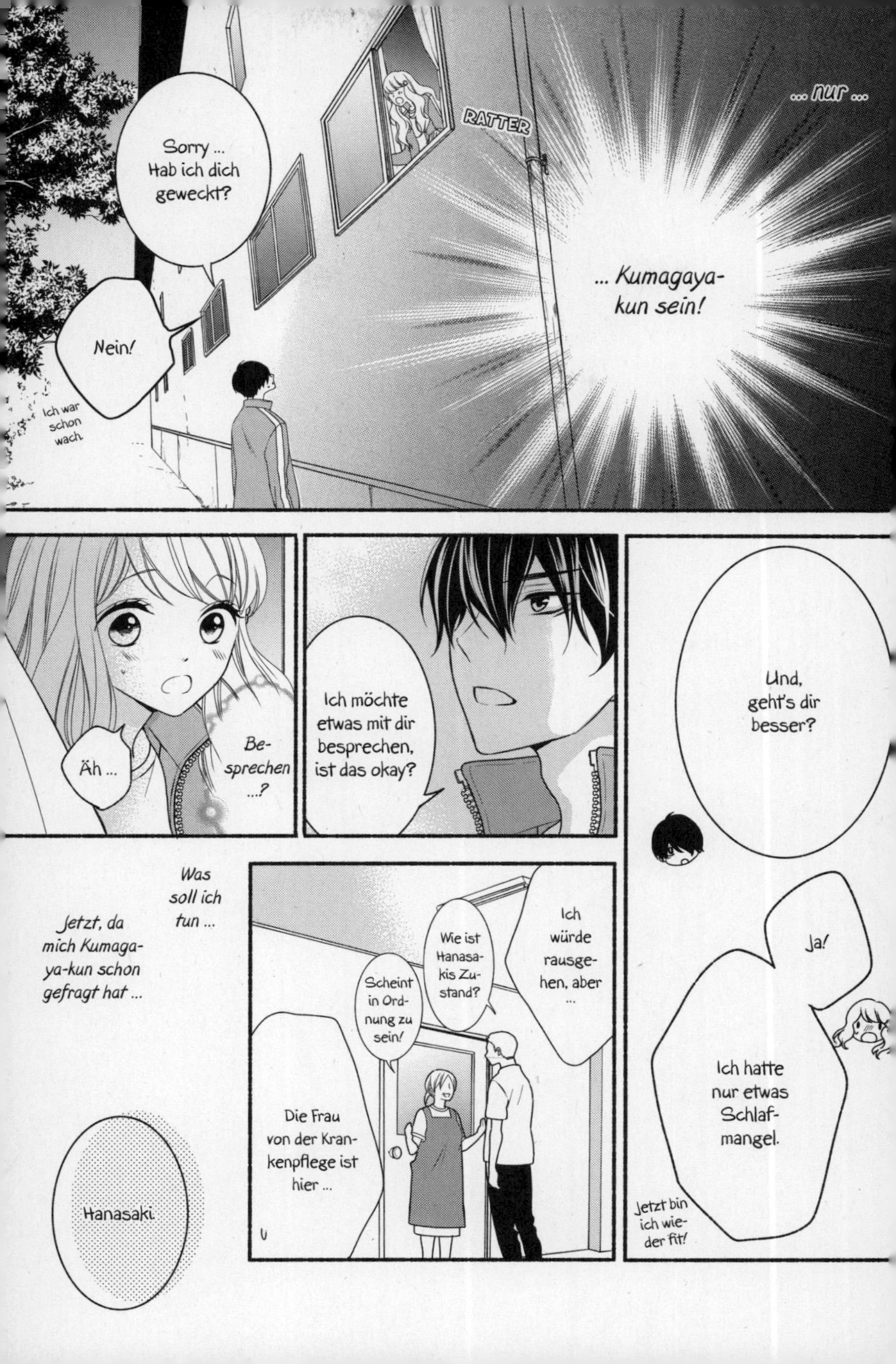

... nur ...

... Kumagaya-kun sein!

RATTER

Sorry ... Hab ich dich geweckt?

Nein!

Ich war schon wach.

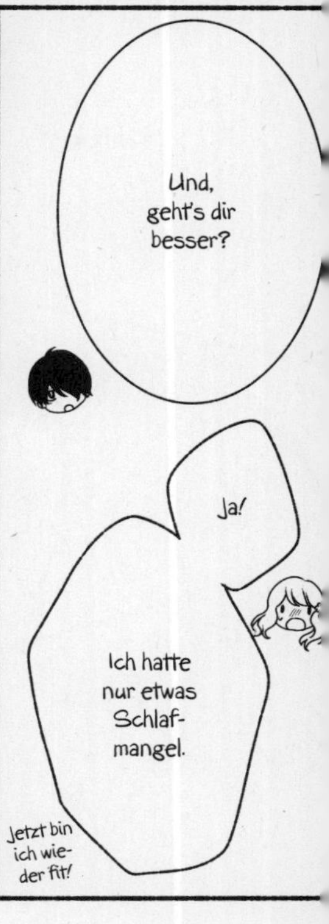

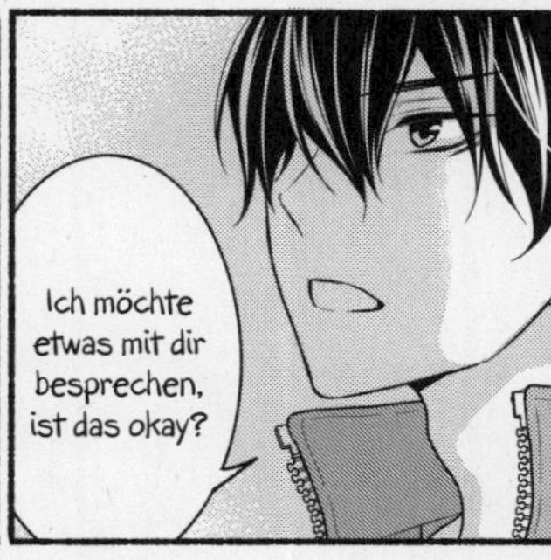

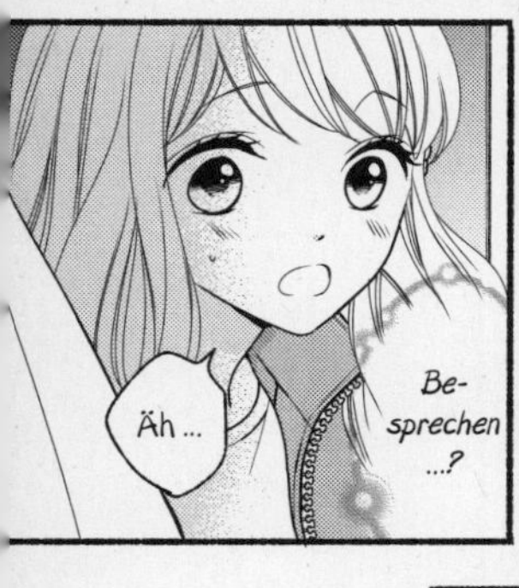

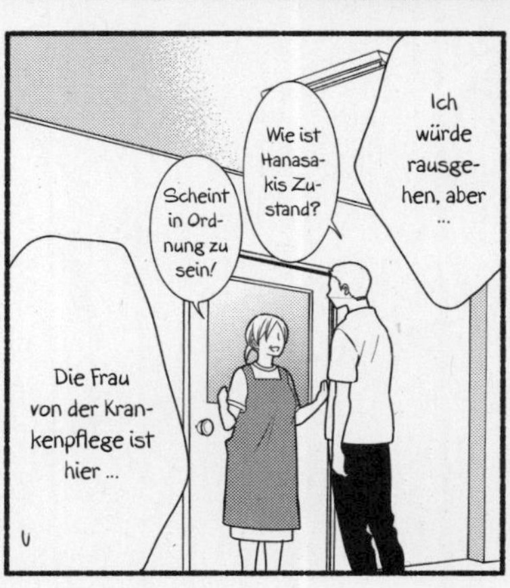

Was soll ich tun ...

Jetzt, da mich Kumagaya-kun schon gefragt hat ...

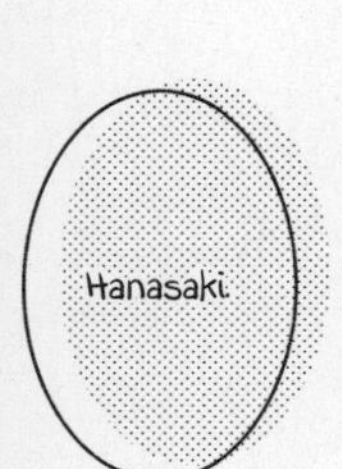

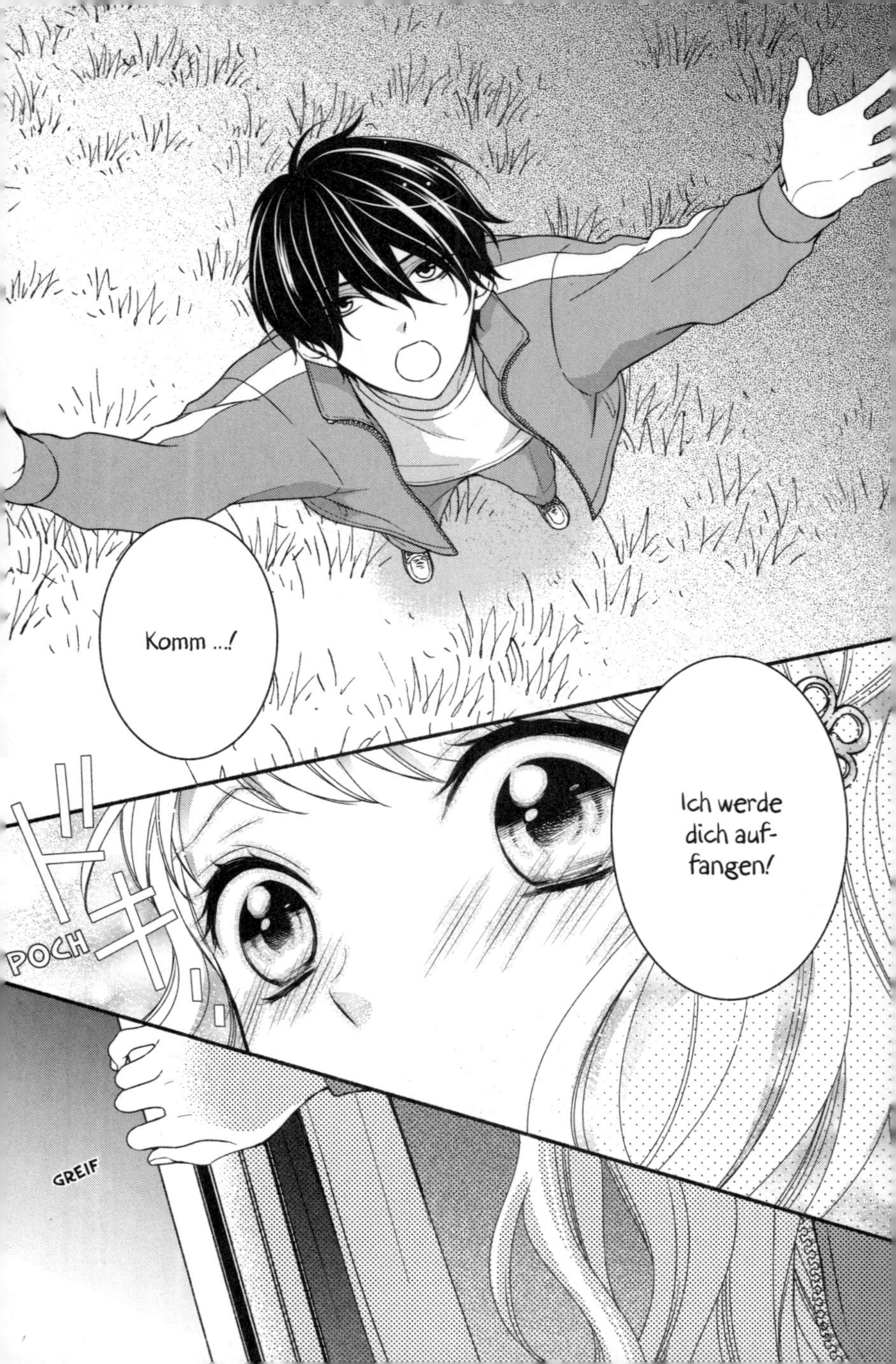
Komm ...!
Ich werde dich auf-fangen!
POCH
GREIF

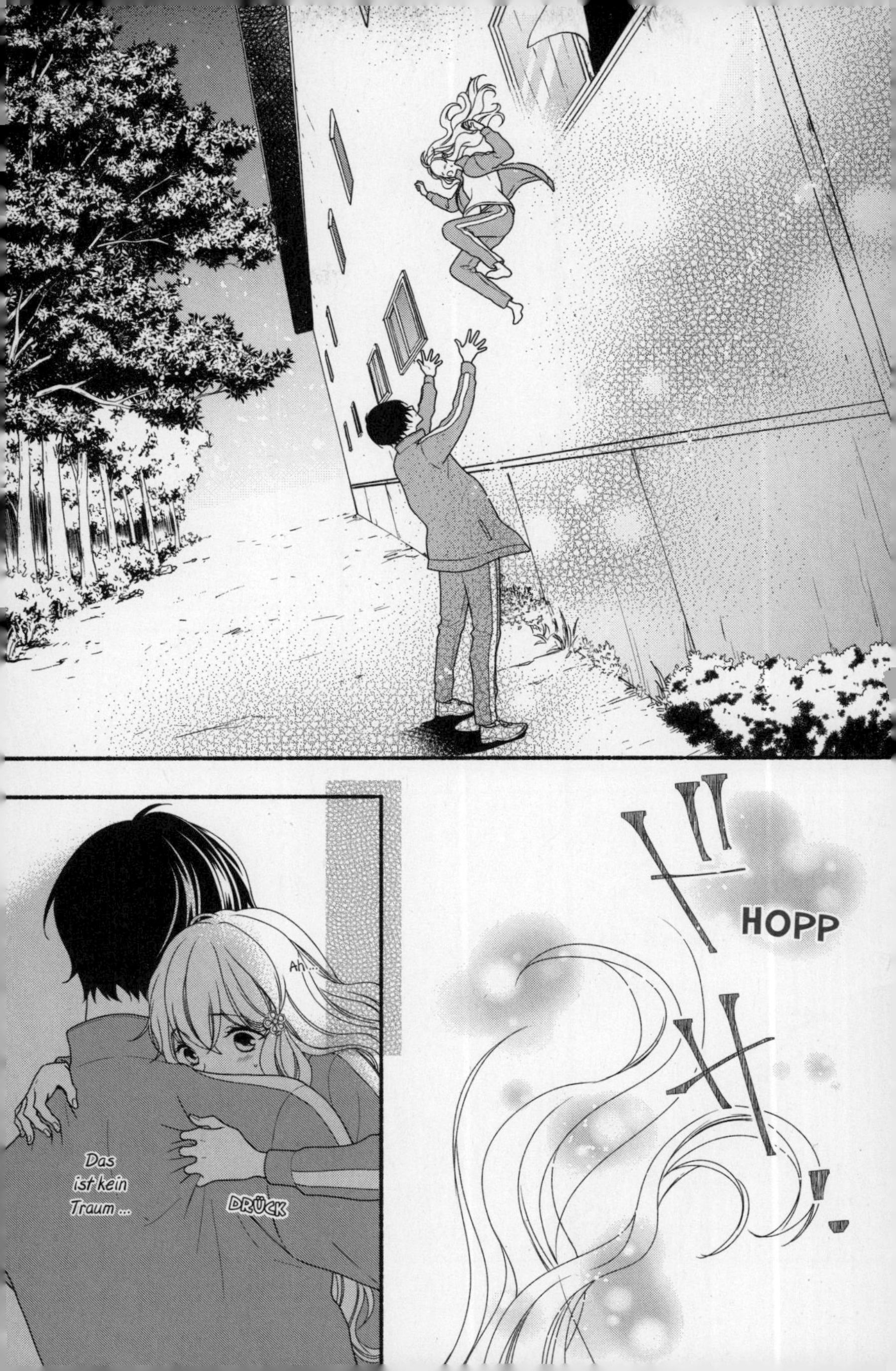

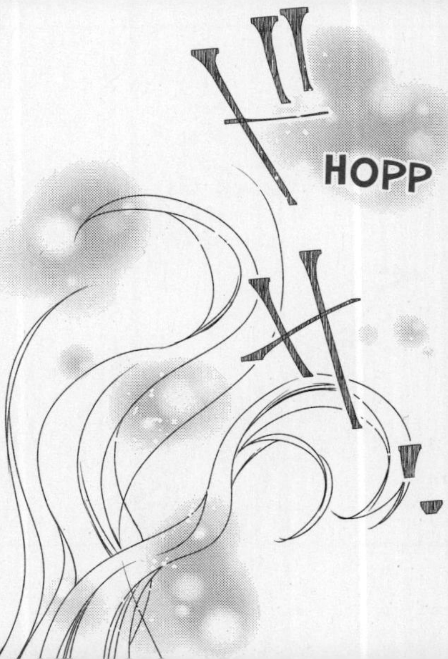
HOPP

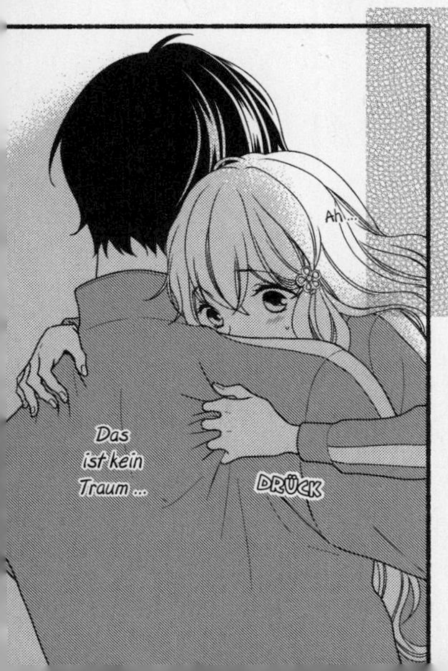
Ah ...
Das ist kein Traum ...
DRÜCK

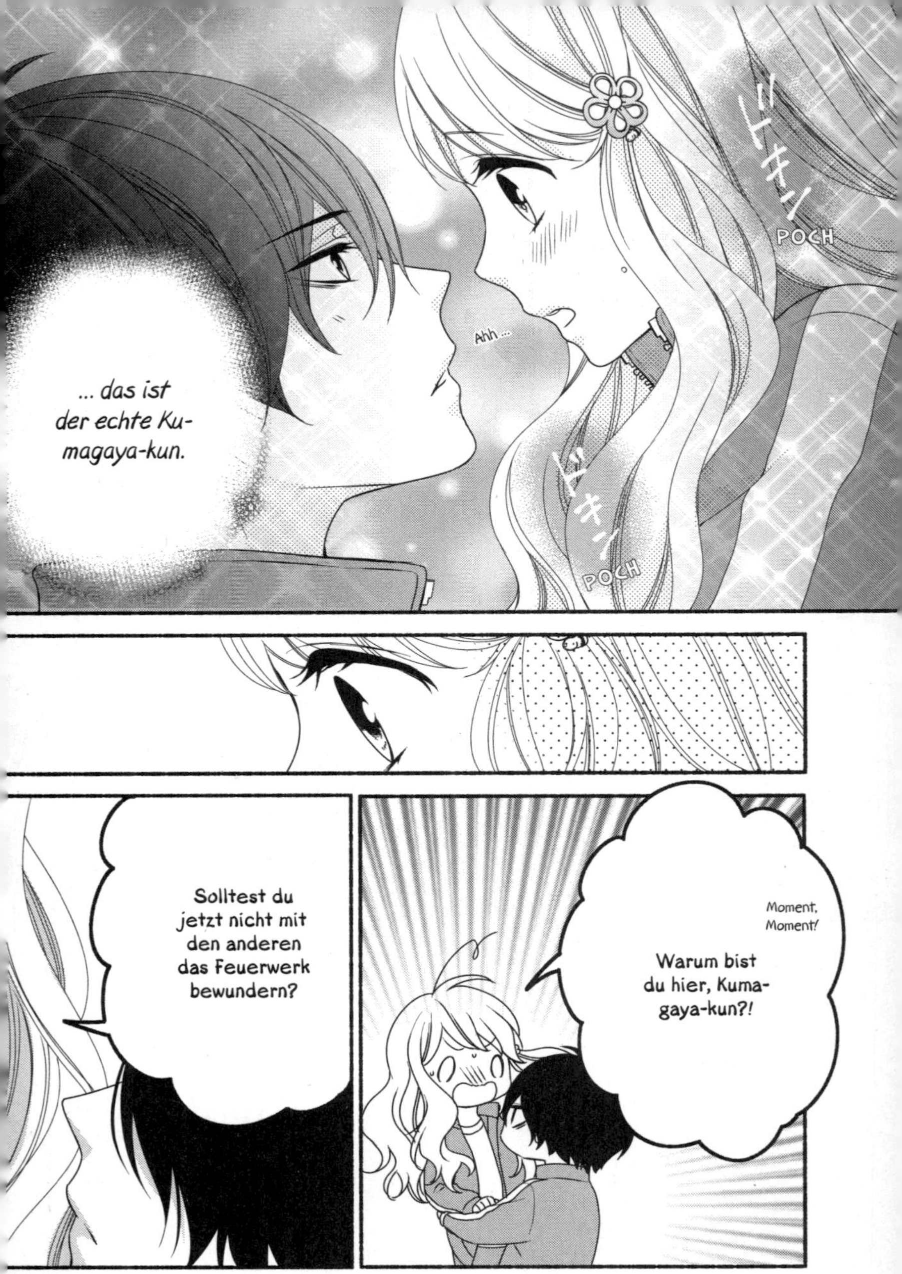

... das ist der echte Kumagaya-kun.

Ahh ...

POCH

POCH

Solltest du jetzt nicht mit den anderen das Feuerwerk bewundern?

Moment, Moment!

Warum bist du hier, Kumagaya-kun?!

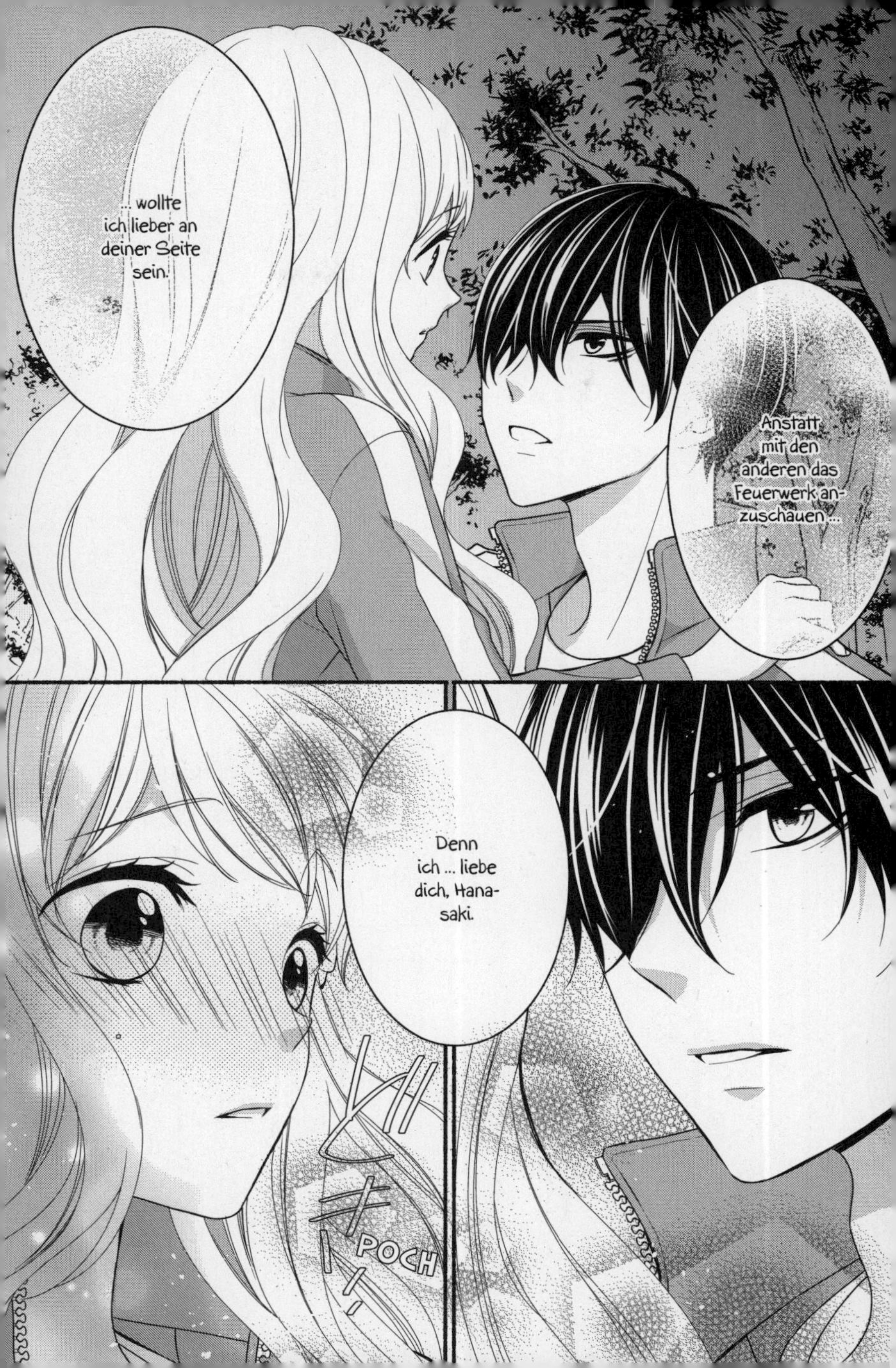
Anstatt mit den anderen das Feuerwerk anzuschauen ...
... wollte ich lieber an deiner Seite sein.
Denn ich ... liebe dich, Hanasaki.
POCH

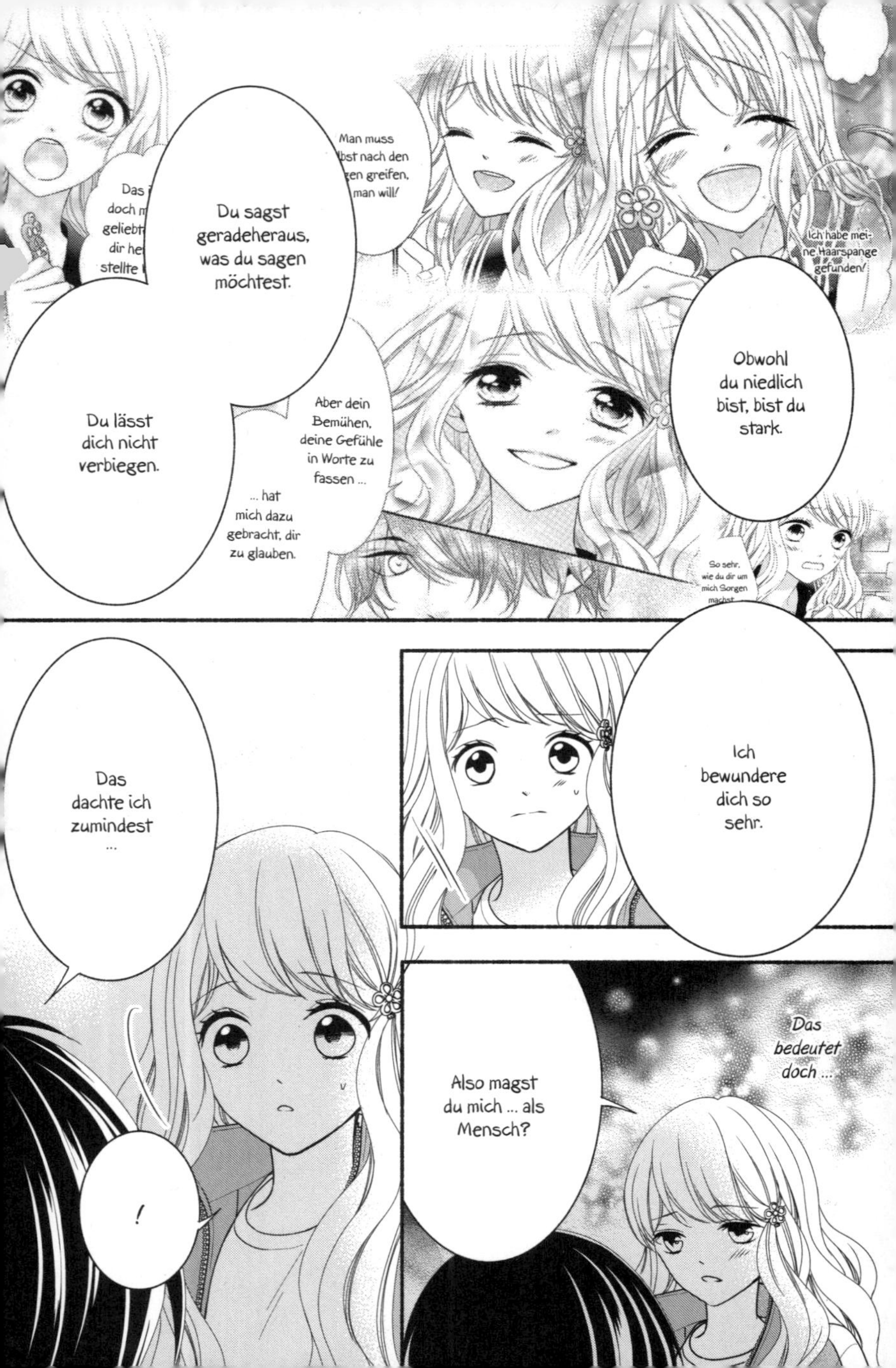

Ich habe meine Haarspange gefunden!
Man muss
Du sagst geradeheraus, was du sagen möchtest.
Obwohl du niedlich bist, bist du stark.
So sehr, wie du dir um mich Sorgen machst
Aber dein Bemühen, deine Gefühle in Worte zu fassen ...
... hat mich dazu gebracht, dir zu glauben.
Du lässt dich nicht verbiegen.
Ich bewundere dich so sehr.
Das dachte ich zumindest ...
Das bedeutet doch ...
Also magst du mich ... als Mensch?
!

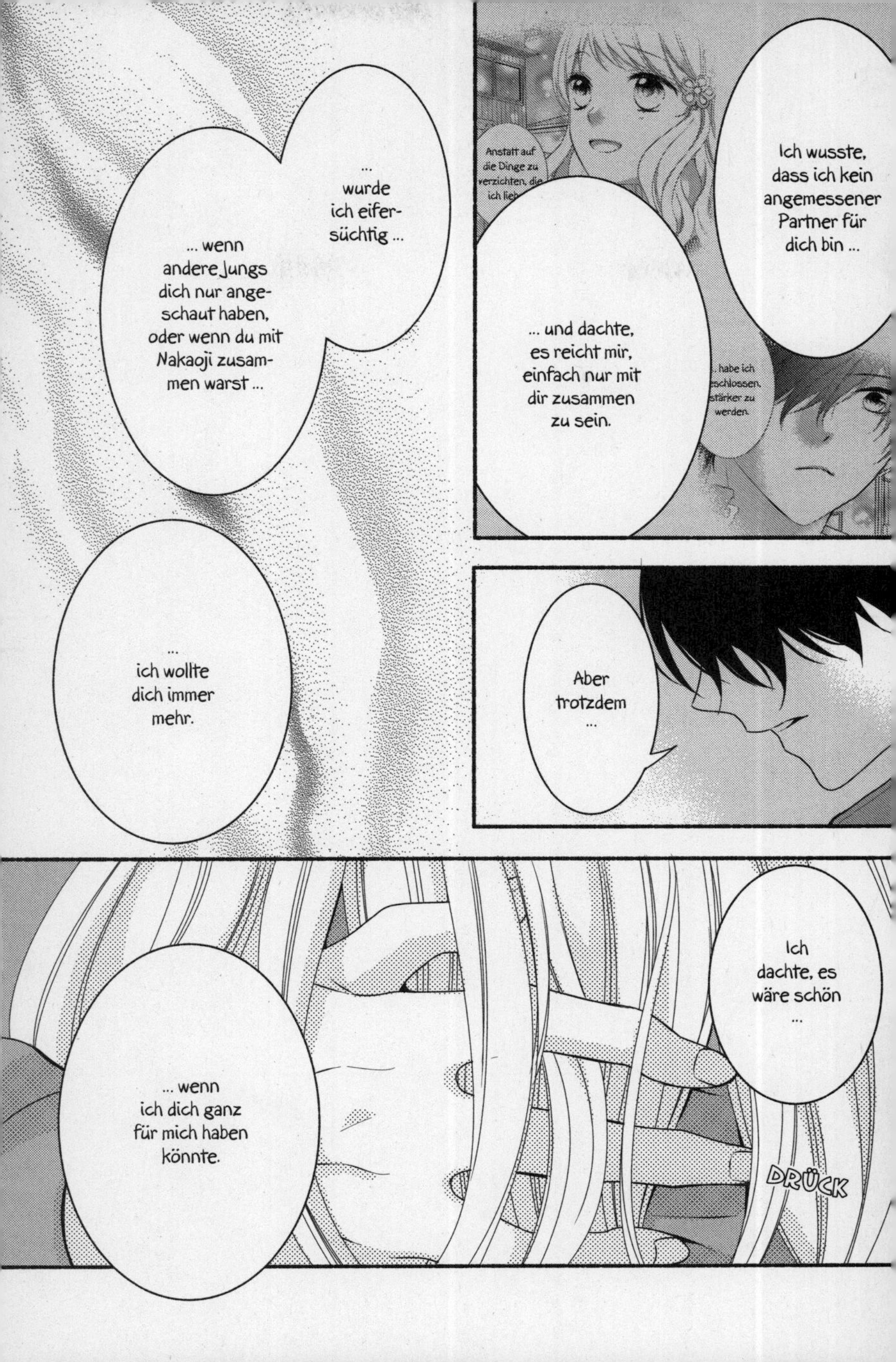
Ich wusste, dass ich kein angemessener Partner für dich bin ...
Anstatt auf die Dinge zu verzichten, die ich lieb
habe ich schlossen, stärker zu werden.
... und dachte, es reicht mir, einfach nur mit dir zusammen zu sein.
Aber trotzdem ...
... wurde ich eifersüchtig ...
... wenn andere Jungs dich nur angeschaut haben, oder wenn du mit Nakaoji zusammen warst ...
... ich wollte dich immer mehr.
Ich dachte, es wäre schön ...
DRÜCK
... wenn ich dich ganz für mich haben könnte.

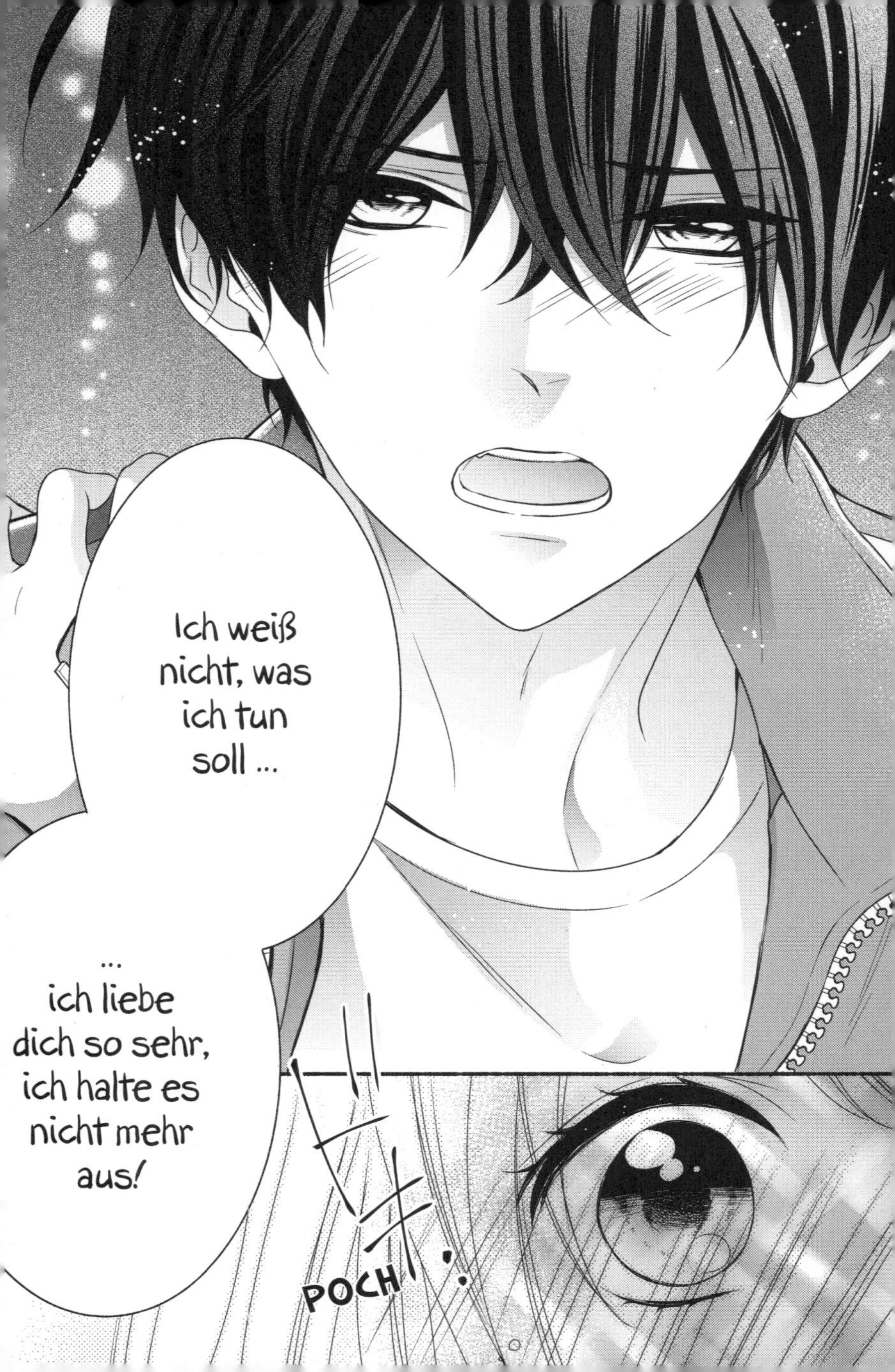
Ich weiß nicht, was ich tun soll ...
... ich liebe dich so sehr, ich halte es nicht mehr aus!
POCH

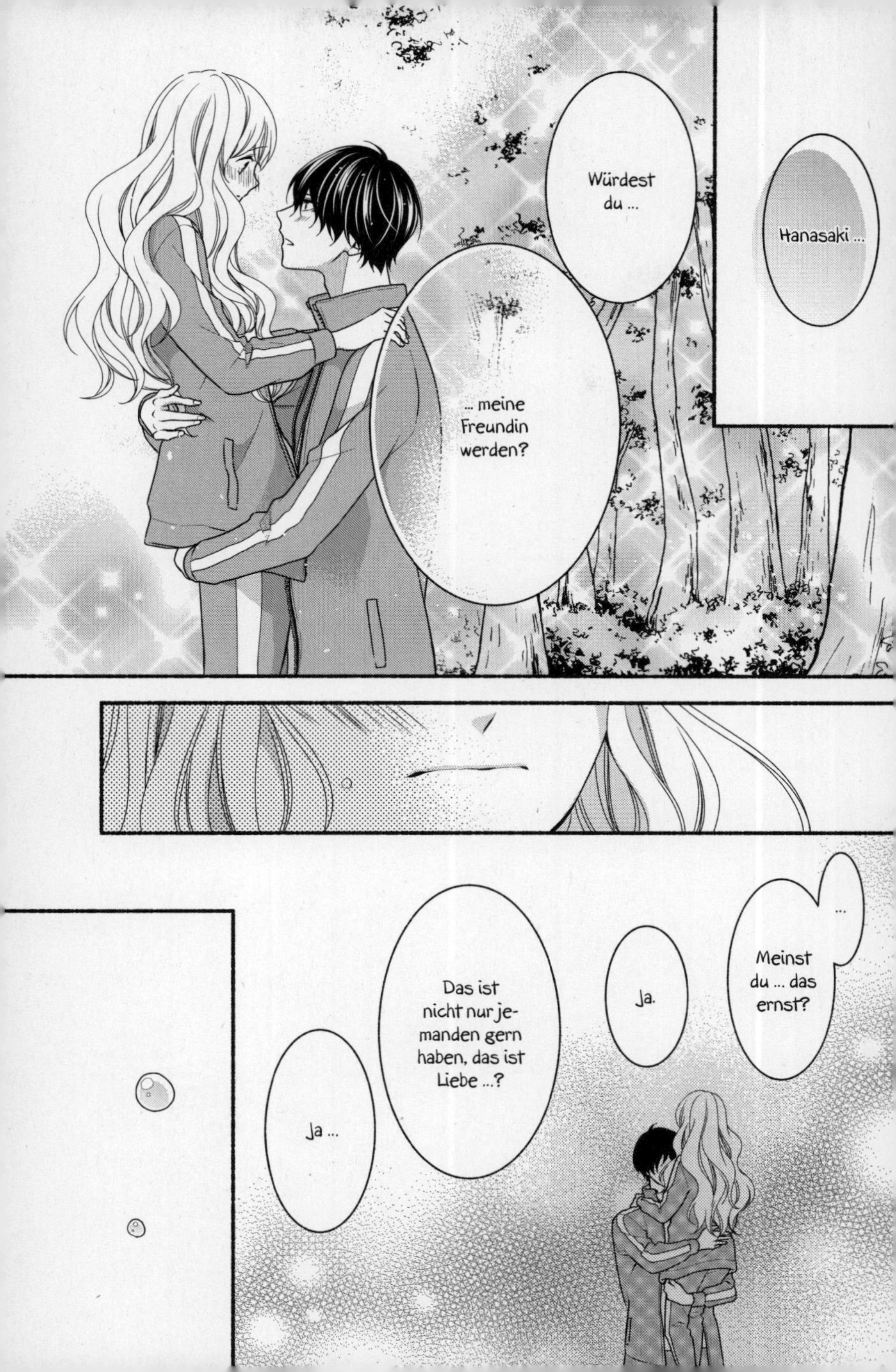
Hanasaki ...
Würdest du ...
... meine Freundin werden?
...
Meinst du ... das ernst?
Ja.
Das ist nicht nur jemanden gern haben, das ist Liebe ...?
Ja ...

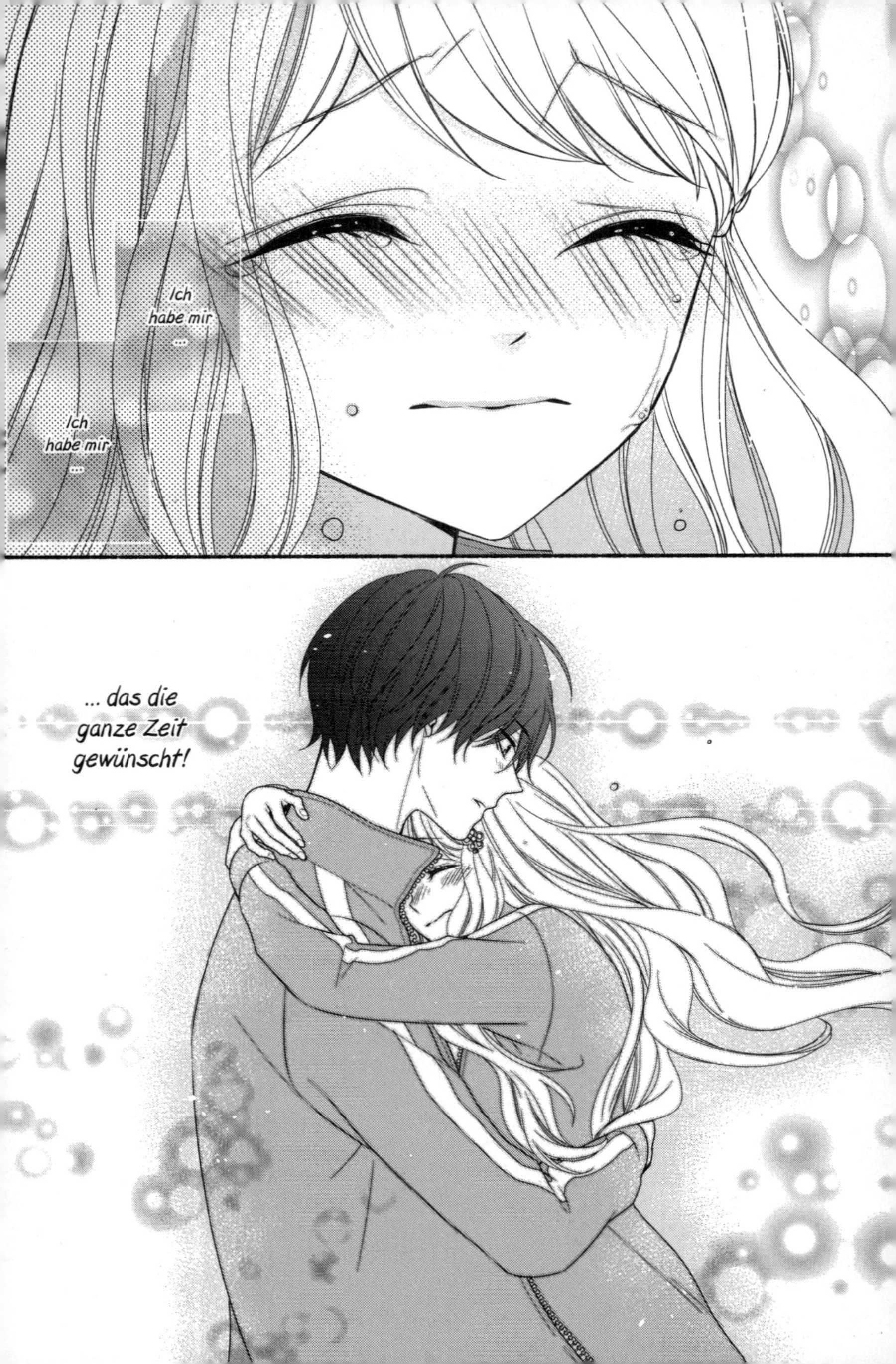
Ich habe mir ...
Ich habe mir ...
... das die ganze Zeit gewünscht!

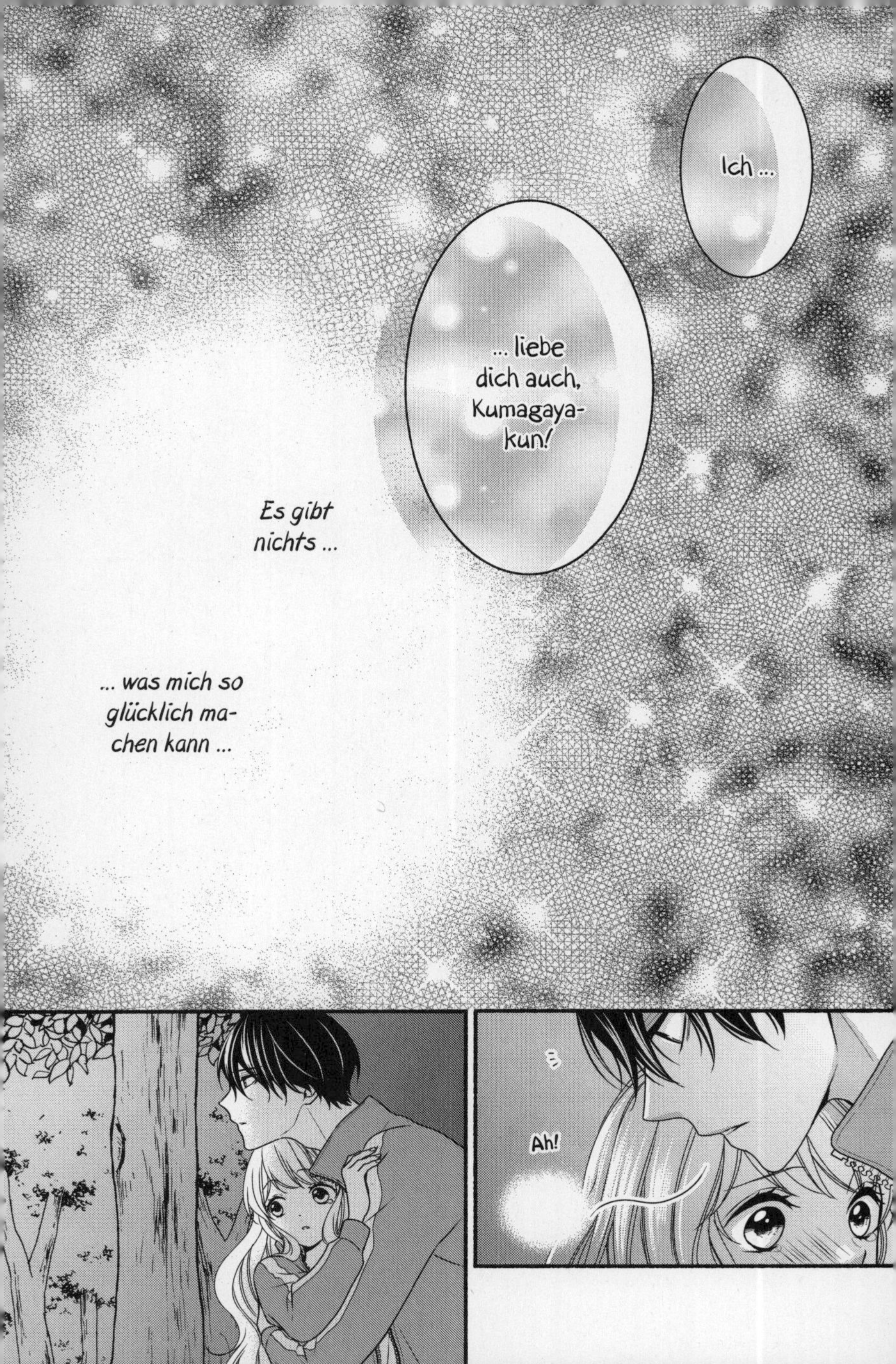
Ich ...
... liebe dich auch, Kumagaya-kun!
Es gibt nichts ...
... was mich so glücklich machen kann ...
Ah!

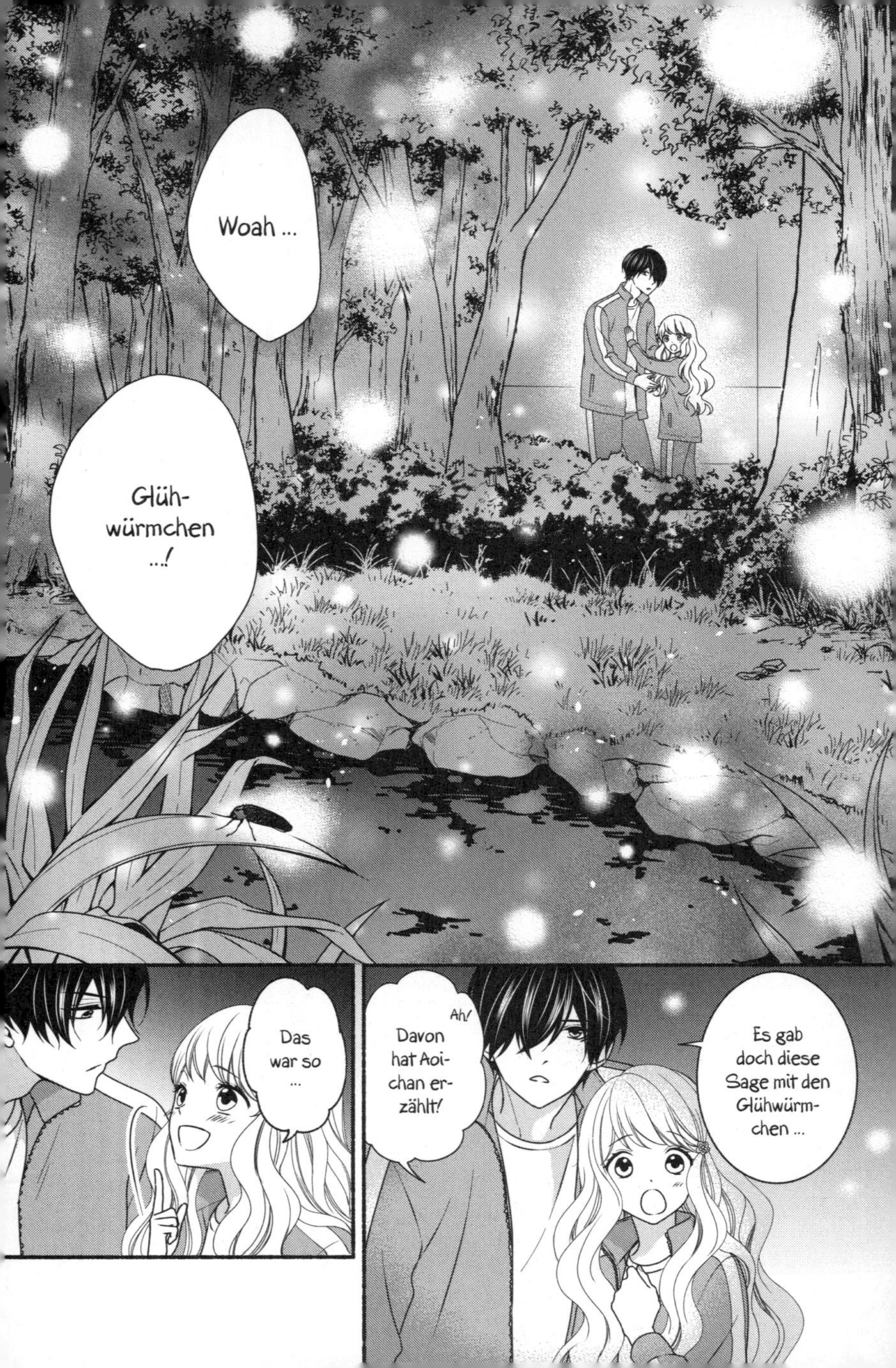
Woah ...
Glüh-würmchen ...!
Es gab doch diese Sage mit den Glühwürmchen ...
Ah!
Davon hat Aoi-chan erzählt!
Das war so ...

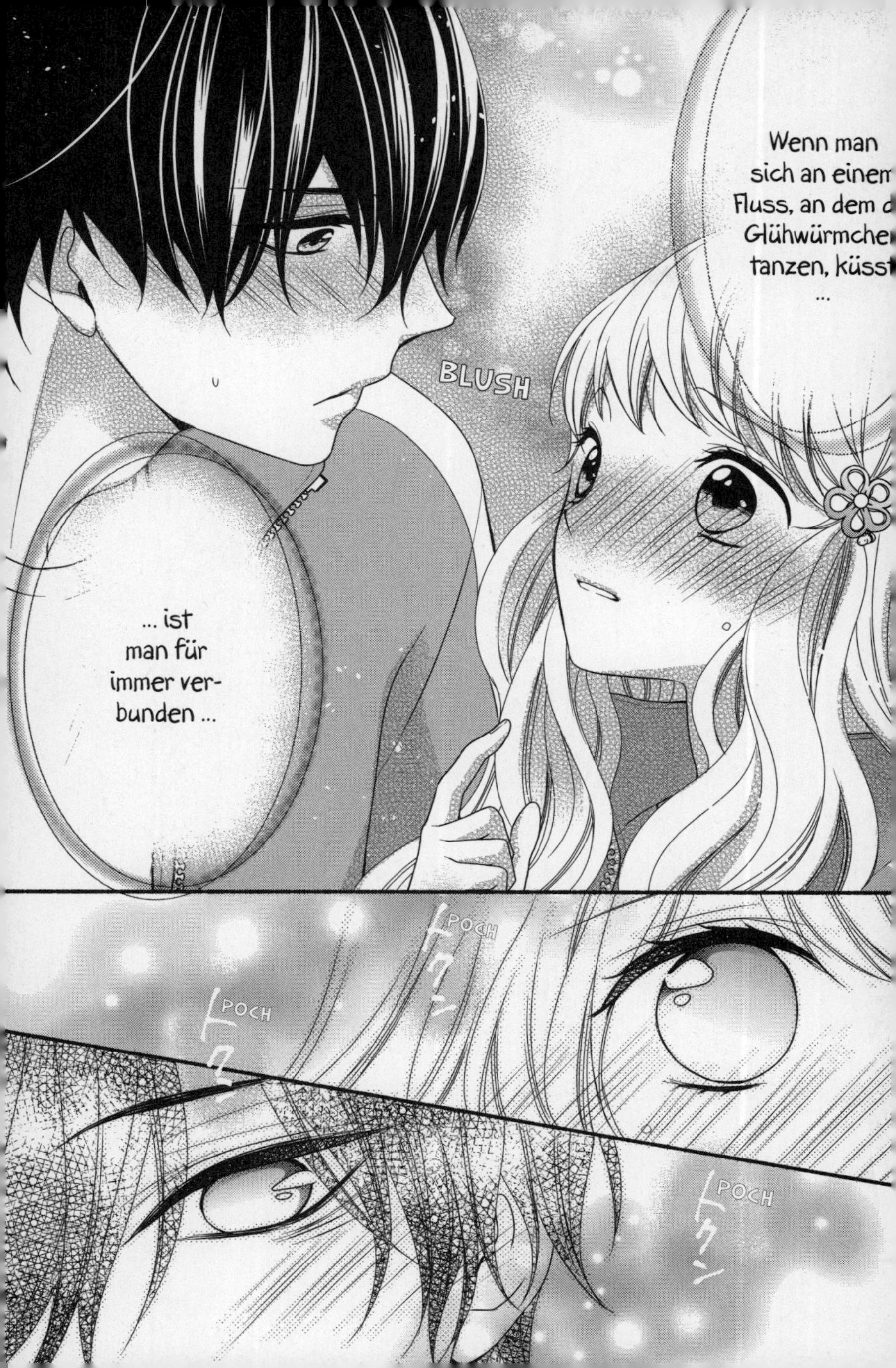
Wenn man sich an einem Fluss, an dem d Glühwürmche tanzen, küss ...
BLUSH
... ist man für immer ver- bunden ...
POCH
POCH
POCH

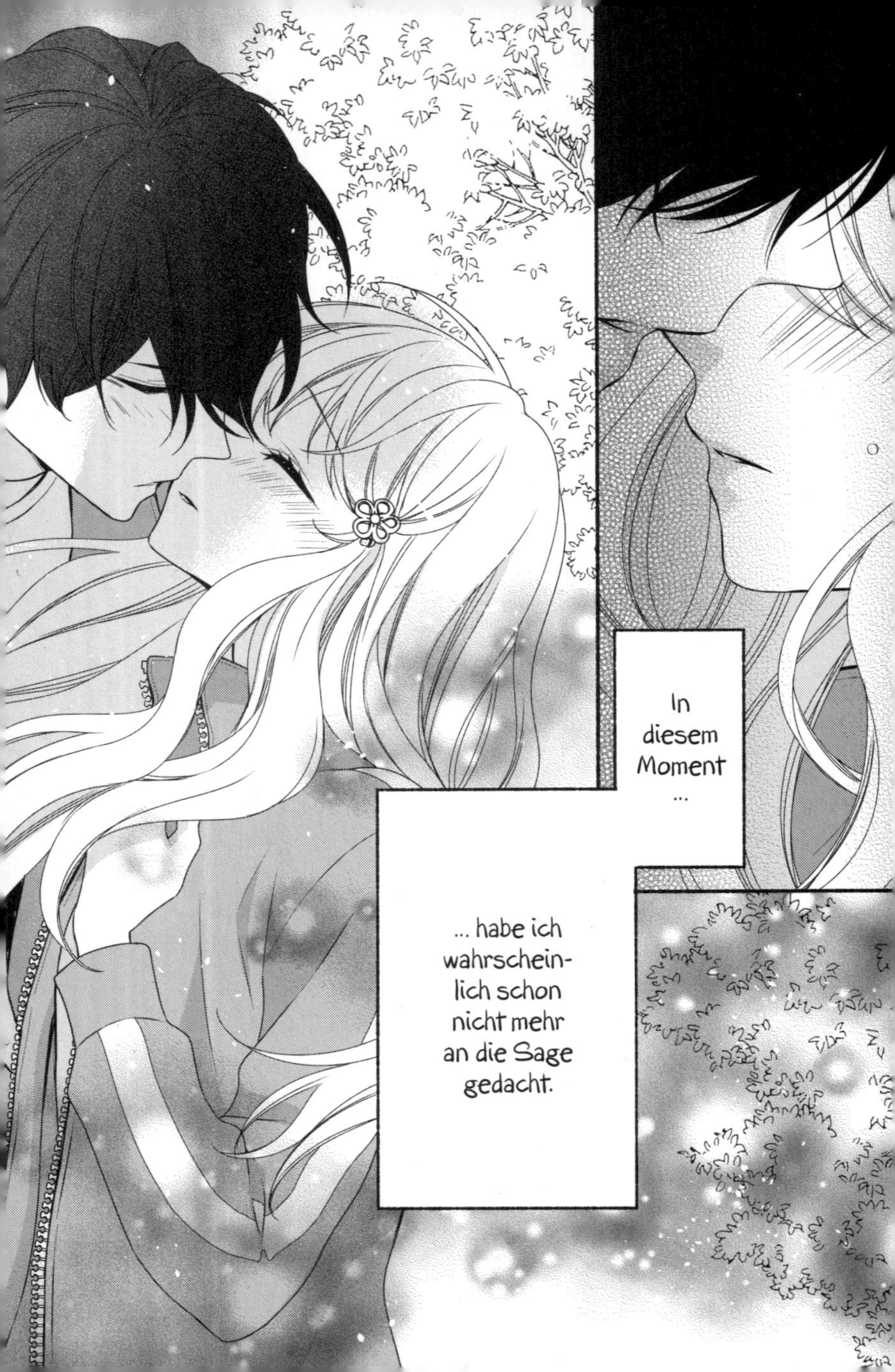
In diesem Moment …
… habe ich wahrschein-lich schon nicht mehr an die Sage gedacht.

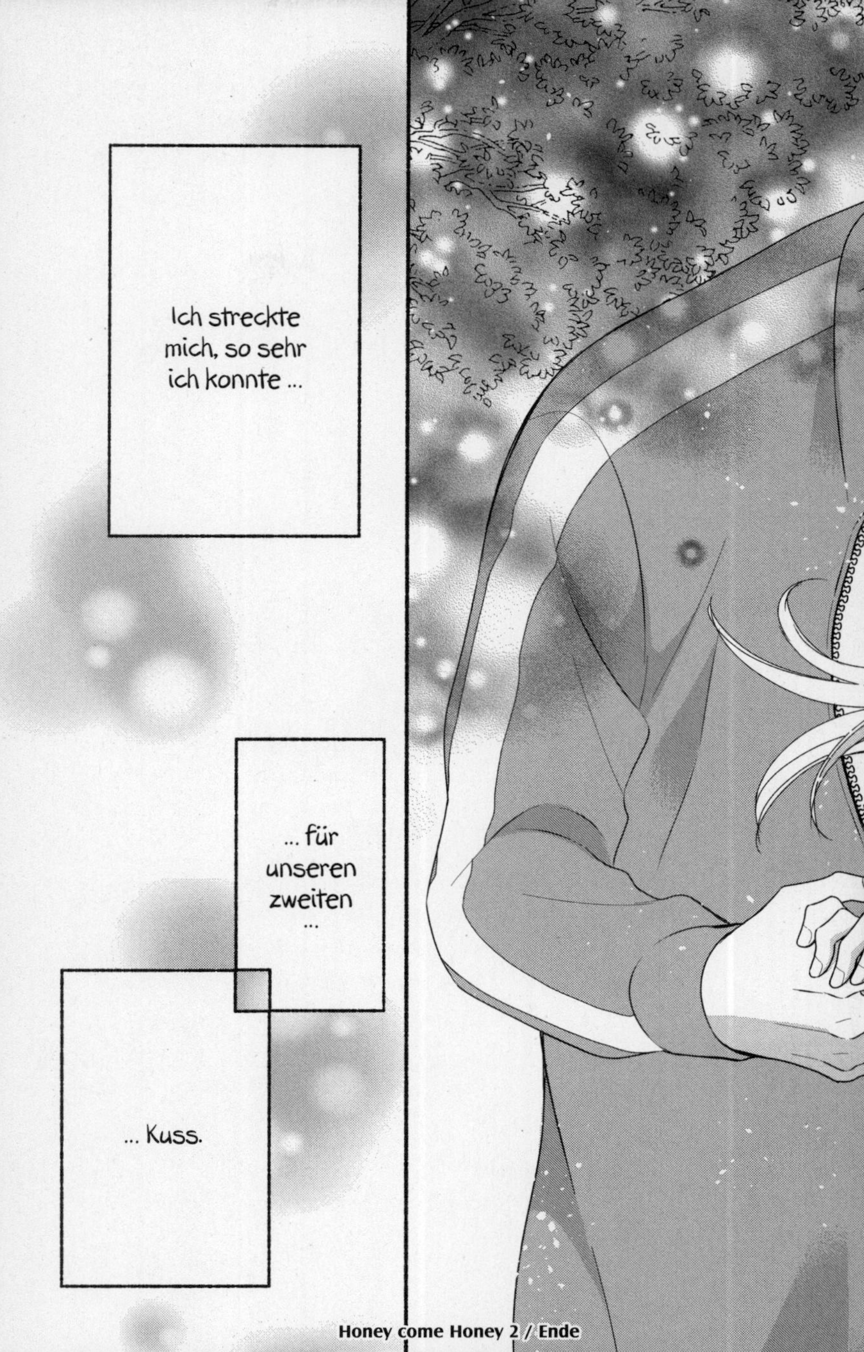

Honey come Honey 2 / Ende

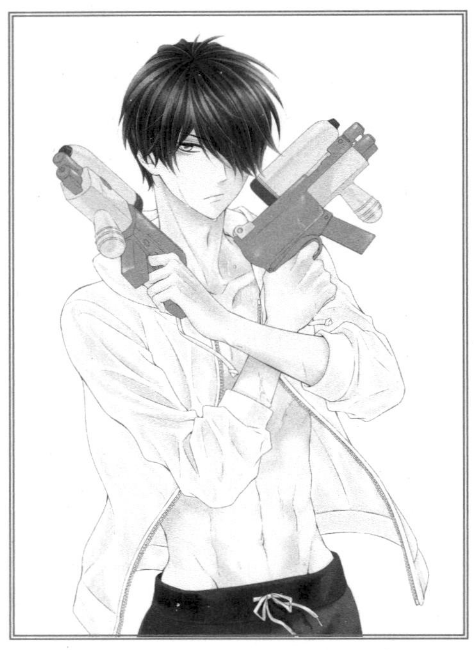

Message der Autorin

Ich habe eine süße Tasche aus der Nintendo LeSportsac-Kollektion ergattert! »Wenn ich das nächste Mal ausgehe, werde ich sie benutzen!«, nahm ich mir vor, und nun sind schon anderthalb Monate vergangen, ohne dass ich sie auch nur ein einziges Mal verwendet habe. (;∀ ;)

Yuki Shiraishi

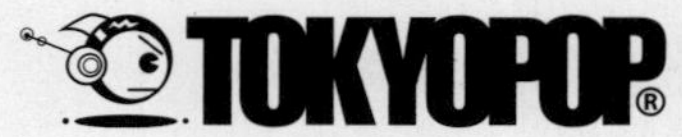

TOKYOPOP GmbH
Hamburg

TOKYOPOP
3. Auflage, 2022
Deutsche Ausgabe/German Edition

Aus dem Japanischen von Dorothea Zwetkow

HANIKAMU HONEY 2 by Yuki SHIRAISHI

Original Japanese edition published by SHOGAKUKAN.
German translation rights arranged with SHOGAKUKAN through The Kashima Agency.
Original cover design: Kaoru KUROKI + Bay Bridge Studio

Redaktion: Lisa Duty
Lettering: Vibrant Publishing Studio
Herstellung: Annika Meyer-Wülfing
Druck und buchbinderische Verarbeitung:
CPI-Clausen & Bosse GmbH, Leck
Printed in Germany

MIX Papier FSC® C083411

Wir achten auf die Umwelt.
Dieses Produkt besteht aus FSC®-zertifizierten und anderen kontrollierten Materialien.

ISBN 978-3-8420-4883-6

www.tokyopop.de

FESSELN DER LIEBE

Yuki Shiraishi

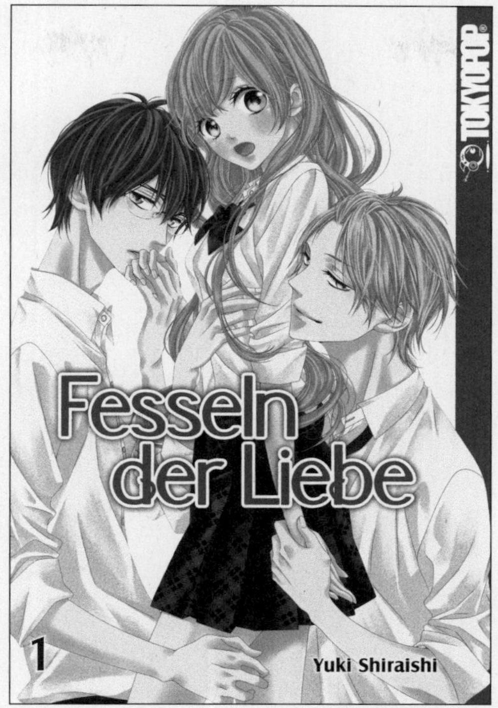

Gefangen von deinem Lächeln

Nach zehn Jahren trifft Yori seine Jugendfreunde Shizuku und Subaru wieder, mit denen er als Kind die Schauspielschule besucht hat. Die beiden haben sich mittlerweile im Showbusiness einen Namen gemacht. Vor allem die hübsche Shizuku drängt Yori, sich auch in diesem Metier zu etablieren. Doch der glaubt, total untalentiert zu sein. Shizukus Lächeln kann er allerdings nicht widerstehen ...

STOPP!

Dies ist die letzte Seite des Buches!
Du willst dir doch nicht den Spaß verderben
und das Ende zuerst lesen, oder?

Um die Geschichte unverfälscht und originalgetreu mitverfolgen zu können, musst du es wie die Japaner machen und von rechts nach links lesen. Deshalb schnell das Buch umdrehen und loslegen!

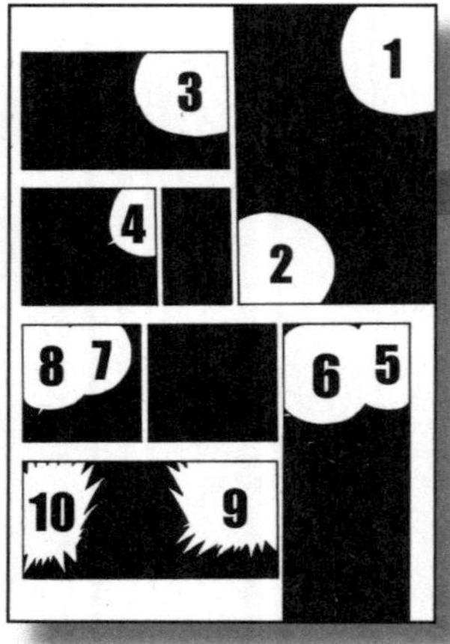

So geht's:

Wenn dies das erste Mal sein sollte, dass du einen Manga in den Händen hältst, kann dir die Grafik helfen, dich zurechtzufinden: Fang einfach oben rechts an zu lesen und arbeite dich nach unten links vor.
Viel Spaß dabei wünscht dir TOKYOPOP®!